# 天商法律评论

TIANJIN UNIVERSITY OF COMMERCE LEGAL REVIEW

## 2018年 卷

吴春雷／主编　　张　涛／副主编

中国政法大学出版社

2018·北京

# 序　言
**PREFACE**

　　《天商法律评论》（2018年卷）即将出版，在此之际，感谢各位教师、法学教育工作者、法律实践工作者的赐稿。

　　本卷的专栏分为"公法研究"、"民商经济法探析"、"法律文化比较"和"研究生园地"。"公法研究"选用的文章主要从宪法学、行政法学、刑法学的角度，对相关国家机关的历史演变与宪法地位、地方政府在公共文化服务保障方面的主体责任，以及随着刑法修正案的颁布而在法律适用上出现的一些新问题，进行了探讨。"民商经济法探析"选用的文章，对公司解散中的清偿问题、腐败治理中的民事机制、银行信用卡服务和网络服务中的侵权责任等进行了分析。"法律文化比较"对国外法律文化和中国传统法律文化影响的特殊性，进行了考察。"研究生园地"为法学硕士研究生和法律硕士研究生在研究中所获得的学术上成果，创造了一个展示的舞台。

　　《天商法律评论》作为天津商业大学法学院出版的学术期刊，既集中反映了天津商业大学法学教师和研究生的学术水平，也创造了一个与其他高等学校法学研究进行交流的机会。希望这一卷的出版，在加强高等学校法学研究和交流上有所裨益。

吴春雷

2018 年 5 月

## 目录

## [法律文化比较]

## [研究生园地]

# 公法研究

# 对我国中央军事领导机关的宪法思考

付　林\* 　常宁堃\*\*

## 一、1949—1982 年《宪法》关于军事领导机关的规定

（一）《中国人民政治协商会议共同纲领》关于军事领导机关的规定

1949 年 9 月 29 日，中国人民政治协商会议第一届全体会议正式通过了《中国人民政治协商会议共同纲领》（以下简称《共同纲领》）。《共同纲领》成为新中国的建国纲领和建设蓝图，是具有临时宪法性质的"人民大宪章"。[1]《共同纲领》专设一章（第三章）规定了军事制度。根据该章第 20 条的规定，中华人民共和国建立统一的军队，即人民解放军和人民公安部队，实行统一的指挥，统一的制度，统一的编制，统一的纪律，受中央人民政府人民革命军事委员会统率。[2] 根据《中华人民共和国中央人民政府组织法》（以

---

　\* 天津商业大学法学院教授。

　\*\* 天津商业大学法学院 2015 级宪法与行政法学研究生。

〔1〕《宪法学》编写组：《宪法学》，高等教育出版社、人民出版社 2011 年版，第 71 页。

〔2〕 蒲兴祖主编：《中华人民共和国政治制度》，上海人民出版社 1999 年版，第 557~558 页。中国共产党在领导人民进行武装斗争的过程中创建了军事领导机关。1925 年 9 月，为适应全国工农群众革命运动发展的需要，中共中央决定设立中共中央军事运动委员会，后改为中央军事部，张国焘、周恩来先后任部长。1926 年 11 月，中央军事部改为中央军事委员会，周恩来任书记。1927 年 11 月，为适应独立武装斗争的需要，中共中央临时政治局扩大会议决定成立军事科。1928 年 7 月中共六大以后，恢复中央军事部，杨殷、周恩来先后任部长。1930 年 3 月，中央军事部又更名为"中央军事委员会"，作为党的最高军事机关。1931 年 11 月，在瑞金召开了中华苏维埃第一次全国代表大会，成立了中华苏维埃共和国临时中央政府。根据大会的决议和中华苏维埃共和国中央执行委员会的命令，成立由朱德任主席，王稼祥、彭德怀任副主席的中华苏维埃共和国中央革命军事委员会，作为中国工农红军的最高指挥机关，统辖与指挥工农武

下简称《中央人民政府组织法》）第 5 条，"中央人民政府委员会组织政务院，以为国家政务的最高执行机关；组织人民革命军事委员会，以为国家军事的最高统辖机关，组织最高人民法院及最高人民检察署，以为国家的最高审判机关及检察机关。"同法第四章第 24 条规定："人民革命军事委员会设主席一人，副主席若干人，委员若干人。"根据上述法律规定，1949 年 10 月 1 日，中央人民政府委员会第一次会议任命毛泽东为人民革命军事委员会主席。10 月 19 日，任命朱德、刘少奇、周恩来、彭德怀、程潜为副主席（中央人民政府委员会第三次会议）；1951 年 11 月、1954 年 6 月又分别增补林彪、高岗、刘伯承、贺龙、陈毅、罗荣桓、徐向前、聂荣臻、叶剑英为副主席。可见，中华人民共和国成立之初，就将军事机关独立出来，与政务院、最高人民法院、最高人民检察署并列，并同属于中央人民政府委员会。中央人民政府人民革命军事委员成立后，"党内未再设中央军委"，[3]可以说，人民革命军事委员会是 1949 年至 1954 年间国家军事上的最高统率机关。

实践中，人民革命军事委员会的成立在重大军事行动中发挥了重要作用。如 1950 年 10 月 8 日，人民革命军事委员会主席毛泽东签发《给中国人民志愿军的命令》，命令中国人民志愿军"迅速向朝鲜境内出动，协同朝鲜同志向侵略者作战并争取光荣的胜利"，从而掀开了抗美援朝、保家卫国正义之战的历史一页。[4]对此，有学者认为，从程序上看，根据《中央人民政府组织法》，中央人民政府委员会有权处理战争及和平问题，因此，向朝鲜出兵应由中央人民政

装力量。这是把军事领导机关纳入人民政权体系的开端，但其在政治上仍受中共中央及其中央局的领导。1935 年 1 月，遵义会议后，中共中央成立了毛泽东、周恩来、王稼祥三人军事指挥小组，负责处理最紧急的军事工作，指挥红军的作战行动。1936 年 12 月，根据中华苏维埃中央政府的命令，中央革命军事委员会扩大为 23 人，毛泽东任主席。1937 年 8 月，为进一步加强党对军队的绝对领导，中共中央政治局洛川会议决定成立新的中共中央革命军事委员会，毛泽东任书记，后称主席。1945 年 8 月，中共在七大后成立新的中共中央军事委员会，毛泽东任主席。1949 年初，改称为"中国人民革命军事委员会"。

〔3〕 蒲兴祖主编：《中华人民共和国政治制度》，上海人民出版社 1999 年版，第 558 页。

〔4〕 许崇德：《中华人民共和国宪法史》（上卷），福建人民出版社 2005 年版，第 90 页。

府委员会作出正式决定，人民革命军事委员会负责执行。军事机关不应游离于国家最高权力机关之外。[5] 抽象地推理，这个看法有道理。但如果具体分析，则答案未必那么简单。因为法律规定的战争权，其中包括宣战权，如果由中央人民政府委员会作出出兵朝鲜的正式决定，无异于向美国宣战，而这对新中国是不利的。从这个意义上说，由人民革命军事委员会主席直接发布命令的举措是非常智慧的。

（二）1954 年《宪法》关于军事领导机关的规定

1953 年 1 月 13 日，中央人民政府委员会第二十次会议成立中华人民共和国宪法起草委员会。1954 年 1 月 7 日，毛泽东率领中共中央指定成立的宪法起草小组在杭州西湖的刘庄集中，9 日，正式开展宪法起草工作。宪法草案经宪法起草委员会的修改及全民大讨论，于 1954 年 9 月 20 日由第一届全国人民代表大会第一次会议一致通过。根据 1954 年《宪法》第 42 条，国家主席统率全国武装力量，担任国防委员会主席。在国务院设立国防部，作为国务院的一个部门，具体负责武装力量的建设。其中，国防委员会由主席、副主席、委员组成，国防委员会副主席、委员根据中华人民共和国主席的提名，由全国人民代表大会决定人选。

尽管 1954 年《宪法》没有明确国防委员会的性质，但从国防委员会的产生及第一届国防委员会的成员来看，国防委员会是一个与国务院平行的、独立性的机构。毛泽东在 1954 年 3 月 23 日举行的宪法起草委员会第一次全体会议上，曾对草案中有关国家主席的条款插话道："关于主席的职权，草案第 45 条第 5 款规定，担任国防委员会主席，而国务院有国防部，我们还是叠床架屋，这是从国务院分了一点工作。"[6] 这表明，国防委员会并不完全是"咨询性的机构"，[7] 而是有其独特功能的。换言之，国防委员会是贯彻实施

---

［5］ 马岭："建国后历次宪法中关于军事权的规定"，载《学习与探索》2011 年第 2 期。

［6］ 许崇德：《中华人民共和国宪法史》（上卷），福建人民出版社 2005 年版，第 121 页。

［7］ 蒲兴祖主编：《中华人民共和国政治制度》，上海人民出版社 1999 年版，第 558 页

国家主席的军令及有关军政方面决定的专门机构。

需要指出的是，在1954年《宪法》诞生仅一周以后，即1954年9月28日，中共中央决定重新设立中共中央军事委员会，领导武装力量，毛泽东任新的中共中央军事委员会主席。[8] 至此，形成了党和国家共同负责的军事领导体制。但百度百科在解释"国防委员会"时认为，国防委员会是"咨询性质的机构，不是全国武装力量的领导机构"，由此，《共同纲领》时期的"中央人民政府人民革命军事委员会不复存在，也就是说，军队从此独立于国家体制之外"。这个论断有失公允。1954年《宪法》是将军队隶属于国家体制之内的。因为国家主席是国家机构的重要组成部分，由国家主席作为国家的最高代表统率全国武装力量，非常明确地向世人昭示了军队是属于国家的，属于人民的，怎能由此得出"军队从此独立于国家体制之外"的判断呢？尽管在1954年《宪法》通过不久，中共中央重新设立中央军事委员会，但党的中央军事委员会主席是毛泽东，他同时兼任中华人民共和国主席和国防委员会主席。而国防委员会中的中共方面的11位副主席全部是党的中央军事委员会的组成人员。换言之，国防委员会的主席、11位副主席共同组成了中共中央军事委员会。在某种意义上，我们可以将中共中央的军事委员会视为国防委员会中的核心组织。因此，不能因为中共中央重新设立了军事委员会就否认军队在国家体制之内。同时，也不应因为国防委员会在其存续期间没有开过会议，"实际不起作用"，[9] 就认为军队游离于国家体制之外。至于国防委员会实际是否发挥了作用，这属于其具体运行中的问题，不应因此而否认其应然或价值方面的意义：国防委员会是毛泽东的精心之作，其设立是中国共产党将军队纳入国

---

〔8〕 蒲兴祖主编：《中华人民共和国政治制度》，上海人民出版社1999年版，第559页。1954年9月28日，中共中央政治局作出《关于成立党的军事委员会的决议》，该决议指出，必须同过去一样，在中央政治局和书记处之下成立中共中央军事委员会，承担对国家整个军事工作的领导。决议决定由毛泽东、朱德、彭德怀、林彪、刘伯承、贺龙、陈毅、邓小平、罗荣桓、徐向前、叶剑英11人组成新的中共中央军事委员会。彭德怀主持军委日常工作。

〔9〕 许崇德：《中华人民共和国宪法史》（下卷），福建人民出版社2005年版，第381页。

家体制的又一次新的尝试。它为国家主席统率全国武装力量提供了组织上、智力上的保障。更为重要的是，假如没有这样一个机构，可能会引来对"国家主席统率全国武装力量"的种种猜疑，诸如会不会导致国家的军令军政大权独揽于一人之手等。看不到这些，无异于对毛泽东高超的政治智慧缺乏深刻的认识！

毛泽东是无可替代的中共中央军事委员会主席的不二人选，假如国家主席的职务一直由他担任的话，那么1954年《宪法》设计的军事领导体制应该是合理的。问题出现在1959年，第二届全国人民代表大会第一次会议选举了刘少奇为第二任中华人民共和国国家主席，而此时的毛泽东仍然为中共中央军事委员会主席，这样，我国的政治生活中出现了两位军委主席同时并存的局面。当出现这种局面，如何协调二者之间的关系？这恐怕是当时的立宪者所始料不及的。如何既将军队纳入国家体制之内，又符合党对军队一元化领导的传统？这个问题在后来的1982年《宪法》中得到了解决。

（三）1975年《宪法》和1978年《宪法》关于军事领导机关的规定

根据1975年《宪法》第15条的规定，中国共产党中央委员会主席统率全国武装力量。1978年《宪法》也有类似规定。从1975年《宪法》以后，不再设立国家主席和国防委员会。这两部《宪法》都没有明确军队与国家最高权力机关之间的关系。虽然实现了党对军队的决定领导，但回避了军队与国家之间的关系。正如彭真在宪法修改委员会第三次全体会议上所言："1975年《宪法》、1978年《宪法》都规定中国共产党中央主席统率军队，这有缺陷。"[10]党对军队的绝对领导是必须坚持的基本原则，但这种绝对的领导应通过国家机关来进行。

## 二、1982年《宪法》关于军事领导机关的规定

1980年至1982年修宪期间，就有许多主张设立专门的军事领导

---

〔10〕 许崇德：《中华人民共和国宪法史》（下卷），福建人民出版社2005年版，第381页。

机关的建议。如1982年3月12日，程思远在宪法修改委员会第二会议上提出："建议党中央的军事委员会改为国家机构，国家主席兼任军委主席，通过军委去统率。趁老一辈无产阶级革命家健在，把这件事定下来，可以奠定长治久安的基础。"[11] 如彭真在讨论宪法修改草案稿中"国家机构"部分时说："国家的军队，人民的军队，由中华人民共和国军委主席统率。我们的军事全部由国防部管，也很难，武装建设由国务院领导，统帅由军委。"再比如，刘澜涛提出他本人"不赞成将中央军委写入总纲，要另立一节"，程子华也主张"军委应单独一节"，等等。[12] 1982年《宪法》最终采用专节的形式设立中华人民共和国中央军事委员会作为国家军事领导机关的体制。党的中央军委组成人员，经过中共与各民主党派协商，作为国家中央军事委员会组成人员的建议名单推荐给全国人民代表大会或其常委会，经国家最高权力机关根据法定程序选举或决定人选后，成为国家中央军事委员会的组成人员。换言之，党的中央军委与国家中央军委是"一套机构、两个牌子"，而在体制上，则分别隶属于党和国家两个系列。这样，既体现了党对军队的绝对领导，又将军队纳入国家的体制之内。这是具有中国特色的军事领导体制。

但反观1982年《宪法》对国家军事领导机关的规定，下列问题也值得进一步研究与思考。

（一）关于中央军事委员会的职权问题

关于中央军事委员会的职权问题，学界有两种观点，一种观点认为《宪法》第29条和第93条就是对中央军事委员会职权的规定，认为中央军事委员会的职权是在军委主席的领导下统率全国武装力量，履行巩固国防、抵抗侵略、保卫祖国的职责。[13] 另一种观点认为，现行《宪法》对中央军事委员会的职权未作具体规定。其所以

〔11〕 许崇德：《中华人民共和国宪法史》（下卷），福建人民出版社2005年版，第405页。

〔12〕 许崇德：《中华人民共和国宪法史》（下卷），福建人民出版社2005年版，第429~430页。

〔13〕 俞子清主编：《宪法学》（修订版），中国政法大学出版社1999年版，第296页。许崇德主编：《宪法》，中国人民大学出版社1999年版，第240页。

如此，是因为在制定 1982 年《宪法》时参考了外国宪法，"外国宪法对军事机关规定的内容也很少。"[14] "军队的职责、任务有其特殊性，宪法难以对军事委员会的职权做出具体规定。"[15]

笔者认为第一种观点过于牵强。《宪法》第 29 条规定的是我国武装力量的任务，第 93 条规定的是国家中央军事委员会性质，而职权是职务范围以内的权力。显然在它们二者之间是不能画等号的。笔者赞同第二种观点，但对其立论的依据持有疑义。

首先，外国宪法对军事机关规定的内容很少，不能作为我国宪法不规定中央军事委员会职权的理由。其实，外国宪法之所以对军事机关规定的内容很少，是因为许多西方国家并没有独立的军事机关，其国家的最高军事统率权或掌握在国家元首或掌握在政府首脑之中。[16] 军事权仅作为元首权或行政权中的一项权力规定于宪法之中。故西方国家的宪法不对军事权作具体的规定，从法理上是说得通的。而我国则不然。在我国，既然中央军事委员会是一个独立的国家机关，其自身应该有一个明确具体的职权范围。

其次，从宪法学原理来看，宪法的功能之一就是授予各国家机关以权力，以保证国家机关活动的有效性。显然，只组织国家机关却不对其权力作出明确规定是不符合宪法的本性的。

再次，根据宪法的规定，国家中央军事委员会领导全国武装力量，这里的"领导"一词，不仅有指挥、统率之意，还有组织、建设即军政建设方面的意思。而"领导和管理国防建设事业"又是国务院的职权之一。因此，哪些属于国务院的职权范围，哪些属于国家中央军事委员会的职权范围，就应由宪法作出明确划分。这样也有利于国家机关各司其职。

最后，宪法不仅是授权法，而且还是限权法，它通过明确各国家机关之间的权限，"对于权力行使中的分工和权力运行的范围、方

---

[14] 肖蔚云：《我国现行宪法的诞生》，北京大学出版社 1986 年版，第 177 页。

[15] 全国人大常委会办公厅研究室政治组编著：《中国宪法精释》，中国民主法制出版社 1996 年版，第 252~253 页。

[16] 陆德山：《认识权力》，中国经济出版社 2000 年版，第 391 页。

式、程序等指出方向和铺设轨道，使权力在宪法指示的轨道上有效地运行。"[17] 而1982年《宪法》对中央军事委员会的职权未做任何具体规定，这样便使宪法失去了限制国家权力的功能。由于宪法没有规定国家中央军事委员会制定军事法规的权力，而实践又迫切需要以法律形式来调整军事领域的社会关系，中央军委便于1990年4月15日发布了《中国人民解放军立法程序暂行条例》，明确了军事机关的立法体制。如果从法条主义的立场来看，在宪法和法律没有明文规定或授权的情况下，国家中央军委自行规定自己的立法权限是不适当的。

1997年3月14日第八届全国人大第五次会议通过的《国防法》明确规定了国家中央军事委员会在国防方面的10项职权，其中包括制定军事法规的权力。[18] 这在某种意义上结束了中央军事委员会"有职无权"的历史。但这样做也会带来一系列法理上的问题。比如，前已叙及，组织国家机关、授予各国家机关以权限是宪法的核心内容，在宪法没有明确授权的情况下，国家的基本法律是否有权划分各国家机关之间的权限。再比如，我国宪法对于立法的权限的划分是有明确规定的：全国人大制定基本法律，全国人大常委会制定基本法律以外的法律，国务院有权制定行政法规。在宪法未明确授予中央军事委员会制定军事法规权限的前提下，作为基本法律之一的《国防法》规定中央军事委员会的立法权限是否与宪法相冲突。也是值得研究的。

根据上面的分析，笔者认为，应由宪法而不是基本法律对中央军事委员会的职权作出具体规定。

（二）关于两个中央军事委员会可能并存的问题

前已叙及，根据我国的实际，党的中央军事委员会与国家中央军事委员会是"一套班子、一个机构"。但实际也可能存在另一种情

---

〔17〕 魏定仁、甘超英、付思明：《宪法学》，北京大学出版社2001年版，第34~35页。

〔18〕 国务院新闻办公室公布的《2002年中国的国防》白皮书认为，2000年3月全国人大通过的《立法法》首次以基本法律的形式明确规定了中央军事委员会的立法权限。其实首次对军委立法权限作出规定的是《国防法》，而不是《立法法》。

况：在某个特定时期，党的中央军事委员会与国家中央军事委员会有可能不是"一套班子、一个机构"。由于新一届党的代表大会先于新一届全国人民代表大会召开，[19] 这样在新一届国家的中央军事委员会产生之前，将有可能出现两个中央军事委员会并存的局面。如十六届中共中央军事委员会的组成人员和第九届国家中央军事委员会的组成人员就有很大的不同。[20] 那么在党的中央军事委员会转变为国家中央军事委员会之前这段时间里，由谁来实施对全国武装力量的领导权？根据党对军队实行绝对领导权的原则，十六届中共中央军事委员会实施对全国武装力量的领导权是题中应有之义。而从法理上讲，第九届国家中央军事委员会行使职权应到下一届全国人大产生新的国家中央军事委员会为止。如何协调二者之间的关系，值得思考。笔者认为，二者之间的关系，实际上仍然是党和国家机关之间的关系。从法律上看，每届国家中央军事委员会在新一届国家中央军事委员会产生之前仍然是领导国家武装力量的法定主体，行使相关法律所赋予的职权。但其必须接受新一届中共中央军事委员会的领导，执行中共中央军事委员会的决定。但为保持国家中央军事委员会职权行使的连续性，避免出现不必要的歧义，是否需要将《宪法》第 93 条第 3 款修改为："中央军事委员会每届任期同全国人民代表大会每届任期相同。它行使职权到下一届中央军事委员会产生为止"，是需要研究的问题。

（三）关于中央军事委员会组成人员的兼职及连任问题

军事委员会组成人员能否兼任全国人大常委会组成委员？宪法

---

〔19〕 第十五届至第十九届中央委员会第一次全体会议召开的时间分别为：1997 年 9 月 19 日、2002 年 11 月 15 日、2007 年 10 月 22 日、2012 年 11 月 15 日、2017 年 10 月 25 日。全国人民代表大会会议每年第一季度举行。

〔20〕 第十六届中共中央军事委员会的组成人员为：主席：江泽民；副主席：胡锦涛、郭伯雄、曹刚川；委员：徐才厚、梁光烈、廖锡龙、李继耐。2003 年 3 月，上述人员经十届全国人民代表大会选举为中华人民共和国中央军事委员会组成人员。2004 年 9 月，十六届四中全会接受江泽民辞去中共中央军事委员会主席职务的请求，增补胡锦涛为主席，徐才厚任副主席，增补陈炳德、桥清晨、张定发、靖志远为中共中央军事委员会委员。概言之，2004 年 9 月至2005 年 3 月，存在两个人员组成不同的中央军事委员会。

对此未作规定。《宪法》第 65 条仅规定了全国人大常委会组成人员不得担任国家行政机关、审判机关和检察机关的职务。该条并没有将"不得兼任军事机关的职务"的意思包括进去。之所以如此，"主要考虑全国人大常委会里面应当有军队的人员参加。如果不允许兼职，则军队代表担任全国人大常委会组成人员后，则必须辞去军队的职务，这不利于国家对军队的领导。因而宪法没有作这样的规定。"[21] 这种考虑虽有一定的道理，但也存在一定的问题：首先，宪法在国家机构中设立国家中央军事委员会本身就已体现出加强国家对军队的领导，没有必要通过兼职的方式来体现这种领导；其次，宪法规定全国人大常委会不得兼职的目的是为了提高全国人大常委会组成人员的专职化程度，便于其经常有效地开展工作。如果允许其兼任军事机关的成员，则有违于《宪法》第 65 条的立宪目的；最后，《宪法》第 67 条规定全国人大常委会有权监督国家中央军事委员会的工作。如果允许全国人大常委会组成人员兼任军事机关的成员，会造成全国人大常委会组成人员自己监督自己的情况，这在理论上说不通，在实践中也不利于军事机关开展工作。因此，《宪法》第 65 条应增加全国人大常委会不得兼任军事机关职务的规定。

现行宪法只规定了中央军事委员会每届的任期，对其组成人员是否连任的问题未作规定。笔者认为，这是现行《宪法》的一大疏漏。在制定 1982 年《宪法》之前，邓小平曾多次指出："对各级各类领导干部（包括选举产生、委任和聘用的）职务的任期，以及离休、退休，要按照不同的情况，作出适当的，明确的规定。任何领导干部的任职都不能是无限期的。"[22] 除中央军事委员会以外，1982 年《宪法》对国家机关主要领导人的连任问题都作出了明确规定。建议最高国家权力机关在适当的时候考虑这个问题。

---

[21] 全国人大常委会办公厅研究室政治组编著：《中国宪法精释》，中国民主法制出版社 1996 年版，第 207、254 页。

[22] 中共中央文献编辑委员会编辑：《邓小平文选》（第 2 卷），人民出版社 1983 年版，第 291 页。

（四）关于中央军事委员会的领导制度问题

我国现行《宪法》第 93 条规定了"中央军事委员会实行主席负责制"。主席负责制具体体现在：主席领导国家中央军事委员会的工作；国家中央军事委员会其他组成人员的人选由中央军委主席提名；中央军事委员会其他组成人员辅助主席工作，接受主席的领导；国家中央军事委员会发布的命令和其他命令必须由主席签署方有法律效力；等等。由此表明中央军事委员会的领导制度与国务院相同。《国务院组织法》第 4 条规定，国务院工作中的重大问题，必须经国务院常务会议或者国务院全体会议讨论决定。由此表明，国务院实行的总理负责制是一种兼顾个人负责制与合议制优点的首长负责制。那么在国家中央军事委员会，重大问题是否必须经过委员会集体讨论？现行宪法对此未作具体规定。笔者认为，结合宪法其他条文来看，答案应是肯定的。按照宪法规定，中央军事委员会是作为一个整体来领导全国武装力量的，因此，中央军事委员会在决定其职权范围内的重大问题时，必须经过中央军事委员会集体讨论决定，这里的"集体讨论决定"并不是指少数服从多数，而是指在充分听取意见的基础上，由主席作出最终决定。主席负责制固然有利于提高效率，但只有在充分发扬民主的基础上提高效率，才能使军事权的行使既快捷灵敏，又准确无误，从而有利于加强对全国武装力量的统一领导和指挥。因此，为了避免对主席负责制的运用产生歧义，笔者建议在《宪法》第 93 条主席负责制的后面，补充规定"重大问题应经中央军事委员会集体讨论决定"。

（五）关于中央军事委员会主席向最高国家权力机关负责的问题

现行《宪法》第 94 条规定，国家中央军委主席对全国人大及其常委会负责。之所以做如此规定，"是因为军事上需要高度集中的统一指挥"[23]。这里有一个概念需要搞清楚：在我国领导全国武装力量的究竟是集体还是个人？前已叙及，根据宪法规定，领导全国武

---

[23] 全国人大常委会办公厅研究室编著：《中国宪法精释》，中国民主法制出版社 1996 年版，第 254 页。

装力量的是国家中央军事委员会，而不是中央军事委员会主席。主席负责制只是表明主席在国家中央军事委员会中处于核心地位，是最终决策者，并不意味着军委主席领导全国武装力量。既然中央军事委员会集体统帅全国武装力量，因此向最高国家权力机关负责的就不应仅仅是军委主席。另外，根据宪法的有关规定，全国人大有权选举产生并罢免国家中央军事委员会组成人员，全国人大常委会在全国人大闭会期间，有权根据军委主席的提名决定国家中央军事委员会其他组成人员的人选，有权监督国家中央军事委员会的工作，从宪法的这一系列规定来看，向国家最高权力机关负责的，也应是国家中央军事委员会。如果仅规定军委主席向最高国家权力机关负责，就很难解释宪法的上述规定。因此，现行宪法仅规定中央军事委员会主席对最高权力机关负责是不够的。建议将《宪法》第 94 条修改为"中央军事委员会对全国人民代表大会和全国人民代表大会常务委员会负责"。

（六）关于中央军事委员会组成人员接受质询的问题

中央军事委员会是否应接受质询，现行《宪法》没有明确规定。根据宪法的有关规定，中央军事委员会与最高国家行政机关、最高人民法院和最高人民检察院并列，都由全国人民代表大会产生，对其负责，受其监督。《宪法》第 67 条明确规定全国人大常委会有权"监督中央军事委员会的工作"。因此，中央军事委员会组成人员应接受国家最高权力机关的监督。或许有观点认为，国家最高权力机关对中央军事委员会的监督仅限于任免，即《宪法》第 63 条和第 67 条规定的人事罢免权。本文认为，在全国人大常委会没有对《宪法》第 67 条作出正式解释前，对"监督"一词作缩小解释，缺乏说服力。或许还有观点认为，我国《宪法》第 94 条没有规定中央军事委员会主席对国家最高权力机关报告工作。之所以如此规定，是为了防止泄露国家军事机密，由于质询也有可能导致泄密，所以，中央军事委员会组成人员就不应成为质询的对象。其实这种观点也是站不住脚的。《宪法》第 94 条立法的本意是：由于"军事行动具有国家机密性"，所以中央军委"不能像其他国家机关一样，每年报告一次工作"[24]。但不能从中推导出军委组成人员不能接受质询。况且，军队的事务也并非都牵涉到军事秘密。如果事涉军事机密，军事委员会有权予以拒绝。泄密的可能性是完全可控的。徐才厚、郭伯雄等人的落马，说明对军队领导成员也有进一步加强监控的必要。因此，应将国家军事领导机关组成人员列为最高权力机关的质询对象。

## 参考文献

1. 《宪法学》编写组：《宪法学》，高等教育出版社、人民出版社 2011 年版。

2. 蒲兴祖主编：《中华人民共和国政治制度》，上海人民出版社 1999 年版。

3. 许崇德：《中华人民共和国宪法史》（上卷），福建人民出版社 2005 年版。

4. 俞子清主编：《宪法学》（修订版），中国政法大学出版社 1999 年版。

5. 许崇德主编：《宪法》，中国人民大学出版社 1999 年版。

6. 肖蔚云：《我国现行宪法的诞生》，北京大学出版社 1986 年版。

7. 全国人大常委会办公厅研究室政治组编著：《中国宪法精释》，中国民主法制出版社 1996 年版。

8. 陆德山：《认识权力》，中国经济出版社 2000 年版。

9. 魏定仁、甘超英、付思明：《宪法学》，北京大学出版社 2001 年版。

10. 中共中央文献编辑委员会编辑：《邓小平文选》（第 2 卷），人民出版社 1983 年版。

11. 马岭："建国后历次宪法中关于军事权的规定"，载《学习与探索》2011 年第 2 期。

---

〔24〕 肖蔚云：《我国现行宪法的诞生》，北京大学出版社 1986 年版，第 177 页。

# 政策主导向法规范主导的地方
# 政府主体责任研究

## ——以公共文化服务保障地方立法为视角 *

严　静**

保障公民基本文化权益、满足公民基本文化需求是地方政府的一项重要职能，地方政府通过公共文化服务体系建设履行这一职能，因此，地方政府是公共文化服务保障的首要责任主体。政府在公共文化服务体系建设中的职能定位和实现形式将会直接影响到公共文化设施建设标准、服务供给、社会力量参与、经费保障、人才队伍建设、技术平台支撑和绩效评价体系等各方面的建设情况。本文将通过梳理地方政府公共文化服务保障主体责任的政策依据，分析其法理基础，归纳地方政府在履行主体责任方面存在的问题，并明晰地方立法应该如何将地方政府的主体责任予以法定化。

## 一、政府履行公共文化服务保障主体责任的政策依据梳理

现阶段，对于政府履行公共文化服务保障主体责任主要是由中央政策为依据，通过对十八大以来有关公共文化的政策以及法规范的梳理，可以注意到，这些中央政策具体包括《关于政府向社会力量购买服务的指导意见》（国办发〔2013〕96号）、《关于加快构建现代公共文化服务体系的意见》（中办发〔2015〕2号）、《关于推进基层综合性文化服务中心建设的指导意见》（国办发〔2015〕74

---

　＊　本文系天津市艺术科学规划项目"京津冀文化市场执法一体化进程中协作执法创新机制研究"（课题编号：C14028）的阶段性成果。

　＊＊　天津商业大学法学院讲师。

号)。如《关于加快构建现代公共文化服务体系的意见》将"坚持政府主导"作为切实保障人民群众基本文化权益，促进实现社会公平的基本原则，把"基本公共文化服务均等化纳入国民经济和社会发展总体规划及城乡规划"作为促进城乡基本公共文化服务均等化的首要要求，从而在中央政策层面，明确了公共文化服务保障的国家主体责任。

在我国虽然政策与法律有着密切的关系，在社会生活中都能够产生巨大的影响，但政策这种社会调整措施，也有一定的局限性：首先，由于政策规范的内容倾向于原则、抽象，不明确规定权利与义务，从而导致政策调整手段匮乏，具体内容缺乏明确性和系统性；其次，由于政策不能直接凭借国家强制力来保障实施，所以缺乏普遍性；最后，由于政策的修改所受的限制和约束非常小，从而导致政策普遍缺乏稳定性。通过将政策与法规范相比较，可以发现，法规范能够有效规避政策的这些局限性，如一是法规范用语明确、具体、有保障，因此要求有严格的逻辑结构、统一的体系；二是法规范的修改有严格的程序要求，所以能够保持一定的稳定性；三是法规范能够直接依据国家强制力保障其实施。

党的政策与法规范在本质上的一致性以及形式上的不同品性，决定了二者的相互关系：首先，党的政策是法规范的核心内容。党通过政策所提出的主张和措施从根本上说体现了人民群众的共同意志和利益，有立法权的国家机关通过把政策上升为法规范，可以通过政策的法律化来实现自己的政治领导。其次，法规范具有能够通过国家政权在社会实践中贯彻的本质属性，政策被制定为法律，上升为国家意志，能够获得有力的实施保障。最后，政策能够促进法规范的实现，树立法治的权威。

## 二、地方政府公共文化服务保障主体责任的法理定位

公共文化服务体现的是地方政府的"软实力"，对地方政绩缺少立竿见影的效果，因而也缺少建设驱动力。将公共文化服务归为政

府应当提供的基本公共服务，既让公共文化与其他文化类型、样态明显区别开来，也为公共文化服务保障法治化提供了必要的理论基础。对地方政府来说，提供基本公共服务是责任；对辖区居民来说，享受基本公共服务是权利。将公共文化纳入基本公共服务，从理论上回答了公共文化服务实行普遍均等、惠及全民原则的必要性与合法性，回答了公共文化服务由政府主导、主要由公共财政支撑的合理性与合法性。

我国地方政府履行公共文化服务主体责任经过了三个发展阶段：第一阶段，计划经济时期政府对公共文化服务"大包大揽"阶段；第二阶段，社会主义市场经济体制建立初期政府公共文化服务职能的缺位阶段；第三阶段，随着市场经济的深入发展，基于对文化的双重属性的认识，逐步进入到政府公共文化服务职能的重塑阶段。[1] 在这个阶段，理论与实践就公共文化服务领域的政府职能转变问题基本达成了如下共识：其一，地方政府从公共文化服务供给的唯一主体转变为供给的核心主体；其二，公共文化管理由排斥公共文化服务对象转变为鼓励其参与；其三，政府通过促进政府、社会、市场三者之间的合作和互动，充分调动社会力量与资源来满足公民的基本文化需求，实现了公共文化服务从文化主管部门内部的小循环转变为社会共同参与的大循环的新目标。[2] 由于地方政府在公共文化服务中始终处于核心地位，这就决定了地方政府在公共文化服务体系建设中，应该扮演责任主体的角色。为此，政府必须坚持依法行政的基本原则，通过创制公共文化服务保障立法，明确界定政府公共文化服务职能，理顺政府与公共文化设施管理单位及其他社会组织的关系，为政府履行公共文化服务保障的主体责任提供必要的法律依据，并进一步强化政府在公共文化服务体系建设中应该承担的主体责任。

---

〔1〕 冯守仁："政府公共文化服务主体地位和实现形式"，载孙逊主编：《2012 年中国公共文化服务发展报告》，商务印书馆 2013 年版。

〔2〕 向春玲："论多种社会主体在社会管理创新中的作用"，载《中共中央党校学报》2011 年第 5 期。

### 三、中央政府与地方政府事权责任划分路径分析

虽然我国《宪法》和《立法法》对中央与地方支出与事权责任划分的依据未作明确说明，但是从 1994 年我国推行分税制改革以来，"影响范围"一直是调整中央与地方事权划分的基本思路，并且近些年来，国家还加快了这个方向的改革步伐。

早在 2003 年，十六届三中全会通过的《中共中央关于完善社会主义市场经济体制若干问题的决定》，就首次明确提出按照具体事务的影响范围来划分中央和地方责权的改革思路，具体表述如下："合理划分中央和地方经济社会事务的管理责权。……属于全国性和跨省（自治区、直辖市）的事务，由中央管理，以保证国家法制统一、政令统一和市场统一。属于面向本行政区域的地方性事务，由地方管理，以提高工作效率、降低管理成本、增强行政活力。属于中央和地方共同管理的事务，要区别不同情况，明确各自的管理范围，分清主次责任。"

2013 年，党的十八届三中全会通过《中共中央关于全面深化改革若干重大问题的决定》，明确提出建立事权和支出责任相适应的制度并予以细化，具体表述如下："建立事权和支出责任相适应的制度。适度加强中央事权和支出责任，国防、外交、国家安全、关系全国统一市场规则和管理等作为中央事权……；部分社会保障、跨区域重大项目建设维护等作为中央和地方共同事权……；区域性公共服务作为地方事权。中央和地方按照事权划分相应承担和分担支出责任。对于跨区域且对其他地区影响较大的公共服务，中央通过转移支付承担一部分地方事权支出责任。"

2016 年，国务院发布《关于推进中央与地方财政事权和支出责任划分改革的指导意见》，明确将"基本公共服务受益范围"以及"信息获取难易程度"确定为中央与地方支出与事权责任划分的基本原则，并明确划分中央负责、地方负责、中央与地方共同负责三种支出与事权责任形式，具体表述如下："体现国家主权、维护统一市

场以及受益范围覆盖全国的基本公共服务由中央负责，地区性基本公共服务由地方负责，跨省（区、市）的基本公共服务由中央与地方共同负责"；"所需信息量大、信息复杂且获取困难的基本公共服务优先作为地方的财政事权；信息比较容易获取和甄别的全国性基本公共服务宜作为中央的财政事权"；并且"逐步将国防、外交、国家安全、出入境管理、国防公路、国界河湖治理、全国性重大传染病防治、全国性大通道、全国性战略性自然资源使用和保护等"划为中央的事权范围。经过以上梳理可以观之，我国关于中央与地方支出与事权责任以"事权影响范围"为标准的改革方向已经清晰，同时中央在逐步加强全国性事务和区域性（跨省、自治区、直辖市）事务的管理权责。

以公共服务所涉及事务的性质或属性以及服务信息获取难易程度而言，公共文化服务属于典型的由地方政府财政支付为主的事务，所以涉及公共文化服务保障的立法，有立法权的地方分别立法更合适。

## 四、明晰公共文化服务主体责任的建议

通过分析可以观之，公共文化服务属于地方政府事权，适合于地方立法。近些年来，有个别省市启动公共文化服务方面的立法，观其内容，各有侧重。通过对公共文化服务保障职责的梳理，可以将对公共文化服务负有保障职责的主体划分为以下三种类型，即省市县级政府、公共文化主管部门、街镇村居。已经完成公共文化服务方面立法的地方，如江苏省、广东省，对于这些主体责任的规定并不一致。出现这种情况的原因与江苏、广东两省对本省公共文化服务的保障能力定位有很大的关系。但同时也说明地方在进行有关公共文化方面的立法时，应明晰以上三类主体的主体职责。

（一）省市县级政府的主体责任

目前，我国公共文化服务体系总体发展水平呈现出东部、中部和西部区域发展不均衡的现状，通过对人均占有公共文化资源的数

据分析，东部区域明显优于西部与中部区域，同时由于西部区域人口规模较小，其人均占有资源高于中部区域。具体而言，部分体现公共文化均等化发展的指标，如人均文化事业费、人均拥有公共图书馆藏书、人均公共图书馆购书费、万人文化馆（站）面积等指标，往往是中部区域的几个人口大省垫底。因此，为了促进公共文化服务均衡发展，中央制定了公共文化服务指导标准，但这只是全国同步均衡发展的底线。为了保障公民均等的享有基本公共文化服务的权利，以省为单位，逐步补足省以下区域公共文化服务体系短板，是实现全国同步均衡发展的改革方向。因此，省级政府在公共文化服务体系中的主体责任主要包括三个方面：第一个方面，编制公共文化服务政策的职责。具体包括：①按照公益性、基本性、均等性、便利性的要求，将公共文化服务纳入本级国民经济和社会发展规划，编制公共文化服务发展规划；②结合当地实际需求、财政能力和文化特色，依据中央公共文化指导标准制定公共文化服务实施标准并定期调整；③根据国务院有关部门的指导性意见和目录，结合实际情况，确定购买的具体项目和内容，及时向社会公布。第二个方面，承担保持本区域内公共文化服务均等化的支出责任，同时与省以下地方政府合理划分公共文化服务的事权和支出责任，将公共文化服务经费纳入本级财政预算，加强对基层公共文化服务体系建设专项资金以及对经济薄弱地区的转移支付。第三个方面，构建公共文化体系建设协调机制的责任。公共文化服务体系的建设目标是统筹各类公共文化服务设施、单位，形成覆盖全社会的服务网络，但是，由于目前公共文化资源大量分散在其他系统或单位机构，例如工会、妇联、科技、教育、体育、卫生系统、学校、大型企业等所掌握的公共文化资源并没有得到整合优化，所以需要通过"省级政府主导"为原则，确定省级政府在多部门协调中的地位与职责分工。

相较于省级政府，市县级政府在公共文化服务方面承担的主体责任要更明确具体。具体包括两个方面：第一个方面，建立公共文化服务目标责任制，编制社会资本进入公共文化服务体系目录，构建公共文化服务监管机制，编制公共文化设施建设规划，编制信息化建设规划，搭建本区域内的公共文化服务协调，强化公共文化服务资金的审计监督和统计公告。第二个方面，市（县）级政府应统筹规划村居综合性文化服务中心建设，划分文化行政主管部门和乡镇政府之间的责任范围，落实公共文化服务下沉的任务。

（二）公共文化主管部门的主体责任

市级文化行政主管部门对公共文化服务进行具体指导，县级文化行政主管部门具体履行公共文化设施建设与服务提供的职责，并监督街道办事处、乡镇政府和村委会、居委会共同组织推进落实。具体包括：建立公共文化需求的征询反馈措施，操作公共文化服务绩效考评和居民满意度测评程序以及公益性文化单位培育等。

（三）街镇村居的主体责任

现阶段，我国已经基本建成"省—市—区（县）—街镇"四级公共文化服务网络，其中具体的服务提供以后两级为主。现有的四级公共文化服务网络存在以下两个问题：其一，村居公共文化服务直接面对群众，是公共文化服务的主要阵地，而实践中与民众联系最密切的村居文化服务职能却缺失，甚至村居的文化服务职能出现断层，文化服务的提供没有下沉到最基层。其二，目前街镇直接将公共文化服务工作摊派给村和社区的问题比较突出，从而导致公共文化服务效能不佳，并缺乏有效的监督手段。街道办事处、乡镇政府是街镇村居基础综合性文化服务中心的责任主体，是服务中心的管理与运营主体，有责任对服务中心的建设和服务实施考核评价。

## 参考文献

1. 封丽霞："中央与地方立法事权划分的理念、标准与中国实践——兼析我国央地立法事权法治化的基本思路"，载《政治与法律》2017年第6期。

2. 王仰文："限量放权后'模仿式'地方立法困局的破解之道"，载《北方法学》2017年第3期。

3. 刘雁鹏："地方立法抵触标准的反思与判定"，载《北京社会科学》2017年第3期。

4. 吴理财、方坤："地方立法体制机制创新：现状、问题和出路——基于湖北省地方立法实践的研究",载《地方治理研究》2016 年第 1 期。

5. 王林、梁明:"地方立法突出地方特色的实践与思考",载《人大研究》2015 年第 8 期。

6. 向春玲:"论多种社会主体在社会管理创新中的作用",载《中共中央党校学报》2011 年第 5 期。

# 论逃税罪的理性与宽宥化倾向

刘媛媛 *　刘　燕 **

税收是国家政权和社会经济的根基，税收制度是伴随着国家的产生而逐渐产生和发展起来的。古今中外税收都被视为国之根本，侵犯税收的犯罪也被视为严重威胁社会经济秩序的犯罪。2009 年 2 月 28 日通过的《刑法修正案（七）》第 3 条对 1997 年《刑法》中原有的第 201 条"偷税罪"进行了修订，以适应日益复杂的经济生活和不断翻新的犯罪手段。从内容上看，《刑法修正案（七）》对原有"偷税罪"进行了如下修订：重新定位行为的性质，将"偷税"代之以"逃避缴纳税款"；犯罪手段不再具体列举，而改为概括性表述；调整了定罪标准，将具体数额改为抽象数额，并且弥合了原有条文中的漏洞；将罚金刑的适用方式由倍数罚金改为抽象罚金；增加了有条件地不予追究刑事责任的条款。2009 年 10 月 16 日施行的《最高人民法院、最高人民检察院关于执行〈中华人民共和国刑法〉确定罪名的补充规定（四）》将"偷税罪"的罪名改为"逃税罪"，这些变化均是立法理性化的明证。尤为重要的是，修正案中增加了初犯免责条款的设定，更加鲜明地表现出了逃税罪立法的宽宥化倾向。

## 一、立法修改的动因分析

社会经济的发展是逃税罪修订的实践动力。随着我国经济发展水平的提升、纳税主体涉税金额的激增，[1] 如果仍按照原有偷税罪

---

　＊　天津商业大学法学院副教授。
　＊＊　山东省高级人民检察院检察员。
　〔1〕 张秋华、丛中笑："我国涉税犯罪刑事立法的法源与演进"，载《长春教育学院学报》2007 年第 1 期。

中 1 万元的入罪门槛，则企业赋税过重，极易触礁，实践的逃税行为相当普遍，而《刑法》中的原有规定又机械僵化，立法上的严苛与执法中的宽松形成鲜明反差，不仅使税收工作本身陷入困境，也造成了《刑法》第 201 条被虚置的状况。

原有偷税罪立法技术的漏洞是本罪修订的直接原因。原有犯罪手段的具体列举式行为方式极易导致实践中挂一漏万的问题，将其改为抽象描述则可以适应逃避缴纳税款可能出现的各种复杂情况；入罪标准的"数额+比例"模式同时设定了上限和下限，导致外延不周、引发漏洞，造成理论上的争议和适用中的混乱；倍数制的罚金刑同样也不利于司法机关根据社会经济形式的发展和犯罪的实际情况适时调整具体处罚力度，以更好地贯彻罪责刑相适应原则。

税收理念的进化和宽严相济刑事政策的贯彻成为本罪修订的理念支撑。传统的税收理念认为税收具有无偿性和强制性，将税款视为公共财产，不缴或少缴税款的行为即被视为"偷"的行为；随着市场经济的确立和发展，税收观念也正在发生着由国家财政向公共财政的转变，国家与公民之间的税收关系是类似于契约的平等关系。尤其在刑法谦抑性原则和宽严相济刑事政策的影响下，初犯免责这一附条件的出罪设计正是实现宽缓要求的重要途径。

## 二、罪名及罪状的理性化倾向

### （一）罪名的理性化变更

修订后的罪名被确定为逃税罪，在条文中也采用"逃避缴纳税款"的文字表述，这种文字上的变化蕴含着立法者思想立场的重大转变，对罪名的确定更趋理性化。1997 年《刑法》中的"偷税"是基于这样一种逻辑起点：税款原本就应归国家所有，如果不履行缴税义务，不缴或少缴应纳税款，无异于从国库中盗窃不属于自己所有的财产。这种传统的税制理念割裂了公民财富与国家税收之间的关系，并为税收犯罪中的重刑苛责提供了正当化基础。"偷"意味着以窃取方式侵占了国家财产权，但是，公民缴纳的税款源自自己的合法收入，并非天然属于国家所有，国家只是因为提供公共服务才有权征收税款，因此，应当充分考虑到社会生活中人的图利本性，对逃避履行纳税义务的行为保持一定的容忍。立法机关在逃税问题上不再将纳税主体与国家完全对立起来，而是在尊重纳税人合法收入的基础上要求其履行纳税义务。纳税人未缴纳的税款并非天然已归国家所有，因此用"偷"实为不当，"逃"则准确地表明了纳税主体与国家之间更为平等的契约关系。

（二）罪状的理性化描述

逃税罪罪状的修订主要表现在两个方面，一是具体行为方式的变化，二是入罪标准的变化，这两处变化均体现了立法者的理性与务实。

第一，具体行为方式的变化。在税收犯罪具体行为的方面，各国均采取了多种规定方式，包括简单罪状、叙明罪状、空白罪状等。我国刑法中对逃税罪的行为方式经历了由简单到复杂、再到简单的过程。1979年《刑法》采用简单罪状的方式对税收犯罪进行了抽象规定，仅规定"违反税收法规，偷税、抗税，情节严重的"，即构成偷税罪或抗税罪。1997年《刑法》则为了弥补立法的粗疏，以列举式的叙明罪状详尽规定了偷税罪的行为手段：即纳税人采取伪造、变造、隐匿、擅自销毁账簿、记账凭证，在账簿上多列支出或者不列、少列收入，经税务机关通知申报而拒不申报或者进行虚假的纳税申报的手段，不缴或者少缴应纳税款，偷税数额达到一定比例及数额的，即构成偷税罪。相比之下，列举式的详尽规定具有明确性和排他性的特点，有利于罪刑法定原则的贯彻。但其弊端也十分明显，即不能适应社会经济发展的状况，对新出现的逃税手段无法及时涵括，虽然实现了刑法规定的明确性，但失之灵活。《刑法修正案（七）》将逃税罪的具体行为方式概括为以"欺骗、隐瞒手段进行虚假纳税申报或者不申报"，从本质上界定了逃税行为的特征，简化了逃税罪的行为手段，内涵更准确而外延更周全，严密了刑事法网，对实践中各种纷繁复杂的逃税行为进行了有力规制，在立法技术上实现了由繁到简的理性转变。

第二，入罪标准的变化。根据修订前《刑法》第 201 条的规定，该罪除了规定"因偷税被税务机关给予二次行政处罚又偷税"构成犯罪之外，还遵循"比例＋数额"的入罪标准，即"偷税数额占应纳税额的 10% 不满 30% 并且偷税数额在 1 万元以上不满 10 万元的"构成犯罪；"偷税数额占应纳税额的 30% 以上并且偷税数额在 10 万元以上的"加重处罚。这种基本犯罪构成同时设定了比例和数额的上限和下限，造成了理论上的争议和司法适用中的混乱。刑法学界亦对这一入罪标准恶评如潮，最有力的批判就是，这一入罪标准存在明显的漏洞：即偷税数额在 1 万以上不满 10 万，偷税比例在 10% 不满 30% 的构成犯罪，但是，偷税数额在 1 万以上不满 10 万且偷税比例在 30% 以上的、偷税数额在 10 万元以上且偷税比例在 10% 不满 30% 的是否应构成犯罪争议极大。这种漏洞和争议虽然可以用刑法解释中的当然解释方法、通过举轻以明重的原则加以弥补和解决，但立法规定不明确的问题仍然存在。

针对上述问题，《刑法修正案（七）》对逃税罪的入罪标准进行了两方面的修订：一方面，取消了"因偷税被税务机关给予二次行政处罚又偷税"的规定；另一方面，对"比例＋数额"入罪模式中的数额和比例均进行了调整，将具体数额修改为抽象数额，用"数额较大"、"数额巨大"分别替代"1 万元以上不满 10 万元"、"10 万元以上"，并且取消了基本犯罪构成中的比例上限，将"偷税数额占应纳税额的 10% 以上不满 30%"改为"逃避缴纳税款占应纳税额 10% 以上"。如此一来，既克服了具体数额规定的僵化性，以适应我国幅员辽阔、经济生活变化飞速、各地发展不均衡的实际情况，也从根本上解决了同时设定上下限而造成的法条漏洞的问题，注意了数额设定的科学性和严密性，保持了数额与比例之间的协调一致和不同量刑层次之间的紧密衔接，实现了入罪标准的科学和理性。

### 三、初犯免责的宽宥化设计

《刑法修正案（七）》在本罪第 4 款中增加了附条件的初犯免

责，即"有第 1 款行为，经税务机关依法下达追缴通知后，补缴应纳税款，缴纳滞纳金，已受行政处罚的，不予追究刑事责任；但是 5 年内因逃避缴纳税款受过刑事处罚或者被税务机关给予两次以上行政处罚的除外"。这一规定通过非犯罪化的处理方式，充分考虑到人性的弱点，在维护国家税收利益的同时又对构成逃税罪的行为进行了合理限制。一方面可以鼓励纳税主体主动补缴税款，另一方面也可以降低税务机关的稽查成本。这种宽宥化的处理方式，不仅反映了我国税制理念的根本性变更，也与宽严相济刑事政策的要求不谋而合，成为逃税罪修订的最大亮点，亦成为理论研讨的重点。根据逃税罪第 4 款的规定，行为人只有在构成逃税罪的前提下，才能适用初犯免责的规定，在具体适用时应注意以下问题：

（一）对扣缴义务人能否适用初犯免责

逃税罪的主体包括纳税人和扣缴义务人。本罪第 4 款明确规定"有第 1 款行为……，不予追究刑事责任"，而第 1 款中规定的行为主体仅限于纳税人，则扣缴义务人能否适用初犯免责的规定呢？本文持否定回答。一方面，结合第 1 款和第 4 款来看，立法规定十分明确，初犯免责的条款只针对纳税人采取欺骗、隐瞒手段进行虚假纳税申报或者不申报逃避缴纳税款的行为，而没有涵括第 2 款规定的扣缴义务人不缴或少缴已扣、已收税款的行为；另一方面，纳税人逃税和扣缴义务人逃税存在重大区别。从表面上看，两者的行为都表现为国家税收遭受损失，但是，前一种情况是纳税人还没有缴纳税款，而后一种情况是纳税人已经缴纳了税款。同时，纳税人需要从自己的合法收入中拿出一部分上缴国家，而扣缴义务人只是需要将已经向他人扣缴的税款上缴国家，故纳税人与扣缴义务人的期待可能性不同。[2]

（二）行政处罚应否前置

涉税犯罪的行政处罚程序与刑事处罚程序如何协调一直是久议不决的重要问题，理论上素有行政优先与刑事优先之争，司法实务

---

［2］ 张明楷：＂逃税罪的处罚阻却事由＂，载《法律适用》2011 年第 8 期。

中的做法也不尽一致。随着《刑法修正案（七）》的颁布，这一问题在理论上得以初步解决。初犯免责的设立赋予了行政机关较大的权力，只要在行政程序中"经税务机关下达缴纳通知后，补缴应缴税款，缴纳滞纳金，已受行政处罚的"，即可不追究刑事责任，换言之，任何逃税案件，首先必须经过税务机关的处理，否则司法机关不得直接追究行为人的刑事责任。税务机关明知行为人已经实施了逃税行为但并不下达任何通知的，司法机关也不能直接追究逃税人的刑事责任。因此，行政处罚前置的程序应当是，税务机关下达处理决定后，根据行为人是否补缴税款、缴纳滞纳金，接受行政处罚，再决定是否启动刑事司法程序，追究刑事责任。

（三）如何理解"已受行政处罚"

实践中，行为人如果接到税务机关的相关处理、处罚文书后，按期足额地缴纳了税款、滞纳金以及罚款的，适用免责条款当然没有问题。但如果税务机关已经下达了行政处罚决定，但行为人不服而提起行政复议或诉讼，或受到处罚决定后因各种原因并未实际履行的，能否适用免责条款则需要讨论。换言之，"已受行政处罚"是否要求主客观的统一呢？从立法过程来看，《刑法修正案（七）》的草案中曾经将这一规定表述为"已接受行政处罚"，最后通过的文本则改为了"已受行政处罚"。[3] 对比而言，"接受"更强调行为人已经受到税务机关的行政处罚这一事实，而"受"则突出行为人已经实际上积极缴纳了罚款。因此，对这一条件应当从主客观两个方面理解，即行为人必须主观上认可并愿意履行行政处罚的内容，客观上在规定的时间内积极主动履行完毕相关行政行为规定的义务。

（四）初犯免责的适用有无时间限制

这一问题需要讨论的是，初犯免责的适用有无最后时间点的限制？还是可以适用于整个刑事诉讼过程中？如果行为人在接到行政处罚决定之后及时补缴税款、缴纳滞纳金，则无须启动刑事司法程序，自然可以适用初犯免责，不予追究刑事责任。但在司法实践中，

---

〔3〕 逄锦温："逃税罪的立法修正与司法适用"，载《中国审判》2009 年第 12 期。

如果行为人在进入刑事诉讼程序后，如公安机关立案后再补缴应纳税款、缴纳滞纳金，接受行政处罚，甚至在检察机关起诉后、法院审理过程中再履行行政处罚的，是否能够适用初犯免责的规定而不予追究刑事责任？一种观点认为，法条中并未规定时间限制，因此，只要符合初犯免责的其他条件，在刑事诉讼的任何一个阶段均可适用该规定，对行为人免于刑事处罚。此观点主要从刑法谦抑性出发，同时考虑了有利于被告人的原则。[4] 另一种观点则认为，只能在刑事立案之前适用，刑法对行为人的容忍和宽宥应有一定的限度，否则会导致权利滥用，并使得后续的刑事诉讼程序长期处于一种不稳定的状态，因此，这一权利的行使必须有一个时间截止点。

本文赞同第二种观点。在行为人不补缴应纳税款，或不缴纳滞纳金，或不接受行政处罚时，就意味着放弃了不被追究刑事责任的权利，而权利一经放弃便归于消灭。进入刑事诉讼程序后再有相关补救行为的，只能作为量刑情节考虑，却不能成为决定是否应追究其刑事责任的根本因素。从该规定的沿革看，2002年《最高人民法院关于审理偷税抗税刑事案件具体应用法律若干问题的解释》第1条第3款明确规定，补缴的时间期限是在"公安机关立案侦查以前"，第二种观点的理解正与此相契合。而第一种观点无疑会导致刑事司法程序从启动乃至终止的整个进程都完全取决于行为人的事后行为，不但于司法权威有损，也极大地浪费了司法资源，造成原本不需要也不应该立案、起诉、审判的案件，进入了相应程序。如果允许行为人在判决生效前的任何一个阶段均可以由自己的行为单方面决定刑事诉讼的终止，从而避免刑事责任的追究，则必然助长行为人的侥幸心理和对税务机关依法处理的漠视和蔑视。

（五）初犯免责的排除性条件

第4款的但书规定，"5年内因逃避缴纳税款受过刑事处罚或者被税务机关给予两次以上行政处罚"的不适用初犯免责，这是初犯免责的排除性条件，即存在这种情况时，不得适用初犯免责。这一

---

〔4〕 赵琦："由'偷税罪'的修改引发的思考"，载《法治论坛》2010年第1期。

排除性条件应从以下几个方面进行理解：

"5年内"从何时开始计算？例如，当前次逃税所受的是罚款处罚时，是从税务机关作出罚款决定之日起计算，还是从行为人缴纳罚金之日起计算？当前次逃税所受的是刑事处罚时，是从判决生效之日起计算，还是从刑罚执行完毕之日起计算？"5年内"的限定既与刑法上成立累犯的时间条件相协调，也与《税收征收管理法》第86条有关逃税行为经过5年即不得给予行政处罚的规定相一致。鉴此，应当从刑事处罚、行政处罚执行完毕之日起计算。同时，"5年内"的截止点应当计算至行为人后次逃税之日止，而非后次逃税被发现或受行政处罚之日止。

"受过刑事处罚"应如何理解？需要明确的是，"受过刑事处罚"不同于"受过刑罚处罚"。刑法上承担刑事责任的方式多种多样，最常见的即给予刑罚处罚，此外还包括适用非刑罚处罚方法、单纯宣告有罪等。因此，"受过刑事处罚"的具体情况可以包含以下几种：受过主刑与附加刑的处罚；仅受过附加刑的处罚；仅受过非刑罚处罚；仅受过有罪宣告而没有受到刑罚与非刑罚的处罚。

"给予两次以上行政处罚"，首先，应理解为因逃税受到行政处罚后又逃税而再次被给予行政处罚。即已经受到两次行政处罚，第三次或更多次再逃税的，才有可能阻却免责条款的适用，应当追究刑事责任。其次，并非第三次逃税应受行政处罚时即一律追究刑事责任，而应当理解为，后来的逃税行为还必须符合第1款所要求的数额及比例标准，才能定罪。最后，作出行政处罚的主体可以是地税，也可以是国税，如果行为人因同一经营行为逃避缴纳不同税种而同时受到国税和地税的双重处罚，则应视为一次行政处罚。因为行为人只实施了一个刑法意义上的行为，只是由于税务机关的不同分工而导致将其行为分割评价，不能因为处罚主体的不同而成为两次行政处罚的结果。

## 四、结语

在刑事立法上，我国的税收犯罪经历了罪名上的从无到有，罪状和法定刑上的从笼统到具体、再到抽象的发展历程。这一过程既与我国的经济发展态势、税收活动的基本状况和涉税犯罪的基本情况紧密相连，也与原有条文的弊端与漏洞相关，从根本上更受到我国税收理念变更和宽严相济刑事政策的影响。从逃税罪的最新修订来看，该罪正在向着科学化、理性化和宽宥化的方向发展；从长远来看，尽可能不动用刑罚、提高纳税人的税收遵从度，使纳税人依法纳税，是逃税罪立法的最高境界。[5] 纳税虽是公民的一项基本义务，但公民亦应对税收政策的制定、税收管理的运行、税款支出的用途等享有相应的知情权。只有当税款能够真正取之于民、用之于民时，公民才能逐步树立积极纳税的自觉意识，逃税行为最终才能相应减少。

## 参考文献

1. 张秋华、从中笑："我国涉税犯罪刑事立法的法源与演进"，载《长春教育学院学报》2007年第1期。
2. 张明楷："逃税罪的处罚阻却事由"，载《法律适用》2011年第8期。
3. 逄锦温："逃税罪的立法修正与司法适用"，载《中国审判》2009年第12期。
4. 赵琦："由'偷税罪'的修改引发的思考"，载《法治论坛》2010年第1期。
5. 刘荣："刑事政策视野下的逃税罪"，载《中国刑事法杂志》2010年第12期。

---

[5] 刘荣："刑事政策视野下的逃税罪"，载《中国刑事法杂志》2010年第12期。

# 刑事司法中证据转化模式研究

张　晶 *

　　证据转化规则是指采取一定方式，将形式上（如取证手段、取证主体及证据种类）不符合法定要求因而无证据能力的证据转换为合法证据的规则。[1] 证据转化是我国刑事诉讼立法上暂无规定但一直存在于司法实务中的证据处理方式，是不同的证明活动中证据对接的现实需求和证据规则的现实障碍共同催生的产物。例如，随着近年反腐倡廉的大规模展开，纪检监察部门所使用的"涉嫌犯罪已被移送司法机关依法处理"这一语词及相关案件不断出现在公众视线中。而纪检证据能否以及如何进入刑事司法程序就涉及证据对接问题。

　　在法治国家，立法对接当然是最具法理基础的方式，即由法律来明文规定某一活动或阶段的证据，在另一活动或阶段中的地位和效力。比如2012年《刑事诉讼法》修改后，在第52条第2款规定："行政机关在行政执法和查办案件过程中收集的物证、书证、视听资料、电子数据等证据材料，在刑事诉讼中可以作为证据使用。"然而，由于立法不统一、规则不完善等原因，我国刑事司法相关的证据对接极为不顺畅[2]，这就促使实务中存在着大量以证据转化方式存在的证据对接活动。以证据转化方式实现的证据在不同证明活动中的对接虽然缺乏足够的法理合理性，却也在立法不完善的情况下

---

　　* 天津商业大学法学院讲师。

　　〔1〕　万毅："证据'转化'规则批判"，载《政治与法律》2011年第1期。

　　〔2〕　张彩荣、母光栋："浅析行政执法与刑事司法衔接中的证据转换"，载《中国检察官》2006年第12期。例如，有学者认为主要是由四个方面的原因造成的：一是立法不完善，没有统一的证据规则；二是实践中对现行证据规定的理解和运用不同；三是其他的取证活动与刑事诉讼的衔接机制不健全；四是其他的取证人员在刑事诉讼中的法律地位不明确。

发挥了传递证据信息的切实作用。

但我们不能对证据转化持"鸵鸟战术",只专注于证据所含信息的最终有效传递,而无视这一转化使用的实践活动对于现行证据规则的违背或逃避的现状。也不能片面强调证据转化使用活动在合法性上的缺陷,证据转化本身是折中和调和的产物,其存在的现实合理性远大于法理合理性。而其在我国司法实践中凸显出的种种法理困境,更加表明我们有必要对证据转化的规则进行研究和修正,特别是探索建立行之有效的证据转化规则,使这些在目前需要转化才能使用的证据能够有规则可遵循,而不必通过逃避规则或者违背规则的方式进入刑事司法程序。

## 一、现有证据转化规则探析

一般认为,刑事证据是法定取证主体依据法定程序收集的符合法定形式的证据材料,即主体法定、程序法定和形式法定。证据在主体、程序、形式、内容上不符合证据规则,都会造成其进入司法程序或审判程序的障碍。在纪检、审计、税务、工商、海关等各项执法活动中,取证主体不符合刑事司法证据规则是造成证据转化活动的一大原因。比如纪检监察证据由于在收集主体、证明对象、证据收集方法[3]等方面与刑事司法证据存在极大不同,很容易被证据采纳和证据采信的各项规则筛选掉。但纪检监察等其他程序中获取的证据在刑事诉讼中有其重大价值而被司法机关大量使用也是不争的事实。所以,为避免被筛选掉,必须进行证据转化,以适应刑事司法对证据"合法性"的要求。

根据对实践中证据转化样态的考察,证据转化存在两种转化模

---

〔3〕 根据监察部(现为国家监察委员会)、中共中央纪律检查委员会于1998年6月5日发布的《中共中央纪律检查委员会、监察部关于纪检监察机关依法采用"两指"、"两规"措施若干问题的通知》第1条的规定,采取"两指"、"两规","不准使用司法手段,不准使用司法机关的办公、羁押场所和行政部门的收容遣送场所。"同时,该通知第3条规定:"严禁搞逼供、诱供,严禁体罚或者变相体罚,严禁打骂、侮辱人格和使用械具。"

式:"证据——刑事诉讼证据"转化模式和"证据——线索——刑事诉讼证据"转化模式。

"证据——刑事诉讼证据"转化模式是指其他程序证据的目的指向是诉讼证据,其属于刑事诉讼中法律运用的直接层次、高级层次,与"证据——线索——刑事诉讼证据"转化规则有着本质的不同。因此,在其他程序证据的证据构成中,不仅要考虑该证据的知识属性、取证主体的专业经验、取证的技术标准、取证的具体规范等技术因素对证据的影响,也需要考虑取证的具体程序、证据的证明范围、证据的举证方式、证据的质证规则等一系列的诉讼法和证据法问题。

"证据——线索——刑事诉讼证据"转化模式是指将其他程序获取的证据作为侦查线索来使用,此时的证据是一种普通的信息调查手段。"证据——线索——刑事诉讼证据"转化模式运用的要旨在于,有关犯罪嫌疑人有罪还是无罪的最终证据体系中,不会有其他程序证据的直接存在,但是案件的一系列重要诉讼证据的获得,有可能得益于其他程序中证据的存在。因此,"证据——线索——刑事诉讼证据"转化模式应该属于刑事诉讼中法律运用的间接层次、低级层次。

作为证据而言,纪检等其他调查程序中收集的证据具备客观性和关联性;但就刑事诉讼证据而言,此类证据很难满足刑事诉讼合法性的要求。正如台湾地区学者蔡墩铭认为:"对于犯罪事实之证明,只有具备证据能力之证据,方能加以适用,无证据能力之证据,不能用以证明犯罪;基此,即使有价值之证据,设在形式上缺少证据能力实不能作为犯罪事实认定资料加以使用。"[4] 申言之,此类证据无法同时满足取证主体合法、取证方法合法和证据形式合法三方面的要求。本文拟剖析这两种转化模式在取证主体、取证方法、证据形式不合法等具体形态中的适用,以期为将来统一证据规则的确立提供建议。

---

〔4〕(台)蔡墩铭:《刑事诉讼法论》,五南图书出版公司2002年版,第102页。

## 二、因非法定取证主体而产生的转化：以纪检证据为例

《关于纪律检查机关与法院、检察院、公安机关在查处案件过程中互相提供有关案件材料的通知》[5] 规定，纪律检查机关或党委和公、检、法之间在互相提供案件材料方面是有义务的；《关于纪检监察机关和检察机关在反腐败斗争中加强协作的通知》[6] 第2条规定："纪检监察机关查处的违纪案件，经审查认为已触犯刑律，需要追究刑事责任的，应按照《刑事诉讼法》有关案件管辖的规定，及时将有关证据材料（或复印件）移送相应的检察机关。"然而立法并未对上述活动提供足够详尽的规则指导。在现实生活中，由纪律检查机关移交到刑事司法程序的"有关证据材料"需要面对其法律效力模糊不清以及如何使用的问题。这就涉及如何将纪检证据进行转化以便适应刑事司法程序证据规则的要求。

虽然相关条文规定了在纪检监察活动中不得使用的取证手段，但条文的规定并不等于社会现实，其并不能完全排除实践中纪检机关对这些手段的使用。所以，本文以证据收集是否违反纪检类相关规定为根据，将纪检程序取得的证据分为两大类：一类是纪检人员依照规定取得的证据（以下称"合规纪检证据"）；另一类是纪检人员违反相关规定取得的证据（以下称"违规纪检证据"）。

### （一）合规纪检证据的转化

证据根据其形成的方法、表现形式、存在状况、提供方式的不同，可以分为实物证据和言词证据。现有研究基本上是将合法纪检证据划分为实物证据和言词证据两类，分别研究这两类证据向刑事

---

〔5〕 中共中央纪律检查委员会、最高人民法院、最高人民检察院和公安部《关于纪律检查机关与法院、检察院、公安机关在查处案件过程中互相提供有关案件材料的通知》（中纪发〔1989〕7号），1989年9月17日。

〔6〕 中共中央纪律检查委员会、最高人民检察院、监察部（已撤销）《关于纪检监察机关和检察机关在反腐败斗争中加强协作的通知》（高检会〔1993〕31号），1993年11月5日。

司法程序证据转化的方式。[7]

1. 合规言词证据的转化

由于纪检言词证据是纪检工作人员收集的，而刑事司法言词证据则要求由司法人员收集，所以证据收集主体的不适格导致了纪检证据不能直接在后来的刑事司法程序中使用。司法实践中一般通过"证据——刑事诉讼证据"的模式转化。具体包括三种做法。其一，司法人员简单询问被调查人员，确认其在纪检监察机关所作陈述是否真实；若真实，则该言词证据即完成由纪检证据向刑事司法证据的转化。其二，通过司法人员向纪检监察机关人员询问其制作"调查笔录"的情况，完成纪检证据向刑事司法证据的转化。其三，同时采取前述两种做法，完成上述两种形式的询问，即完成纪检证据向刑事证据的转化。[8] 不难看出，其转化活动的本质是将取证人员由纪检人员转化成刑事司法人员，而证据本身并无本质变化。但有一点需要注意，上述转化的前提是言词证据内容前后一致。换言之，言词的内容在纪检程序和刑事司法程序中并无实质性差别。如果出现类似"翻供"的情况，上述做法则无法涵盖所有的实践类型。

因此，需分情况讨论在"翻供"情况下，纪检言词证据向刑事诉讼证据的转化。其一，言词证据"前有后无"。"前有后无"是指某言词证据仅存在于纪检监察程序中，而在刑事司法程序中不存在。发生这种状况的原因一般是陈述者死亡、失踪等特殊情况。其二，言词证据前后矛盾。这种情况又要进一步细分为三种情况来讨论：一是纪检监察程序中陈述为真，刑事司法程序中陈述为假，即"前真后假"；二是纪检监察程序中陈述为假，刑事司法程序中陈述为真，即"前假后真"；三是两类程序中的陈述都为假，即"前后皆

---

〔7〕 姜焕强："试论纪检监察证据向刑事证据转化的几个问题"，载《河北青年管理干部学院学报》2005 年第 02 期；朱铭元："纪检监察证据向刑事证据转化刍议"，载《人民检察》2006 年第 22 期；欧欢欢："纪检监察证据如何转化为刑事诉讼证据"，载《中国监察》2007 年第 10 期。

〔8〕 姜焕强："试论纪检监察证据向刑事证据转化的几个问题"，载《河北青年管理干部学院学报》2005 年第 2 期。

假"。"前后皆真"的情况几乎不存在，因为事实的唯一性与前后陈述的冲突无法并存。

对于"前有后无"的言词证据，有学者提出，"综合刑事诉讼法有关规定和证据学原理，这种情况的言词证据在严格审查和履行特别的法律手续之后，可以转化为刑事诉讼证据。"[9] 并提出，这种"特别的法律手续"包括"由原先收集证据的纪检监察机关对证据的合法性和真实性作出说明，由检察机关提出与之相对接和相印证的有关证据，以及通过合法的手续从纪检监察机关调取"[10]。该学者虽未提出具体的对接转化方案，但其所论述方法的基本精神是可取的。既然言词证据的提供者已无法再次提供证据，且如果该言词证据对案件事实具有十分重要的证明作用，那舍弃该证据无疑是不符合诉讼效益的。应在充分考虑该证据所欲证明的事实的不利方权益的基础上，在由刑事司法机关按照刑事司法程序证据规则要求严格审查该言词证据的前提下，将该证据纳入刑事司法程序。保障不利方权益的方式包括赋予其充分的质证权利，因为已经不能和言词证据提供者当庭对质，所以可以考虑对不利方的质证行为采用比较低的证明标准，以充分保障其合法权益。

对于"前后矛盾"的言词证据，可通过"证据——线索——刑事诉讼证据"的模式进行转化。即将纪检证据作为侦查线索，由司法人员根据该线索，按照刑事诉讼证据规则的规定重新收集证据。换言之，把纪检证据转化为刑事司法调查取证的线索，再通过刑事司法调查取证的行为把这些线索转化为符合刑事诉讼证据规则的证据。具体说来，在"前真后假"的情况下，刑事司法人员要把被调查人在纪检监察程序中的真实陈述作为调查取证的线索，通过这些线索收集其他证据，迫使被调查人讲出实情；或者即使被调查人仍然隐瞒实情，也可依据后来收集的证据认定案件事实。在"前假后

---

〔9〕 欧欢欢："纪检监察证据如何转化为刑事诉讼证据"，载《中国监察》2007年第10期。

〔10〕 欧欢欢："纪检监察证据如何转化为刑事诉讼证据"，载《中国监察》2007年第10期。

真"的情况下,纪检监察程序中的不实陈述也并非毫无价值。因为这里的"真假"只是刑事司法人员的初步认定,被调查者在纪检监察程序中所作出的不实陈述仍然可以作为刑事司法人员继续调查取证、查明案件事实的重要线索。"前后皆假"的情况下,刑事司法人员可以将前后两份不实陈述作为办案线索,在可能的情况下,进一步获取证据,所以此情况仍属于"证据——线索——刑事诉讼证据"的转化模式。

2. 合规实物证据的转化

纪检实物证据转化运用于刑事司法程序的方式与言词证据有所不同。言词证据可以对被调查人进行二次询问以核实其在纪检程序中陈述的真伪,而实物证据一旦在纪检程序中被提取并保存,几乎无法再被刑事司法人员二次提取。而且实物证据本身具有较强的客观性和稳定性,取证主体或取证方式的差异一般对其真实性没有影响。所以,在司法实践中,一般要求刑事司法人员对纪检监察人员进行询问,以确定实物证据的来源、提取程序和保管状况。如果这些方面都符合刑事诉讼证据规则的规定,则实物证据就可以在刑事司法程序中加以使用。这种转化方式可以概括为"证据——刑事诉讼证据"模式。

(二)违规纪检证据的转化

违规纪检证据主要是指纪检人员在纪检监察程序中违反规定、法律而获取的证据,比如《中共中央纪律检查委员会、监察部关于纪检监察机关依法采用"两指"、"两规"措施若干问题的通知》(中纪发〔1998〕7号)文中明确规定了纪检监察人员不得使用的调查取证方法。但不可否认的是,纪检监察人员在取证过程中,仍然可能会发生刑讯逼供、诱供、骗供、非法拘禁等情况。

现行《刑事诉讼法》对于以特定非法方法收集的言词证据予以排除。对于非法取得的实物证据,只有在可能影响司法公正的情况下,才予以排除,且排除前仍给予补证或作出合理解释的机会。司法是正义的最后一道防线,从这个角度来看,任何进入刑事司法程序的证据都应受到刑事司法中非法证据排除规则的检验。这就面临着非法纪检证据是否可以以及如何向刑事司法证据转化的问题。

根据前文所述，证据转化有两种模式，"证据——刑事诉讼证据"的直接转化模式和"证据——线索——刑事诉讼证据"的间接转化模式。无论是从人权保障角度，还是从国际发展趋势角度，"证据——刑事诉讼证据"的直接转化模式显然不适用于非法纪检证据的转化。因此，"证据——线索——刑事诉讼证据"的间接转化模式成为非法纪检证据转化的唯一可能途径。这里就需要考虑，"证据——线索——刑事诉讼证据"转化模式是否可以及如何与"毒树之果"[11]理论相容。

在世界各国，对于是否要排除"毒树之果"，做法不一。基于使用合法手段取得的证据并没有侵犯合法权利，且考虑到现阶段侦查机关的取证水平、立法技术、刑事司法控制犯罪的价值目标等，有学者主张，在我国现阶段不排除"毒树之果"是理性的选择。[12]本文同意这一观点。易言之，将非法取得的纪检证据作为取证线索，由刑事司法人员按照刑事司法程序中证据规则的要求去取证，从而实现非法纪检证据向刑事司法证据的转化。但要注意的是，使用非法纪检证据作为线索取得的诉讼证据应当是独立于原先证据的新证据，而不能仅仅是重复原先的取证行为。

### 三、因非法定取证方法而产生的转化：以秘侦证据为例

非法定取证方法取得之证据，是我国证据法上的一个特有概念，是指侦查机关以法律未明文授权之侦查手段所获取的证据。我国刑事诉讼立法未严格贯彻强制侦查法定原则，"法律"授权并非我国侦

---

〔11〕 所谓"毒树之果"是指侦查机关通过非法手段获取了某项证据，然后由该项证据又"衍生"或"派生"出的证据。其目的在于更为彻底地实现非法证据排除规则的功能。"毒树之果"由"毒树"和"果实"两部分构成。在美国，"毒树"是指违反联邦《宪法》第四、五、六修正案的违法行为，"果实"可以是言词证据也可以是实物证据。林国强："论毒树之果在我国刑事诉讼中的适用空间"，载《河北法学》2013年第10期。

〔12〕 汪建成："中国需要什么样的非法证据排除规则"，载《环球法律评论》2006年第5期。

查机关采取强制侦查行为的唯一依据，司法实践中侦查机关依据司法解释甚至本部门的内部规范文件即可实施影响公民基本权利的强制性侦查取证行为。例如，地方各级公安机关依据公安部制定的《刑事侦查工作细则》这一内部规范性文件即可采取秘侦措施。[13]实践中存在的秘侦措施可以分为三类：一是隐秘型侦查，如秘密搜查、密取证据、秘密辨认、跟踪监视；二是欺骗型侦查，如使用卧底；三是技术型侦查，如监听等。[14] 本文以此划分为基础来阐述秘侦证据的转化使用问题。

（一）隐秘型侦查证据的转化

隐秘型侦查是通过采取跟踪盯梢、守候监视等方式，对相对人进行监视和控制的一种侦查行为。隐秘型侦查不可避免要涉及技术侦查的内容，比如守候监视时的秘密录像和秘密拍照。但鉴于技术侦查的内容将在下文详细阐述，本部分所讨论的隐秘型侦查主要是不涉及技术侦查内容的隐秘型侦查。如果跟踪盯梢和守候监视且没有秘密拍照和秘密录像等以技术手段记录证据的行为，那么我们这里讨论的就是隐秘型侦查所提取的物证和侦查人员的所见所闻了。

要讨论隐秘型侦查中所收集物证的转化，首先要考虑的是隐秘型侦查所收集的物证和常规侦查手段所收集的物证有无区别。本文认为，这两种情况下收集的物证并无实质性差别，所以并无转化必要。也即，隐秘型侦查所获取的物证可以直接在审判阶段使用。对于侦查人员的所见所闻，一种方式是作为侦查线索，然后再通过常规侦查行为获取相关证据然后提交法庭，即通过"证据——线索——诉讼证据"模式进行转化；在无法通过第一种方式转化，该所见所闻又对证明案件事实不可或缺的情况下，转化方式则是让隐秘型侦查的侦查人员作为证人出具证人证言。但是鉴于侦查人员实质上属于指控一方的现实，这种只有一方"公说公有理婆说婆有理"

〔13〕 汪建成："中国需要什么样的非法证据排除规则"，载《环球法律评论》2006年第5期。

〔14〕 万毅："证据'转化'规则批判"，载《政治与法律》2011年第1期。

的见闻，其在法庭上能够获得认可的真实可靠性肯定是要大打折扣的。

（二）欺骗型侦查证据的转化

欺骗型侦查主要涉及内线侦查，一般是指针对重大或特大刑事案件、犯罪集团以及预谋犯罪案件，为了掌握犯罪动向，了解犯罪的内部情况，及时收集证据，由特定的侦查人员深入犯罪内部开展侦查。主要采用的是"拉出来"或"打进去"的方法。"拉出来"指的是发展犯罪同盟内部人员作为警方的"线人"或者"污点证人"。线人基本上不作其他收集证据的活动。也即，线人只提供线索，不收集证据，所以无所谓线人证据的转化。而污点证人本身就具有证人的本质，也无所谓转化。所以，并不是所有的内线侦查证据都有转化的可能和必要。所谓"打进去"指的是侦查人员或其他人员"卧底"进入犯罪同盟内部，收集线索和证据。由于卧底侦查不只收集线索，也收集证据，所以内线证据的转化主要是卧底证据的转化。例如在德国，卧底警探的使用仅仅作为犯罪情报的来源而非证据来源，侦查机关可根据相关情报展开取证活动，如现场抓捕、现场扣押物证、现场录音和摄像。卧底警探提供的犯罪情报顺利地转化为其他证据形式，作为在审判中指控犯罪的证据。[15]

虽然修改后的《刑事诉讼法》赋予了卧底警察在隐匿身份侦查中收集材料的证据能力，但普通公民作为卧底进行隐匿侦查时所收集的材料，仍然需要进行一系列的转化活动才能进入刑事诉讼程序，而不能当然地与卧底警察获取的材料具有同等资格。具体的转化方式有以下几种：①"证据——线索——诉讼证据"转化模式。即将普通卧底收集的材料作为收集提取证据的线索，再由侦查机关根据常规侦查方法获取证据，提交法庭。②以侦查机关"情况说明"的形式提交法庭。如果无法通过"证据——线索——刑事诉讼证据"模式实现转化，卧底证据对于认定案件事实又不可或缺时，则采用颇具中国特色的"情况说明"方式。③以证人证言的方式提交法庭。

---

〔15〕 程雷：《秘密侦查比较研究》，中国人民公安大学出版社 2008 年版，第 319~321 页。

即普通卧底人员作为证人，将其所见所闻以证人证言的方式提交法庭。④现实生活中存在一种"对采取卧底侦查手段获取的材料保存在侦查卷中，并不向法庭出示，如果在诉讼中检察院需要查阅，则由办案人员到侦查机关查阅，但不允许复制，并不作为证据公开使用"[16] 的方式。在这种方式下，卧底证据不公开作为证据使用，可算作卧底证据"走上法庭"的另一方式。

（三）技术型侦查证据的转化

技术型侦查是指侦查机关对法律规定的特殊情况运用技术装备调查作案人和案件证据的秘密侦查措施，包括电子监听、秘密录像、秘密拍照、秘密获取某些物证、邮件检查等秘密的专门技术手段。2012 年《刑事诉讼法》修改后，在法律规定的框架内，通过技术侦查措施所取得的材料无需经过任何转化活动，即具有诉讼证据的法律地位。

那么，对于这些在法律允许范围外使用技术侦查措施取得的证据，如何界定和使用就成为需要进一步研究的问题。从应然角度讲，在规则允许的范围外通过技术侦查措施取得的证据材料是需要进行转化的。因为技术侦查具有天然的易侵权性，而我国法律并未对技术侦查的对象在制度和程序上给予更多的保障。如果在这种情况下再赋予技术侦查所获取的材料等同于常规侦查证据的效力，那在现行规则下对技术侦查的规制更是无从谈起了，这无疑对保护公民的基本权利是极其不利的。转化的具体方式之一就是将这些法律允许范围外通过技术侦查所取得的证据仅作为侦查的线索在侦查机关分析案情时使用，再通过常规侦查行为去获取符合法律规定的证据，比如通过询问、讯问的调查取证方法将其转化为证人证言和口供。这属于"证据——线索——刑事诉讼证据"转化模式。

技术侦查证据转化使用的另外一种方式是在使用技术侦查措施取证之前，在一定的时间内告知案件有关各方秘密取证的信息，使

---

〔16〕 庄乾龙："论卧底侦查所获证据之证据能力"，载《北华大学学报》（社会科学版）2012 年第 1 期。

技术侦查措施"公开化"。这样技术侦查所取得的证据就能具有如常规侦查证据一样的效力了。对于这种"公开化"的理解，应该认为不包括对侦查对象的公开，因为一旦侦查对象知悉了秘密取证的信息，就无所谓秘密取证了。其与前文论述的各种证据转化方式不同，这种转化方式具有特殊性。前文论述的证据转化方式无论是"证据——刑事诉讼证据"转化模式还是"证据——线索——刑事诉讼证据"转化模式，直接作用对象都是调查取证的结果——证据，而这种使侦查措施一定程度的公开化从而使其取得的证据向正当化转化的路径，其直接作用的对象是调查取证行为。

### 四、因非法定证据种类而产生的转化：以心理测试和警犬气味识别为例

我国现行《刑事诉讼法》用封闭式列举的方式规定了 8 种证据的法定形式[17]，对证据形式进行了比较严苛的规定。学界对于刑诉法中封闭式列举证据形式的做法多有批评。但无论学界的批评如何，这种规定对司法实践的约束力却是现实存在的，实际操作中也倾向于将所有的证据材料都归类到这 8 种证据形式中。游离在 8 种证据之外的"证据"（倘若可以称之为证据的话）只能去适应这种规定，否则很难出现在法庭上。于是出现了难以纳入 8 种法定形式的证据材料，如心理测试、警犬气味识别信息等。其无法划入任何一类法定证据形式，但在司法实践中又确实存在转化使用的必要。本文即以心理测试和警犬气味识别信息的转化为例，来阐述刑事司法内部证据的转化。

（一）心理测试

心理测试，俗称测谎，"是指运用心理学、神经心理学、生物电子学以及实验心理技术等科学成果，以测试仪器记录被测试者各种

---

〔17〕 8 种证据法定形式有：①物证；②书证；③证人证言；④被害人陈述；⑤犯罪嫌疑人、被告人供述和辩解；⑥鉴定意见；⑦勘验、检查、辨认、侦查实验等笔录；⑧视听资料、电子数据。

生理、心理反应指标，从而对被测试者是否具有对违法犯罪事实或特定事件的心理痕迹进行鉴定与判断的一种活动"[18]。由于仪器技术不规范、人员培训与测试方面的混乱及"杜培武"案[19]等的负面影响，心理测试始终被证据规则拒之门外。

从我国立法情况来看，我国《刑事诉讼法》第148~152条[20]、《警察法》第16条[21]对技术侦查手段的运用做出了相应规定。在实际进行案件侦办时，测谎一般被认定为技术侦查措施。在审判阶段测谎结论是被排除在刑事证据行列之外的。我国《刑事诉讼法》并未将测谎结论规定为证据形式，1999年最高人民检察院《关于CPS多道心理测试鉴定结论能否作为诉讼证据使用的批复》[22]，可能是我国目前关于心理测试结论证据能力效力最高的法律规范。从此规定可以看出，测谎结论并不是刑诉法意义上的鉴定结论，并不具有刑事诉讼证据的资格，但也并不禁止测谎结论在检察实践中的使用。2006年最高人民检察院颁布实施的《人民检察院鉴定机构登记管理

---

〔18〕 宋英辉、汤维建主编：《我国证据制度的理论与实践》，中国人民公安大学出版社2006年版，第272页。

〔19〕 武伯欣、张泽民："'测谎'结论能否作为鉴定证据——关于中国心理测试技术研究应用及其现状的思考"，载《证据科学》2008年第5期。曾经震惊全国的云南昆明"杜培武"冤案，在2000年被媒体曝光后，人们才知晓此案在侦查、审理过程中，曾两度对杜培武使用过所谓测谎技术。第一次测谎是由美国商业测谎学校学习过的测谎专家进行的，测试的结果认为杜培武说谎，认为杜的妻子和其情人被杀害是杜所为。审讯人员坚信测谎结果，对杜培武采取了刑讯逼供和指控诱供，最终迫使杜培武作出有罪供述。此案经过一审做出死刑判决后，杜培武本人和其辩护律师提出无罪辩护，直指一审判决证据不足，要求改判无罪。但是办案单位又请来另外一位测谎专家对杜进行了第二次测谎，这次测谎专家向法庭出具了专家意见书，由此导致二审终审也判决杜培武有罪。

〔20〕 《刑事诉讼法》第148~152条对于技术侦查措施适用案件的范围、期限、执行时的保密义务、证据转化等问题作出了详细规定。

〔21〕 《警察法》第16条：公安机关因侦查犯罪的需要，根据国家有关规定，经过严格的批准手续，可以采取技术侦察措施。

〔22〕 1999年9月10日最高人民检察院《关于CPS多道心理测试鉴定结论能否作为诉讼证据使用的批复》："CPS多道心理测试（俗称测谎）鉴定结论与刑事诉讼法规定的鉴定结论不同，不属于刑事诉讼法规定的证据种类。人民检察院办理案件，可以使用CPS多道心理测试鉴定结论帮助审查、判断证据，但不能将CPS多道心理测试鉴定结论作为证据使用。"

办法》与《人民检察院鉴定人登记管理办法》将测谎纳入规制范围，和 DNA 鉴定等鉴定业务门类并列管理。[23] 各省的一些与测谎相关的法律法规中，也基本上将测谎结论默认为鉴定意见，把与测谎相关的事项规定在司法鉴定的大类之下。

从司法实践角度来看，心理测试在刑事审判中是存在的，而法院对其定性也是比较混乱的。本文于 2015 年 8 月 26 日在北大法宝案例数据库中，输入关键词"心理测试"，进行"全文"搜索，得到民事 438 篇，刑事 49 篇，行政 5 篇，知识产权 2 篇。刑事的 49 篇中，有效案例 10 篇。[24] 其中 4 份判决的法院直接否认心理测试报告的证明作用，[25] 另有 6 份判决认可了心理测试报告的证明作用。其中 3 份判决的法院认为心理测试报告不是单独的证据，但可以辅助其他证据认定案件事实，同时有 3 份判决的法院认为心理测试报告是证据，且其中一份将心理测试报告认定为物证或书证，另一份认定为鉴定意见，即将心理测试报告归入了具体的法定证据种类。

**刑事审判心理测试情况**

| 编号 | 案件 | 案号 | 判决原文相关内容 | 法院采信情况 |
|---|---|---|---|---|
| 1 | 相某某被控故意杀人案 | （2002）青刑一初字第 51 号 | "提供的心理测试报告，不能证明本案的事实。" | 否定 |
| 2 | 朱某某等抢劫案 | （2003）驻刑少终字第 10 号 | "测谎鉴定不能否定证人证言及记工本的真实性。" | 否定 |

---

〔23〕 王永军、侯国松、王福坤："试论测谎技术在反贪办案中的运用"，载《中国检察官》2012 年第 5 期。

〔24〕 剔除原因诸如：有些案件的心理测试是指测定行为人的精神状态；有些案件的心理测试只是出现在原被告的诉讼中，而法院在判决中并未对该心理测试进行说明。

〔25〕 但从判决书用语来看，难以确认是否认了心理测试报告的证据能力还是否认了其证明力，但从我们司法实践中长久以来对于证据能力和证明力区分不明确来看，这也不难理解。

| 编号 | 案件 | 案号 | 判决原文相关内容 | 法院采信情况 |
|---|---|---|---|---|
| 3 | 赵某某合同诈骗案 | （2003）涧刑公初字第76号 | "尽管该报告书不能单独作为证据使用，但结合本案其他证据，该报告书也可印证赵某某骗取廉某某50 000元的事实。" | 辅助其他证据 |
| 4 | 代某某过失致人死亡、非法持有枪支案 | （2005）东刑一终字第24号 | "另经公安机关对（被告人代某某）进行心理测试，被告人代某某具有重大犯罪嫌疑，虽然被告人代某某归案后未作有罪供述，但本案的间接证据能够形成证据锁链，可以证实系被告人代某某的枪支走火造成被害人死亡，因此应认定其构成过失致人死亡罪。" | 辅助其他证据 |
| 5 | 潘某某交通肇事案 | （2009）通刑初字第80号 | "并有河南金剑司法鉴定中心的鉴定意见书及证人证言、被告人手机通话定位、心理测试报告等诸多的证据相互印证。" | 证据 |
| 6 | 高某某故意伤害案 | （2009）禹刑初字第127号 | "3.物证、书证：……（4）心理测试报告……" | 物证书证 |
| 7 | 韦某敲诈勒索案 | （2013）宁刑二终字第162号 | "心理测试报告作为一种鉴定意见，亦属合法的证据形式，原审人民法院对该报告予以采信并结合其他证据综合认定案件事实并无不当。" | 鉴定意见 |

续表

| 编号 | 案　件 | 案　号 | 判决原文相关内容 | 法院采信情况 |
|---|---|---|---|---|
| 8 | 张某某受贿案 | （2013）浙台刑二终字第413号 | "经向检察机关了解，被告人在侦查阶段确曾做过测谎实验，但未形成结论。另测谎结论非法定证据，且与本案无实质联系。" | 否　定 |
| 9 | 张某某交通肇事案 | （2013）安中刑二终字第130号 | "不将该心理测试结果作为证据使用。" | 否　定 |
| 10 | 陈某贩卖毒品、容留他人吸毒案 | （2015）瓦刑初字第270号 | "多名证人证言笔录均证实被告人陈某实施贩卖毒品的事实，与公安机关侦查所形成的证据相互印证一致，另有心理测试说明被告人陈某虚假供述其贩卖毒品的事实，故对被告人陈某的辩解不予采信。" | 辅助其他证据 |

不同国家对待测谎结论的意见存在差异，将心理测试归入证据的典型国家是美国和日本，而德国和意大利则是持否定意见的代表国。但通过考察各国对心理测试的态度可以发现，对于心理测试在刑事审判中可采与否的问题，整体趋势是向着开放的方向发展。在德国，立法上虽然否定了测谎结论的证据能力，但德国理论界越来越多的人呼吁在被测谎者自愿的前提下，接受测谎结论。此外，不管是持肯定态度还是否定态度的国家，都注重对被测试者基本权利的尊重。在使用心理测试的国家，都强调接受检测者应是自愿接受检测。德国、意大利否定心理测试结论证据能力的主要原因是他们认为测谎是对人的意志自由和精神自由的侵犯。因此，在对人的基本权利给予尊重的前提下，心理测试还是具有走向法庭的可能性的。而且我们不得不承认的是，各国心理测试技术的规范运用，有赖于

各国明确的立法、完善的规则。

从刑事诉讼实践可以看出，关于心理测试结论的使用存在两种模式：一种是前文所述的"证据——刑事诉讼证据"型转化模式，另一种是辅助其他证据来使用。在第二种模式下，其实并不存在转化的问题。除此之外，判决书中还出现了第二种转化方式，也即"证据——线索——刑事诉讼证据"转化。例如裴某某故意杀人案中，法院在判决书中指出，"经民警对其心理测试发现，裴某某在关键问题上心理反应强烈，未通过测谎。遂于当日 23 时对裴某某进行传唤。经审讯，裴某某对其产生厌世心理，想杀人后让法律结束自己生命。"[26] 因为此种转化方式更倾向于是一种侦查方式，并未涉及对心理测试报告本身属性的定性，所以本文没有将其放入列表。

出于保障人权的考虑，刑事诉讼的证明标准明显高于民事诉讼的证明标准，对于毁誉参半的测谎技术及其测谎结果，上述"证据——线索——刑事诉讼证据"转化可以不作限制，但对于"证据——刑事诉讼证据"型转化模式仍需三思而后行。易言之，心理测试技术不能作为认定案件事实的直接证据，只有与其他证据相互印证并形成证据链条时才能作为帮助认定案件事实的辅助证据。而且，心理测试技术的实施必须以犯罪嫌疑人或被告人同意为前提。当然，在涉及恐怖犯罪、危害国家安全犯罪等案件中，在遵循严格程序的条件下可以对犯罪嫌疑人或被告人实施强制测谎。这样，心理测试虽然在官方规定中因不具有法律规定的证据形式而不能作为诉讼证据使用，但是通过"证据——线索——刑事诉讼证据"这一转化模式，依然能够使得心理测试所蕴含的信息以另外一种方式走上法庭。

（二）警犬气味识别信息

警犬气味识别作为公安科技手段的一种，在追踪、搜捕、搜爆和搜毒等方面发挥着重要作用。一般而言，品种优良训练有素警犬嗅觉的灵敏度远远高于人类，其对于毒品犯罪、走私犯罪、入室盗

---

〔26〕 （2010）青刑一初字第93号。

窃以及凶杀案件等的侦查破获具有不可替代的作用。但是,警犬并不具备用人类能普遍理解的语言进行表达的能力,其对现场气味的识别只能通过吠叫、奔跑、肢体抖动、叼衔标本等方式来表达是否具有同一的意思。[27] 所以,警犬气味识别的信息只有通过专业人士的解读才能为一般大众所理解,也即"警犬气味识别结论"。

从某种意义上来说,警犬气味识别结论与鉴定意见类似。在鉴定过程中,警犬的角色只相当于工具,鉴定的主体实际是具有专门知识和技术的警犬驯养人员(而非司法鉴定机构和鉴定人员)。其根据警犬对气味的反应来作出嗅源和被寻找的气味是否同一的结论,进而形成"警犬气味识别结论"。按照证据的分类,有学者认为此结论应归于鉴定意见,本文不同意此观点。相较于鉴定意见,警犬气味识别结论具有特殊性。这种特殊性首先表现在:鉴定的主体不是法定的鉴定人员,没有鉴定权;另外,警犬识别的过程涉及对案件本源信息的两次解读,而这两次解读又均存在着不确定的因素。所以其证明力上存在缺陷,在诉讼中应谨慎使用。[28] 所以,将警犬气味识别结论转化为类似"鉴定结论"的方式并非在所有的国家都是有效的。也即,"证据——刑事诉讼证据"的转化模式并不适用于警犬气味识别结论在刑事诉讼中的使用。

另外一种警犬气味识别信息转化是"证据——线索——刑事诉讼证据"方式,即将此识别信息作为破案线索,再根据这些线索去调查取证。这种转化方式的适用性显然要强于前一种。在实践中,侦查人员也常根据警犬的气味识别、抓获犯罪嫌疑人从而获取其口供,或者寻找到物证。

---

〔27〕 聂昭伟、魏云燕:"警犬气味识别结论的证据属性",载《江西公安专科学校学报》2006年第1期。

〔28〕 聂昭伟、魏云燕:"警犬气味识别结论的证据属性",载《江西公安专科学校学报》2006年第1期。

## 五、结语

法律规定的缺漏与实践需求的并存使我们认识到转化使用证据的方法实属"无奈之举",但其积极意义不容否定。我们应当宽容,一味批判和否定并不实际。在规则设定不能为证据提供一个顺畅的对接渠道的情况下,本文总结了两种基本的转化模式:"证据——刑事诉讼证据"转化模式和"证据——线索——刑事诉讼证据"转化模式,也可称为直接转化模式和间接转化模式。需要注意的是,在"证据——线索——刑事诉讼证据"这一间接转化模式中,后一"刑事诉讼证据"应当是与前一"证据"不同的、独立的、新的证据。期望这两种证据转化模式对操作性强、统一适用性强的证据规则的建立有所裨益,从而实现证据在各种程序中"名正言顺"地通畅流转。

## 参考文献

1. 万毅:"证据'转化'规则批判",载《政治与法律》2011 年第 1 期。

2. 张彩荣、母光栋:"浅析行政执法与刑事司法衔接中的证据转换",载《中国检察官》2006 年第 12 期。

3. (台)蔡墩铭:《刑事诉讼法论》,五南图书出版公司 2002 年版。

4. 姜焕强:"试论纪检监察证据向刑事证据转化的几个问题",载《河北青年管理干部学院学报》2005 年第 2 期。

5. 朱铭元:"纪检监察证据向刑事证据转化刍议",载《人民检察》2006 年第 22 期。

6. 欧欢欢:"纪检监察证据如何转化为刑事诉讼证据",载《中国监察》2007 年第 10 期。

7. 汪建成:"中国需要什么样的非法证据排除规则",载《环球法律评论》2006 年第 5 期。

8. 程雷:《秘密侦查比较研究》,中国人民公安大学出版社 2008 年版。

9. 庄乾龙:"论卧底侦查所获证据之证据能力",载《北华大学学报》(社会科学版)2012 年第 1 期。

10. 宋英辉、汤维建主编：《我国证据制度的理论与实践》，中国人民公安大学出版社 2006 年版。

11. 武伯欣、张泽民："'测谎'结论能否作为鉴定证据——关于中国心理测试技术研究应用及其现状的思考"，载《证据科学》2008 年第 5 期。

12. 王永军、侯国松、王福坤："试论测谎技术在反贪办案中的运用"，载《中国检察官》2012 年第 5 期。

13. 聂昭伟、魏云燕："警犬气味识别结论的证据属性"，载《江西公安专科学校学报》2006 年第 1 期。

# 自媒体传播虚假信息的法律规制

蔡文霞 *　严　静**

## 一、自媒体传播虚假信息的现状

### （一）自媒体的界定和特点

伴随着互联网的发展，微博、微信等多种网络平台相继出现，原有的传统媒体受到强烈的冲击。自此，不仅是报纸、广播、电视等传统媒体可以向广大的民众传播消息和新闻，每个使用网络的个体也可以利用网络平台向社会大众进行信息的传播。这种新兴的媒体传播形式被广泛称为"自媒体"。"自媒体"一词最早是由美国学者谢因·鲍曼（Shayne Bowman）和克里斯·威利斯（Chris Willis）释义的。2003 年 7 月，二人在美国新闻协会媒体中心发布的一份研究报告中提出：自媒体是普通公民经由数字科技与全球知识体系相连，提供与分享他们真实看法、自身新闻的一种途径。[1] 虽然目前对"自媒体"的概念并没有具体的界定，但人们普遍认为自媒体是公民用互联网上的传播平台发布消息向不特定的大多数或者特定的人传递规范性及非规范性信息的新媒体的总称。自媒体平台包括：博客、微博、微信、论坛（BBS）等网络社区。

与传统媒体相比，自媒体在传播信息方面具有自身的特点：

1. 新闻报道的时效性强

传统媒体在获知新闻线索后派记者前往进行相关的报道是需要

---

* 天津商业大学法学院讲师。
** 天津商业大学法学院讲师。

〔1〕 Shayne Bowman & Chris Willis, "We Media: How Audience are Shaping the Future of News and Information", http://www. doc88. com/p-99950855994. html.

一定的时间的。但是，自媒体的报道往往从新闻发生之时就开始了。在新闻事件发生的现场，亲历者和围观者都可以通过手机上网借助微博、微信等网络平台对外发布有关事件的消息，在第一时间让人们得到信息，比传统媒体的时效性更强。

2. 信息发布容易，缺乏审查

传统媒体有自身审查稿件的机构，发布任何消息都需要经过一定的审查，避免因错误的发布信息给他人或社会造成不良的影响，由此将承担法律责任。自媒体在互联网上借助网络平台所发布的信息不需要经过任何人的审查，发布人自身愿意即可将消息予以发布。不少的信息发布者不仅仅是将自己亲历事件或亲见事件的消息发布于众，而且将他人转述、载于互联网的信息不加核实的予以发布。尽管，平台商也通过关键词过滤等技术手段加人工的方式来审核内容，但这种对信息内容的审查毕竟有限，对很多信息发布内容的真实性无法核实。

3. 与信息接受者的互动性强

传统媒体与信息接收者的互动机会不多，大多数情况下，信息接受者是被动的接收传统媒体提供的信息。而自媒体在信息发布后，其信息的接收者可以随时向发布者反馈自己接收信息后的感想以及对某一事件的评论或者进行转发，与信息的发布者形成互动，改变了传统媒体的单向性传播形式。

4. 匿名性

传统媒体发布信息一般都采取实名制的方式，既保护自身所拥有的知识产权，也扩大媒体的知名度和影响。与此相反，在我国目前网络尚未实行实名制之际，自媒体个人发布信息大多采取匿名的形式。这在一定程度上保护了发言者的言论自由，但也为信息发布者逃避责任追究提供了条件。

正是因为自媒体具有这些特点，使得自媒体在发挥传播功能的同时，可能将多种虚假的信息迅速而广泛的传播，以致危害国家的稳定、社会的发展以及人们的正常生活。

（二）自媒体传播虚假信息的种类和危害

1. 虚假的恐怖信息

自我国发生了一些群众关心的公共安全事件之后，有些互联网的用户或出于无聊、好玩、报复等心理编造一些不实的信息，通过微博、微信等网络平台发布，制造恐怖气氛，严重影响了人们的正常社会生活。如，有的人通过互联网微博平台发布了"多人携带有艾滋病病毒的针管进京"的消息，引起了网友的关注和恐慌。[2]

2. 诽谤信息

借助自媒体这种形式，个人要实现对他人的诽谤也变得非常容易，编造的诽谤信息能迅速在公众间传播，对被害人造成极大的精神伤害。如2009年的"艾滋女"案对被害人闫德利的名誉和精神都造成了极大的影响；2009年8月底，杨某以闫德利的名义在新浪网开设博客，在腾讯网设立QQ空间，在百度贴吧上传文字和图片，捏造闫德利患有艾滋病、被其继父强奸等事实；将闫德利及其大哥手机通讯录上的二百余个电话号码在网上公布，称这些号码的机主均为曾与闫德利发生关系的"嫖客"，后又在互联网上传经过了加工的淫秽视频。[3]

3. 商业诋毁信息

在激烈的商业竞争中，为了实现自身利益的增长，有些人也借助自媒体这种形式对竞争对手进行诋毁，造成竞争对手的商业信誉受到损害，经济上受到损失。如针对秦皇岛康姿百德高新技术开发有限公司的损害商业信誉案；自2009年10月以来，王艳梅与易伟联系，后由易伟、易磊通过网络，散布了"康姿百德骗子床垫血压不降反升，12315提醒您防止被忽悠"等众多帖子，这些"严重损害秦皇岛康姿百德高新技术开发有限公司商业信誉、商品声誉的各

---

〔2〕 侯莎莎："微博上散布虚假恐怖信息两人被查处"，载《北京日报》2011年12月2日，第7版。

〔3〕 沈佳音："'卖淫艾滋女'炮制者北京落网"，载《京华时报》2009年10月24日，第13版。

类文章",致使康姿百德公司遭受直接经济损失 1 211 247.6 元。[4]

4. 虚假的生活常识信息

个体可以成为媒体而不受监督和审查之后,有些个体通过互联网肆意地发布虚假消息,使得特定或不特定的信息接收者,面对消息无所适从,严重地损害了互联网信息的可信度。同时,这种虚假信息的传播,对人们的生活造成一定的影响,而又不得不迫使传统媒体发声"辟谣"。如曾经一段时间在微信圈盛传的"微波炉加热食物易致癌",使得不少民众不敢使用微波炉,后经中央电视台的栏目进行实地调查并邀请专家讲解原理,终于让迷惑不解的人们明白这不过是一条虚假信息而已。但这一虚假信息的出现,客观上也会造成人们对微波炉使用的恐惧而影响微波炉生产厂家的利益。

如今,人们在通过互联网更快更迅速地了解世界发生的各种事件和最新信息的同时,也深受虚假信息之害。小到生活常识信息,大到社会暴力事件信息,每一个网络的使用者作为自媒体传播之时,故意或过失的制造或传播虚假消息都会或多或少地对社会造成不良影响。当然,这其中的原因是多方面的,既有自媒体本身发展特点的原因,也有网络环境的原因,还有其他的原因。但不可否认,对自媒体传播虚假信息过程中的法律追责不足也是导致虚假信息存在甚至泛滥的一个重要原因。

## 二、对自媒体传播虚假信息法律规制的困境

### (一) 难以惩治虚假信息制造者

虚假信息的制造者不需要经过任何机构的审核,匿名将虚假信息发布出来,通过互联网迅速传播,危害社会或个人,但法律有时却难以要求虚假信息的制造者承担法律责任,最主要的原因就在于难以锁定虚假信息制造者的真实身份。

---

[4] 庄庆鸿、鄢光哲:"网上发帖诋毁商誉首遭刑事追诉",载《中国青年报》2010 年 4 月 8 日,第 3 版。

在我国尚未实行网络实名制的今天，个人通过互联网发布信息可以选择实名的方式，也可以选择匿名的方式，这为虚假信息制造者逃避法律责任的追究提供了有利的条件。个人明知是虚假的信息却予以发布，要么以匿名的方式，要么假冒他人的名义，尽可能地避免暴露其真实的身份。法律要求虚假信息制造者承担法律责任的前提是必须明确知道虚假信息制造者的真实身份。当虚假信息制造者的行为所造成的社会危害性较为严重，需要公权力予以救济之时，公安部门会利用自己的网络技术优势，迅速锁定虚假信息制造者，并采取适当的措施制止虚假信息的进一步传播。如前文所述"艾滋女"案虚假信息的制造者杨某虽然冒充闫德利的名义发布虚假信息，但仍被警方发现，最终以侮辱罪判处被告人杨勇猛有期徒刑2年，以诽谤罪判处被告人杨勇猛有期徒刑2年，两罪并罚，决定执行有期徒刑3年。[5] 如果自媒体制造虚假信息构成侮辱罪或者诽谤罪时，即使网络用户使用假的身份信息或者他人的身份信息注册，网络服务商也难以提供虚假信息制造者的真实身份，受害者仍可以寻求公诉机关帮助来锁定虚假信息制造者的身份。因为根据《刑法修正案（九）》，"通过信息网络实施第1款规定（侮辱罪、诽谤罪）的行为，被害人向人民法院告诉，但提供证据确有困难的，人民法院可以要求公安机关提供协助。"然而，当虚假信息的制造者仅仅侵犯公民个人权利，需要公民凭借自身能力去维护自身权益，追究虚假信息制造者的法律责任之时，辨识虚假信息制造者的真实身份却成了难题。普通公民根本没有技术手段能够追踪到虚假信息制造者的形迹。考虑到这一现实问题，最高人民法院于2014年10月10日实施了《关于审理利用信息网络侵害人身权益民事纠纷案件适用法律若干问题的规定》。其中规定原告起诉网络服务提供者，网络服务提供者以涉嫌侵权的信息系网络用户发布为由抗辩的，人民法院可以根据原告的请求及案件的具体情况，责令网络服务提供者向人民

---

法院提供能够确定涉嫌侵权的网络用户的姓名（名称）、联系方式、网络地址等信息。这为受到虚假信息侵害的人提供了一个法律救济途径。但是，如果网络服务提供者也不能提供真实的涉嫌侵权的网络用户的姓名（名称）、联系方式、网络地址等信息，被害人对自媒体虚假信息制造者进行起诉仍困难重重。

（二）传播虚假信息者多不担责

虚假的信息在自媒体发布后得以迅速的传播，是不少虚假信息的接收者通过微博转发或微信分享的结果。这些用户在获取虚假的信息之后，有意或无意地将虚假信息传播出去，扩大了虚假信息的传播范围，增加了其不利的社会影响。但在我国现有法律的规定下，对虚假信息的传播者大多数情况下是不追究其刑事责任的。只有"编造虚假的险情、疫情、灾情、警情，在信息网络或者其他媒体上传播，或者明知是上述虚假信息，故意在信息网络或者其他媒体上传播，严重扰乱社会秩序的，处3年以下有期徒刑、拘役或者管制；造成严重后果的，处3年以上7年以下有期徒刑。"

同样，如果虚假信息的传播者在不知消息真假的情况下，仅仅出于对大众的关心而如实传播，而没有虚构、修改、夸大原有内容，依据我国法律的规定是不承担行政或民事责任的。我国现行法律既没有要求网络信息的传播者必须辨识自媒体发布消息的真假，也没要求传播虚假消息的行为承担法律责任，所以网络用户转发消息相当随意而缺乏对社会的责任心。不少网民发现自媒体上出现的新奇或令人恐慌的消息后，往往不加核实地予以传播。除非蓄意转发虚假的信息，大部分传播虚假消息的网络用户在转发或分享消息的时候，往往忽略了对消息真假的辨识以及可能带来的社会影响，但他们的无心之举却客观上扩大了虚假信息传播所造成的不利影响。

（三）网络服务提供商追责有限

网络服务提供商（Internet Service Provider，以下简称为 ISP），既是网络得以正常运转、网络经济得以蓬勃兴旺的中坚力量，同时也是众多网络权利冲突案件中的被告方。网络服务提供商多分为两类：一类是仅提供网络技术性服务的 ISP，其共同特点是，仅为网络信息的传输、存储、搜索、链接等提供技术性支持，本身并不提供任何网络信息内容；另一类是直接提供网页内容的 ISP，其特点在于除传输和利用已有的网络信息数据之外，还会根据自身的需要提供新的网络数据或对网络数据进行编辑，有很强的交互性。第二类的网络服务提供商除提供网络技术性服务外，还担当消息的发布者的角色，因此，当此类网络服务商对网络数据进行编辑并发布后，本身对所发布的内容承担法律责任。

网络服务提供商应利用自己的技术优势，为净化网络环境服务，而不是为虚假消息的产生提供便利。国家对网络服务商故意为自媒体发布者提供相关服务应承担的刑事责任做出了明确的规定。根据最高人民法院、最高人民检察院《关于办理利用信息网络实施诽谤等刑事案件适用法律若干问题的解释》中规定，违反国家规定，以营利为目的，通过信息网络有偿提供删除信息服务，或者明知是虚假信息，通过信息网络有偿提供发布信息等服务，扰乱市场秩序的，属于非法经营行为"情节严重"，以非法经营罪定罪处罚。但如果并未以营利为目的，则难以实施刑事处罚。

同样，在民事责任的承担上，我国目前的法律针对网络服务提供商对自媒体发布虚假信息的监管责任的规定还略显不足。尽管在2013年修改后的《信息网络传播权保护条例》中，我国也采用了"避风港原则"的类似做法，明确规定了网络服务提供商面对涉及著作权侵权争议的作品应在"接到权利人的通知书后予以删除"的做法，但对于网络上出现的虚假信息应如何处理？我国法律目前还没有明确的规定要求网络服务提供商必须在接到虚假信息受害者的通知后必须删除虚假信息，所以在实践中各个网络服务提供商的做法也不尽相同。因为缺乏明确的法律规定，各个网络提供商对自身的民事法律责任认识不清，可能因怠于行使责任而使受害者的利益继续受到侵害。

### 三、对自媒体传播虚假信息法律规制的思考

（一）全面惩处虚假信息的制造者

目前运用法律手段惩治自媒体上虚假信息制造者的最大障碍莫过于难以锁定虚假信息制造者的真实身份。构成刑事犯罪的自媒体虚假信息制造者被国家公权力追究刑事责任时，多难以逃避法律的制裁。相对于刑事案件可以借助公安部门的技术优势锁定犯罪嫌疑人而言，民事案件依靠被侵权人的自身力量寻找侵权人的难度更大。目前，根据司法解释的规定，人民法院可以根据原告的请求及案件的具体情况，责令网络服务提供者向人民法院提供能够确定涉嫌侵权的网络用户的姓名（名称）、联系方式、网络地址等信息。对于向网络服务商提供了真实姓名、联系方式的用户，被虚假信息侵害的人可以对其进行起诉，但是对于向网络服务商提供虚假姓名、联系方式的用户，被虚假信息侵害的人仍难以起诉虚假信息的制造者。如果要借助法律的手段保护被虚假信息侵害人的利益，起诉虚假信息制造者，不得不借助公安机关的技术手段锁定虚假信息制造者。在我国目前的法律框架下，尚无由民事诉讼引起公安机关的技术协助确定被告人的先例，但是针对自媒体传播虚假信息的特点，能否在法律上对此作出相应的规定；即在网络服务商提供的涉嫌侵权的网络用户姓名不真实，难以锁定侵权人的情况下，由原告向公安机关的网监部门提出申请，在现有证据足以证明自媒体传播的信息为虚假的并侵害原告权利的情况下，由公安机关确定虚假信息制造者的真实身份和联系方式，以帮助原告确定明确的被告人，维护自身的合法权利。

（二）增加虚假信息传播者的法律责任

自媒体上虚假信息得以迅速传播除了恶意转发者外，还得益于消息的接收者随意的转发。不少转发者并非恶意，只不过出于善意提醒、引人注意等目的，不管真假的转发，这样的转发行为却成了虚假信息制造者散播虚假信息的工具。现行法律并没有要求转发者

去核实消息的真假，而且有些消息似乎对于缺乏专业知识的普通民众而言也难辨真假，如"微波炉加热食物可致癌"等消息。可随意转发虚假信息的恶果是造成人们对整个自媒体传播内容的怀疑，影响了自媒体的健康发展。自媒体的发布者需要自律，自媒体发布虚假信息者需要担责，自媒体传播虚假信息者也应具有社会责任感并承担一定的法律责任。在笔者看来，这种法律责任不同于虚假信息制造者的责任，是一种作为的要求，要求任何对自媒体消息进行转发的人必须注明信息的来源，这样的作为要求既客观上保护了信息发布者的知识产权，又明确了消息的第一来源，为虚假消息制造者的追踪提供了便利，同时也撇清了自身与虚假信息制造者的关系。尽管客观上虚假消息并未消除，但消息的来源一眼可见，一旦认清是虚假消息并侵犯了他人的利益，可以相对容易地查找消息来源并锁定消息的制造者。这样的法律责任是自媒体信息传播者应当承担的，也是我国法律应该予以明确规定的。自媒体信息传播者未履行这一作为要求，导致难以锁定自媒体虚假信息的制造者的，可以要求其承担一定的赔偿责任。对无任何消息来源的虚假信息，自媒体不加核实随意进行传播的，根据其过错程度承担相应的责任。

（三）强化网络服务提供商的法律责任

净化自媒体的环境，增强其发布消息的可信度也是网络服务提供商的一项重要职责。切实履行好这一职责，我国法律应要求网络服务提供商切实承担一定的责任，不仅对涉及知识产权争议的网络内容实行"避风港原则"，对自媒体发布的虚假消息也应实行"避风港原则"。在自媒体上发布的虚假消息经他人举报后，网络服务商应在第一时间予以查证，对存疑或难以查证的消息，可以暂时予以删除并要求自媒体的发布者提供相应的证据予以证实，自媒体的发布者无法证实消息为真实的不得继续发布。对举报者能提供相应的证据足以证明在自媒体上所发布的消息是虚假的，网络服务商在接到举报之后，经查证是虚假消息而不予以删除或者不对举报消息做任何查证，受虚假消息侵害的被侵权人可以要求网络服务提供商承担一定的侵权法律责任。这样的立法规定能强化网络服务提供商的法律责任意识，敦促其履行净化网络环境的职能。毕竟互联网是一个可供不特定多数人浏览的场所，虚假信息发布后传播快，影响力难以估量，强化信息的真实性，才能提升人们对网络消息的信任度。

## 参考文献

1. 侯莎莎："微博上散布虚假恐怖信息两人被查处"，载《北京日报》2011 年 12 月 2 日，第 7 版。

2. 沈佳音："'卖淫艾滋女'炮制者北京落网"，载《京华时报》2009 年 10 月 24 日，第 13 版。

3. 庄庆鸿、鄢光哲："网上发帖诋毁商誉首遭刑事追诉"，载《中国青年报》2010 年 4 月 8 日，第 3 版。

4. 朱峰："'艾滋女'案一审判处杨勇猛有期徒刑 3 年"，载 http://news. xinhua net. com/legal/2010-04/11/c_1226712. htm.

5. Shayne Bowman & Chris Willis："We Media：How Audience are Shaping the Future of News and Information"，http://www. doc88. com/p-99950855994. html.

# 城市基础设施配套费的性质及争议解决

景富生 *

城市基础设施配套费是按照城市总体规划的要求，为筹集城市市政基础设施建设资金，城市政府按照建设项目的建筑面积向房地产项目开发者收取一定数额的费用，包括城市道路、集中供水、排水、路灯、绿化等设施建设费用。

城市基础设施配套费作为实现《城市房地产管理法》和《城乡规划法》所提出的房地产开发"实行全面规划、合理布局、综合开发、配套建设"原则的具体措施，在20世纪80年代开始的房地产产业的发展和城市基础设施的完善中发挥了巨大的作用。特别是随着我国城市化进程加快发展，城市建设进程大干快上的情形下，城市的发展对城市基础设施配套费的需求日益增加。据不完全统计，自2000年开始，全国地级以上城市政府均制定了有关征收和管理城市基础设施配套费的规范性文件。但由于长期以来我国对城市基础设施配套费的征收缺乏统一基本的规范，特别是在《预算法》修订之前，城市基础设施配套费作为地方政府的预算外收入，对其收支的范围、程序、监督等方面均缺乏更有权威性的规范，中共十八大之后在加强法治政府建设中，规范行政性收费是其重点内容之一。城市基础设施配套费涉及政府在社会发展中市政基础建设资金的筹集，更关乎于相对人的具体经济利益，规范城市基础设施配套费的征收及使用，保障相对人的利益是法治社会的必然要求。

---

* 天津商业大学法学院副教授。

## 一、对城市基础设施配套费的属性不同对待

城市基础设施配套费是政府依法履行社会管理职能，筹集市政基础设施建设资金的途径，具有行政属性的范畴，对此行政特征的认知是共同的。但具体而言，城市基础设施配套费是属于行政事业性收费，还是属于政府基金，在实践中还是存在不同观点。

（一）将配套费作为行政事业性收费予以确定

早在 2006 年 3 月 27 日，国家发展改革委、财政部制定发布的《行政事业性收费标准管理暂行办法》对行政事业性收费作出了界定。按照该规范性文件的要求，行政事业性收费的主体是国家机关、事业单位、代行政府职能的社会团体及其他组织，收费的依据是《价格法》等价格法律法规等规范性文件，收费的程序依照国务院规定程序批准，且需经国务院或省级政府的价格、财政部门批准其收费标准，因其目的是在实施社会公共管理、提供特定公共服务过程中，按照成本补偿原则向特定对象收取的费用。行政事业性收费应当严格依照法定的收费项目，限定收费范围、标准的规定。行政事业性收费的一个基本特征为针对收费对象而言，其所缴纳的相关费用是补偿相应的成本且在收费中不存在行政强制性，即在收费对象不按照规定的标准和方式缴纳相关费用时，就不能获得相应的行政管理或行政服务。如诉讼费用、鉴定费用等的缴纳属于行政事业性收费的性质，缴纳诉讼费用和鉴定费用是补偿诉讼程序和鉴定过程中的相应诉讼及鉴定成本，当事人不缴纳诉讼费用或鉴定费用，将无法启动诉讼程序和鉴定活动。

在实践中，一些地方政府将城市基础设施配套费作为行政事业性收费来处理。如，《天津市市政公用基础设施大配套工程费征收管理办法》第 10 条规定，征收大配套费，须持有价格主管部门核发的收费许可证。《北京市征收城市基础设施建设费暂行办法》第 6 条对征收费用的程序规定为"建设单位持城市基础设施建设费缴款通知单，填写《北京市行政事业性收费书》（代支票），到本单位开户银

行办理缴款手续"。从这里可以看出，北京市和天津市这两个地方政府在配套费征收规范中，将配套费的收费标准确定为价格主管机关的职能，收费的效果与建设项目的相关行政审批或许可相联系，但收费本身并不具有行政强制性，这些特点均为行政事业性收费属性的表现。

（二）将配套费作为政府基金予以确定

也有不同的做法，如《重庆市城市建设配套费征收管理办法》第 11 条规定，建设项目业主应在缴费通知规定的时间内持《非税收入一般缴款书》至银行缴款。缴清配套费后，由征收部门出具已缴纳配套费的证明。并规定了费用征收的行政强制性，即逾期仍不缴纳的，可依法向人民法院申请强制执行。这里也可以明显看出，重庆市政府将配套费征收作为政府基金来对待。

尽管我国尚无政府性基金的基本立法，但《预算法》对政府基金预算作出了原则规定，且早在 1996 年财政部制定颁布了《关于加强预算外资金管理的规定》，保留了 13 项政府性基金。[1] 政府性基金的征收主体是各级人民政府及其所属部门，征收根据是法律、国家行政法规的规定，征收的目的是为支持某项事业发展而征收的具有专项用途的资金。其性质是非税收入，在征收过程中具有与税收相同的属性，其特性表现为：一是征收中的强制性，强制征收用于城市基础设施建设的专项资金；二是征收的资金不具有直接的返还性，配套费征收主体与缴费主体之间不存在直接的服务与被服务关系。

对配套费性质确定的不同，将导致配套费在收取和使用过程中，收费行为的效力的不同，以及收费缴费双方权利义务的差异。

## 二、城市基础设施配套费争议解决途径的困惑

如前所述，对城市基础设施配套费的性质在实践过程中存在不

---

〔1〕 孙文基主编：《财政法教程》，苏州大学出版社 2010 年版，第 98 页。

同的认知和对待，一旦在城市基础设施配套费征收过程中，征收主体和缴费对象之间就征收的依据、数额以及收费后的权利义务产生争议，对该争议的解决实际上会导致截然不同的结果。

（一）行政行为模式的争议解决

将城市基础设施配套费的性质界定为政府基金的性质，城市基础设施配套费的性质具有非税收入的属性。

1. 明确征收单位征缴配套费具有行政行为的属性

明确城市基础设施配套费的征收具有行政行为的属性。在相关规范中，明确规定缴费单位未按规定办理配套费缴纳手续的，不仅会影响到相关行政审批，相关行政部门可以采取不予办理建设工程施工许可证或者开工许可手续等行政措施，配套费的征收还具有行政处罚和行政强制的属性。缴纳配套费的建设项目业主未在规定的时限内缴清配套费的，由征收部门责令限期缴纳，并自逾期之日起，按日加收滞纳款 0.05% 的滞纳金行政处罚措施；逾期仍不缴纳的，可依法向人民法院申请强制执行。据此，将配套费征收行为纳入行政行为规范的范畴中，以使配套费征收行为具有典型的行政性质予以确定。

2. 缴费对象可就城市基础设施配套费征收寻求司法救济

针对相关行政机关的行政许可、行政处罚、行政强制，缴费对象均可以依据《行政复议法》提起复议或依据《行政诉讼法》提起诉讼。复议机构对征收配套费的合法性、合理性予以审查，司法机关通过司法审查对征收机关和相关机关的活动进行监督和制约，进而保障征收对象的合法权益。依据《行政复议法》和《行政诉讼法》的规定，行政复议机构和人民法院对征收机关和相关机关的活动进行监督和制约，既包括合法性审查，又包括合理性审查。合法性审查涉及征收机关和相关机关的主体、履行职权的依据、制裁权的行使是否合法、是否存在行政不作为（如征收规定中确实有征收减轻或免除，相对人据此申请征收减免时，行政机关故意回避不作答复）、征收机关和相关机关的行政行为是否违反法定程序等。合理性审查，主要涉及自由裁量权的合理性审查。在配套费征收中，减免配套费是关乎征收对象的实际利益，在相关规范中，既有规定十分明确的减免内容，如下列建设项目，经审查可免缴配套费：学校及幼儿园的教学用房；社会福利设施、社会公益性设施；享受国家税收减免的残疾人企业生产、生活用房；高新技术企业的生产性用房；科研机构科研用房。下列建设项目，经审查可减缴配套费：改、扩建工程，以原房屋权属登记证书为依据抵减原房屋建筑面积，按新增建筑面积计缴；学校的学生集体宿舍、食堂等后勤服务设施用房按50%计缴；党政群团、公检法机关办公业务用房，非营利性医疗卫生机构的医疗用房按50%计缴。[2] 这其中对建设项目的性质认定，具有一定的主观性。同时，在有关规定中更加赋予了政府较大的自由裁量权，如规定本市其他关于免缴、减缴配套费的规定，应当由市人民政府常务会议审议通过。这一规定赋予政府的行为有很大的主观性。

（二）民事关系模式的争议解决

将城市基础设施配套费的性质界定为行政事业性收费，因收费只作为政府实施管理的手段，未按规定办理大配套费交纳手续的建设项目，土地、规划、建设、房管等行政主管部门不予核发国有土地使用证、建设工程规划许可证、施工许可证、销售许可证；公安交管、市政公路管理部门不予审批掘动道路手续；专业管理部门不予接用管网设施。收费变成建设项目其他行政许可行为的前置条件，收费本身不具有行政强制性。因而城市基础设施配套费的收费单位和缴费单位，就配套费的征收以民事关系的形式出现。[3] 如以天津市为例，城市基础设施配套费的收费日常工作由市城市基础设施配套办公室负责，城市基础设施配套办公室与缴费单位通过签订《城市基础设施配套费收费合同》的形式予以确定。在《城市基础设施配套费收费合同》中作为平等的民事主体，就配套费的交纳金额、

---

〔2〕 南京市人民政府《关于征收城市基础设施建设配套费的办法》。

〔3〕 李尧远、孙录见："行政合同的'民事化'思考"，载《陕西行政学院学报》2011年第4期。

期限、方式、配套设施的内容及完成期限进行约定，并约定双方违约应当承担的违约责任等。这种方式，表面上看，似乎更加重视对缴费单位的权益的保护，强调配套费的缴纳与配套费的使用之间的关联性，但实际上，一旦缴费单位认为其已经如约履行了配套费的缴纳义务，而合同对方（收费主体）未能如期履行配套设施的建设或配套设施的功能不完善，使其相关利益受影响或损害的情形下，该诉请在民事关系模式下是不可能得到实现和保障的。因为双方确立收费关系的基础是相关行政规范的要求。如依照《天津市人民政府关于进一步加强我市城市基础设施配套建设管理的通知》（津政发〔2004〕18号）规定，城市道路规划红线以内的供水、排水、燃气、道路、路灯、绿化等城市基础设施大配套费由市配套办按市物价局、市财政局批准的标准收取，大配套费按照收支两条线原则纳入财政预算管理，专款用于配套建设，城市基础设施配套建设管理要按照统一调控计划、统一组织建设、集中审批管理、严格执法监督的原则，由市建委牵头，市规划和国土资源局、市公安交管局、市配套办等部门参加，组成联合办公室，对新建、拓宽、改造城市规划道路及各类管网拟建项目联合审定，做出统筹计划。据此，配套办作为收费主体依据合同收取大配套费是履行政府授权的职能，大配套设施的建设施工及满足使用功能也不是配套办（收费单位）单方负有的责任。以民事合同这种模式确定配套费收缴关系，应当是一个误区。

### 三、城市基础设施配套费关系的规范和发展

（一）以政府性基金为规范城市基础设施配套费

通过政府性基金为实现城市基础设施的不断完善城市基础设施领域的政策目的，各级人民政府及其所属部门按照规定程序批准，依法向建设单位无偿征收的具有城市基础设施专项用途的一种非税收入。城市基础设施配套费政府性基金，基本特征表现为市政设施政策性、被课征群体为建设单位的特定性、非对待给付性和专款专

用性。

鉴于我国尚无政府性基金的基本立法，政府性基金的法律制度框架仍比较模糊，并成为当前规范城市基础设施配套费征收管理面临的最大制度障碍。系统研究城市基础设施配套费征收制度，应当围绕政府性基金法律制度的基本框架及其构建来进行。并需在政府性基金法律制度体系内力求较好实现财政立法与城市规划立法、城市房地产立法、行政处罚、行政强制立法的耦合。依照政府性基金的基本运行逻辑和财税法学的相关理论，可以将城市基础设施配套费制度分为设立制度、征收和使用制度、监督制度、纠纷解决制度等基本方面。政府性基金的设立制度是有关城市基础设施配套费产生的基础，也是政府城市基础设施配套费征收、使用、监督的逻辑前提，征收原则、征收程序、征收范围是其基本要素，构成城市基础设施配套费制度的基本内容。应遵循设立法定与授权明确原则、补充性原则、财政公平原则、定期评审原则。

城市基础设施配套费授权征收管理机构的日常管理工作，与公众接触最为密切也最易发生纠纷，属于政府性基金监督的主要对象，在城市基础设施配套费征收管理制度体系中处于最中心的地位。

政府性基金征收制度主要包括征收主体和征收程序两个方面。使用制度是财政支出层面的制度，应当重点关注使用原则、使用范围和使用主体问题。会计制度和国库制度是实现政府性基金日常管理的辅助性制度，可以纳入政府性基金征收使用制度的范畴加以研究。[4] 配套费监督制度应当主要指向与城市基础设施配套费日常管理相关的行政行为或行政过程。当前对城市基础设施配套费监督主要存在着监督体系的法治化程度偏低、外部监督不足、监督实效不佳、公众参与缺乏、监督民主程度不高等突出问题。重构城市基础设施配套费监督制度，需要立足法治原则，强化外部监督，增强代议机构的民主监督和公众的民主参与，实现介法性监督与合理性监

---

〔4〕 吴旭东、张果："我国政府性基金的性质、规模与结构研究"，载《财经问题研究》2014年第11期。

督并重，是其构成为法治政府建设的一个重要组成部分。

从财政民主法治的发展趋势来看，现行的城市基础设施配套费纠纷解决机制因财政体制、司法体制以及政府性基金制度自身的限制，应实现配套费征收纠纷解决机制的重构，首先应完善前置程序，强化协商、调解和复议机制；其次是拓展诉讼机制的作用，在完善普通行政诉讼机制的基础上，应合理考虑财政领域的特殊性，化解城市基础设施配套费争议。

（二）城市基础设施建设的多元化要求配套费模式的多元化

当前，我国城市基础设施仍存在总量不足、标准不高、运行管理粗放等问题，我国城市基础设施的内容也不仅仅停留在道路、通讯、给排水、绿化、照明等设施上，城市功能的"无害化、资源化"要求完善和落实城市基础设施建设专项设施，如采暖地区集中供热、污水处理及再生利用、生活垃圾处理设施建设、城镇供水、城镇燃气、专业性农产品批发市场、物流配送场站等，完善城市公共厕所建设、公共消防设施、人防设施以及防灾避险场所等设施建设。城市基础设施建设的主体也不能局限于政府主体，政府在履行职能的同时，可以引入社会资本进入城市基础设施建设领域，城市基础设施建设的多元化要求配套费的取得、使用模式的多元化。

1. 坚持城市坚持设施配套费征收政府基金的基本属性

城市基础设施建设是城市政府的基本职责，为完成和实现该职能，在公权法定原则之下，坚持城市坚持设施配套费征收政府基金的基本属性，建立和完善城市基础设施配套费制度，是依法征收和使用建设资金的保障。

2. 引入市场机制，加快城市基础设施建设应以行政合同加以确定

推进投融资体制和运营机制改革。建立政府与市场合理分工的城市基础设施投融资体制。政府应集中财力建设非经营性基础设施项目，要通过特许经营、投资补助、政府购买服务等多种形式，吸引包括民间资本在内的社会资金，参与投资、建设和运营有合理回报或一定投资回收能力的可经营性城市基础设施项目，在市场准入

和扶持政策方面对各类投资主体同等对待。[5] 创新基础设施投资项目的运营管理方式，实行投资、建设、运营和监管分开，形成权责明确、制约有效、管理专业的市场化管理体制和运行机制。改革现行城市基础设施建设事业单位管理模式，向独立核算、自主经营的企业化管理模式转变。

以行政合同体现配套费的征收关系，使配套费征收使用关系兼具行政性、契约性的特点，同时在合同的履行过程中，享有行政优益权，施以必要的指挥和监督，有权单方变更和解除合同。这种关系更能适应市场化不断发展过程中，政府职能的发挥与市场机制的有效结合。

综上，城市基础设施配套费的征收使用，与政府的职能、相关当事人的利益，乃至社会整体利益密切相关，认清其性质，确定相适应的机制，是发挥好这一资金作用的根本保障。

## 参考文献

1. 孙文基主编：《财政法教程》，苏州大学出版社 2010 年版。
2. 李尧远、孙录见："行政合同的'民事化'思考"，载《陕西行政学院学报》2011 年第 4 期。
3. 吴旭东、张果："我国政府性基金的性质、规模与结构研究"，载《财经问题研究》2014 年 11 期。
4. 赵芸淇、张新："城市基础设施建设融资方式探析"，载《经济体制改革》2013 年第 4 期。

---

〔5〕 赵芸淇、张新："城市基础设施建设融资方式探析"，载《经济体制改革》2013 年第 4 期。

# 民商经济法探析

# 公司解散清算阶段对债务人的个别清偿问题探析[*]

孙学亮[**]　　尤瑞芹[***]

## 一、问题的引出

申请人甲公司与被申请人乙公司因债务纠纷向某仲裁委员会提起仲裁申请,要求被申请人乙公司清偿所欠货款 90 万元。被申请人在举证期间未提交证据亦未提交书面答辩意见。仲裁庭开庭审理时,乙公司答辩称公司已进入清算程序,并向工商行政管理机关办理清算组成员备案手续,且甲公司也已向清算组申报了上述债权,故其主张乙公司已进入清算阶段,申请人无权要求被申请人进行个别清偿,请求仲裁庭依法驳回申请人的仲裁请求。而被申请人则主张,其债权申报已达一年之久,早已超过清算组确定的债权申报期限,清算组迟迟不能确定清算方案,致债权人损失不断扩大。庭审过程中,仲裁庭对此案的处理产生争议,一种观点认为,《中华人民共和国公司法》(以下简称《公司法》)第 185 条明确规定"在申报债权期间,清算组不得对债权人进行清偿"。乙公司并非破产清算,清算组确定的债权申报期限早已届满,法律并未绝对禁止公司在非破产清算情况下对债权人的个别清偿,因此,仲裁庭可以依法审理并进行裁决。另一种观点则认为,公司一旦进入清算程序,原则上应

　* 本文为 2013 年度天津市哲学社会科学规划课题"国有股股东权行使与监督的关系研究"(项目编号:TJFX13-010)中期成果。

　** 天津商业大学法学院教授。

　*** 天津融创置业有限公司法务。

将全体债权人作为一个整体，待债权申报期限届满，根据清算组对申报债权的确认情况及公司清产核资的情况，由清算组确定整体清算方案并确定对每个债权人的清偿方案。因此，公司一旦进入到清算程序，仲裁机构不应再受理个别债权人要求进行个别清偿的仲裁请求。

案件庭审期间，申请人提交了《天津市第二中级人民法院（2014）二中民二终字第153号民事判决书（以下简称"判决书"）作为佐证，力图向仲裁庭证明其主张有法律依据及司法先例。判决书所查明的案件基本事实如下：上诉人（原审被告）天津大港油田集团油田化学有限公司（以下简称"化学公司"）与被上诉人（原审原告）天津市津南区吉安化工五金商行（以下简称"吉安商行"）原有业务往来，2011年6月签订买卖合同，约定吉安商行向化学公司供应氢氧化钠，化学公司支付货款。合同签订后吉安商行按约定向化学公司提供约定物品并开具增值税发票，化学公司陆续支付货款，但未付清。后吉安商行以化学公司欠其1 080 736.75元货款为由向天津市滨海新区人民法院提起诉讼，该法院于2014年3月5日作出（2014）滨港民初字第2号民事判决书，支持吉安商行的诉讼请求。庭审期间化学公司提出公司已进入解散清算程序的抗辩意见，法院不予采信。

化学公司不服一审法院判决，上诉至天津市第二中级人民法院。该公司认为：2013年4月28日股东会做出解散公司的决议，公司已经进入清算程序，并组成了清算组，在工商部门也进行了备案手续。为保护债权人权益，清算期间公司不得对债务进行个别清偿。

天津市第二中级人民法院于2014年6月20日作出（2014）二中民二终字第153号终审判决书，依然支持吉安商行诉讼请求，维持原判。二审法院认为：当事人签订的买卖合同是当事人真实意思表示，合法有效。化学公司提出的公司已经进入清算程序，不得进行债务个别清偿的抗辩，不妨碍吉安商行向法院提起诉讼主张的权利，该抗辩理由没有法律依据。

一审、二审法院判决的理由均是基于：无法律规定公司在清算期间不得进行债务个别清偿。即以"法无明文禁止即自由"的理念来支持债权人的诉求。

这一案例提出了这样一个现实问题：公司进入清算程序后，没有法律绝对禁止债务人在清算阶段进行债务个别清偿，法院或仲裁机构仅依"法无明文禁止即自由"作为判决的理由是否充分、是否正当？

## 二、问题的分析

公司解散是因发生法定或章程约定的事由，进而终止积极业务、了结现存法律关系的行为，是公司主体资格消灭的一种原因行为。[1] 根据解散原因的不同，公司解散分为自愿解散与强制解散。公司解散清算是公司解散后、注销登记前的必经程序，也是保障债权的最后一道防线。公司解散，意味着停止经营行为，偿还债务的能力日趋减少，势必引起债权人的恐慌。为使债权早日实现、降低债权风险，债权人往往不愿通过债权申报在清算程序下实现债权，而是请求公司对债务进行个别清偿，甚至为之提起诉讼或仲裁；或是虽然已经进行了债权申报，同时又请求债务个别清偿。

（一）个别清偿削弱公司清算制度的价值

公司清算阶段，债权人分别请求债务人进行个别清偿，势必增加解散公司的负担，影响公司清算活动的进行。《公司法》专章规定了解散清算程序，对解散公司的债务确定了专门的清偿程序。虽然法律没有绝对排除公司解散后不得进行债务个别清偿，但从《公司法》专章规定解散清算程序的立法目的理解，解散后公司的债务已经不同于一般意义上的公司债务，是不宜通过普通的诉讼或仲裁程序进行债务个别清偿的。

债务人的个别清偿行为势必减弱公司解散清算程序作用。若多

---

[1] 侯慧芳、周梁："公司解散、清算的法理基础及制度价值"，载《当代经济》2007年第3期。

数债务皆通过个别清偿解决，势必减缓公司清算的进程，增加解散公司的成本（如诉讼费），在事实上削弱解散公司的清偿能力。法院对债权人个别清偿诉讼请求的支持，会鼓励其他债权人提起单独诉讼或仲裁，为其他债权人提起债务个别清偿诉讼或仲裁打开了一个新的路径，并提供了判例依据。这必然导致更多债权人提起债务个别清偿的诉讼或仲裁，从而降低公司清算的效率，延长清算时间。公司清算程序会久拖不决，公司注销登记也会遥遥无期，不利于债权实现，也有悖于商法效率价值要求。

另外，如果公司清算过程中发现公司资不抵债，依《公司法》之规定应进入破产程序。《企业破产法》第 32 条规定："人民法院受理破产申请前 6 个月内，债务人有本法第 2 条第 1 款规定的情形，仍对个别债权人进行清偿的，管理人有权请求人民法院予以撤销。但是，个别清偿使债务人财产受益的除外。" 如此，则法院受理破产申请前 6 个月内债务人基于法院判决或仲裁裁决对债权人的个别清偿将面临被撤销的可能，既造成司法资源的浪费，也会影响到已生效判决、裁决的稳定性、权威性。

目前的司法实践中，公司清算过程中债权人对债务人的此类诉请，法院采取支持态度的并非个案。除上述天津案例外，无锡绿的商贸有限公司与北京安合百超市有限公司定做合同纠纷案［参见（2014）锡滨商初字第 0137 号民事判决书］亦持同样观点。

上述法院判决，或以"法律没有规定在自行清算期间不得对债务个别清偿"为由对债权人的诉请给予支持。[2] 言外之意即"法无禁止即自由"；或依据《最高人民法院关于适用〈中华人民共和国公司法〉若干问题的规定（二）》[以下简称《公司法解释（二）》]第 10 条之规定进行判决。[3]《公司法解释（二）》第 10 条虽然规定公司解散后，主体资格存在，但并不意味着公司的行为能力不受

---

〔2〕 参见江苏省无锡市滨湖区人民法院（2014）锡滨商初字第 0137 号民事判决书；天津市第二中级人民法院（2014）二中民二终字第 153 号民事判决书。

〔3〕 参见江苏省无锡市中级人民法院（2014）锡商终字第 0515 号民事判决书。

限制，因为清算阶段公司主体资格的存在应仅限于清算之目的。法院引用《公司法解释（二）》判决显然是对该解释的误读。

## （二）"法无禁止即自由"的适用范围

"法无禁止即自由"乃经典法谚，也是确定私法主体权利界限的一项基本原则，蕴含着私法自治的思想，强调私法主体的自由不受公权力的随意干涉，强调私权利主体之间的契约自由。"法无禁止即自由"与"法无授权即禁止"是一枚硬币的正反两面，相辅相成。对私法主体而言，只要法律没有禁止的，都可为之，不因此而构成违法；对政府而言，凡是未经法律授权的均不得为之。"法无禁止即自由"是"权利"对抗"权力"的有力工器，是人身自由与安全的基础。"法无禁止即自由"的思想产生在"权利"兴起的时代。由于当时经济发展水平低、民商事主体之间的经济交往规模小，数量少，制约"权利"的主要手段是公权力。因此，"法无禁止即自由"中的"法"主要是指刑法、行政法等公法或私法中的禁止性规范。

《公司法》是具有公法性质的私法，是团体法，有别于涉及范围有限、私密性较强的合同法。受《公司法》调整的行为，通常涉及公司内外多方主体的利益，包括公众利益或社会公共利益。故判断受《公司法》调整的行为的法律效力以及审理涉及公司法案件时，不能简单地套用"法无禁止即自由"的原则。

法律制度是人创造的、又是通过语言表达的，不可能做到尽善尽美，必然有其局限性，比如：法律漏洞、法律冲突、法律滞后等。因此，就需要一种灵活的法律运用的方法，以此作出有效率的、公正的判决，取得社会的认同。[4] 而不能简单、机械地依据"法无禁止即自由"的原则支持当事人的主张。否则，必然导致大量权利与权利的冲突，违背司法"定纷止争"之目的与功能。

对于具体案件的处理法律没有明确规定时，裁判者应运用法律解释学的方法，针对具体案件进行严谨的法律解释，实现个案公正，

---

〔4〕 段匡："日本民法解释学对中国法解释学的启示意义"，载《法商研究》2004 年第 2 期。

同时也充分实现法律的价值。公司解散清算中的债务个别清偿问题即是如此，裁判者应综合运用法律的目的解释方法、体系解释方法、利益衡量解释方法等，在充分论证的基础上进行判决。而不能随意、简单地以"法无禁止即自由"的原则解决问题。"法无禁止即自由"的适用应有一定的条件或范围，不应奉之为圭臬，作为解决一切疑难法律问题的万能法宝。脱离具体语境去理解它，只会导致其成为一个"放之四海而皆准"的真理。在当下我国，"法无禁止即自由"的原则运用不当就更是一个陷阱，而且还是一个充满诱惑的陷阱，[5] 司法活动中对此应保持高度警惕。

权力的目的在于保护权利。为防止权力滥用，必须界定权力的界限。权力的行使不得超过其法律边界。权利与权利是平等的，应受到同等保护，不能为保护此权利而对彼权利画个禁止圈，进而根据此权利未在禁止圈内就得出应当支持的结论。

裁判民商法案件的法律依据是私法，界定"权利"的边界是民商法的一项重要功能，界定的工具除法律的明文规定外，还需要借助民商法解释的方法，而不应机械地、简单地套用"法无禁止即自由"原则得出结论。

**（三）解散后公司的主体资格**

关于公司解散后、注销登记前的法律地位有多种学说：其一，人格消灭说。该学说认为，公司解散后法律人格立即消灭，公司财产归股东共有，期间的诉讼主体应是所有股东。该学说否认了公司的独立人格，混同了公司与合伙的区别，也违背股东有限责任制度，不可取。[6] 其二，清算法人说。该学说认为公司一旦解散，主体资格立即消灭。但为方便清算，单独成立独立的清算法人。该学说否认了公司的连续性，设定一个有别于原公司的清算法人，增加了清算成本，也不可取。其三，同一人格说。认为公司解散后，人格不消灭，但行为能力、权利能力受到限制，只能从事清算目的范围内

---

〔5〕 林来梵："'法律保留'的诱惑"，载《法制日报》2007 年 6 月 17 日。

〔6〕 胡长清：《中国民法总论》，中国政法大学出版社 1997 年版。

的事情。[7] 该学说维持了公司解散前后的人格统一性，与公司法律人格独立、股东承担有限责任的原则不冲突，但将其行为能力仅限定在清算目的范围内，解决了清算中公司的诉讼主体问题，为学界通说，也为多数国家立法采用。

公司解散后、注销登记前依然保留法律人格，是多数国家立法的通行做法。但此时公司权利能力、行为能力受到限制，仅限于清算目的，不得再进行与清算行为无关的活动。如日本《公司法》第476 条规定："依前条规定进行清算的股份公司，在清算目的的范围内，直至清算结束视为仍然存续着。"[8]公司虽然解散，但必定还有未了结的债权债务及其他法律关系，需要以公司为主体进行了结。公司解散后的唯一任务就是处理清算事务，了结现存的法律关系，这也是公司注销登记、人格消灭前的必经程序。

如果不保留公司主体资格，最有可能承接公司主体资格的是清算组。若赋予清算组法律主体资格，在诉讼中，如果胜诉，则胜诉财产应归清算组；如果败诉，清算组需承担败诉结果，需要履行给付等法律义务，而清算组没有财产保障。[9] 另外，若让清算组承接解散公司的法律地位，从公司解散到清算组成立期间公司主体地位处于空白状态。故公司解散后有保留公司法律主体资格的必要，但保留的目的仅是为清算服务，仅限于进行与清算有关的业务。《公司法解释（二）》第10 条虽然规定公司注销登记前，有关公司的民事诉讼，以公司的名义进行。但这并意味着公司具有个别清偿债务的主体资格。《公司法》第186 条第3 款规定："清算期间，公司存续，但不得开展与清算无关的经营活动。"即公司丧失了原有的经营行为能力。而清偿公司债务，尤其是清偿合同之债，无疑是公司经营行为的表现，是经营活动的题中之意。因此，解散后的公司应不具有个别清偿债务的行为能力。

---

〔7〕 钱卫清：《公司诉讼：公司司法救济方式新论》，人民法院出版社 2004 年版。

〔8〕 胡田野：《公司法律裁判》，法律出版社 2012 年版。

〔9〕 刘俊海：《新公司法的制度创新：立法争点与解释难点》，法律出版社 2006 年版。

根据《公司法解释（二）》第 14 条之规定可知，在债权申报期间未申报的债权，通过清算程序清偿债务后，若公司没有剩余财产、股东也没有分配到财产或股东分配到的财产不足以清偿未申报的债权时，债权人不得因此向法院提起破产申请，即债权面临得不到清偿的风险。这也表明，通过债权申报程序申报的债权比未申报的债权优先受到清偿。公司解散后，不进行债权申报，单独提起诉讼或仲裁的债权，属于未申报的债权，故不应优先于申报的债权受到清偿。

另外，《公司法》第 186 条第 2 款规定了公司的清偿顺序，在清算阶段对债务人个别清偿必然违背法定的清偿秩序，有可能损害相关利益主体的权益。因此，虽然法律并未明确禁止公司清算阶段债务人对债权人的个别清偿行为，但对债务人的个别清偿已然有悖公司清算的制度价值。

（四）债务个别清偿行为的撤销

解散清算与破产清算虽是公司注销登记的不同程序，但二者之间也有一定的联系。应从法律体系的宏观角度，处理公司解散清算有关问题。根据《公司法》第 187 条的规定，公司进入解散清算程序后，清算组在清理公司财产、编制资产负债表和财产清单后，发现公司财产不足清偿债务时，应当向人民法院申请宣告破产。宣告破产后，公司进入破产清算程序，依据《破产法》有关规定进行破产清算。

根据《破产法》第 32 条规定，人民法院受理破产申请前 6 个月内，债务人有不能清偿到期债务，并且资产不足以清偿全部债务或明显缺乏清偿能力的，仍对个别债权人进行清产的，管理人有权请求法院予以撤销。这里的"权"是职权，既是权力也是责任，管理人必须申请撤销，没有是否申请撤销的自由裁量权。若承认公司进入解散清算程序后对债务人个别清偿行为的法律效力，当公司资不抵债、进而提出破产申请受理后，对债务人的个别清偿行为若发生在破产申请前 6 个月之内的，需要撤销。这不仅增加清算组的负担，也造成司法资源的浪费。

此外，公司解散后的对债务人个别清偿的案件种类较多，有合同之债、侵权之债等，当事人可能遍布各地，审理案件的法院不可能都是公司所在地法院。特别是合同之债，当事人还可能约定仲裁解决。因此，多地法院、仲裁机构的判决、裁决，势必增加清算组对个别债务清偿行为撤销的难度。例如，撤销已经执行的异地法院的判决、异地仲裁机构的仲裁裁决、调解书或和解书，哪个法院有管辖权、撤销后财产如何返还、财产无法返还的风险如何承担、各种费用的分担等问题都难以解决。

综上，从债权平等保护、节约司法资源、提高商事效率等多方面综合考虑，公司解散清算过程中的债务个别清偿行为不应得到支持。

### 三、问题的求解

以上理论分析的结论非常清楚地表明不应支持清算阶段债权人的个别清偿请求。但在司法实践中，债权人对处于清算阶段的债务人提起债务个别清偿的诉讼或仲裁请求难以避免。在现行法律框架之下，如何处理债权人针对债务人提出的债务个别清偿的诉讼或仲裁，是司法实践必须面对的现实问题。

由于《公司法》没有规定公司解散登记公告制度，因此，公司解散后、债权申报通知或公告发出前，债权人不知道公司已经解散，故可能提起债务清偿诉讼（现实当中，公司股东会做出解散决议后，不在法定期限内通知债权人或发布债权申报通知的公司大量存在）。案件受理时，法院也无从知晓公司是否已经解散，故法院只能依据《民事诉讼法》的相关规定进行审查，对符合起诉条件的，法院就应当受理，以保障债权人的诉权。

法院受理该类案件后，被告以进入清算程序为由提出抗辩的，法院应如何处理？是裁定驳回起诉、判决驳回诉讼请求，还是裁定中止诉讼呢？

驳回起诉是指法院立案后，经审查不符合起诉的条件，即不符合《民事诉讼法》第 119 条规定的起诉条件。主要可以分为以下几种：①原告与本案没有利害关系；②没有明确的被告；③无具体的诉讼请求、事实和理由；④法院没有管辖权。

驳回诉讼请求，是指法院对已经受理的案件经审理后，发现原告请求法院保护的实体权利不符合法律规定的条件，因而对原告的请求不予保护的司法行为。它解决的是实体意义上的诉权问题，它针对的是不符合法律规定的实体请求，应适用判决的方式做出。驳回诉讼请求适用于以下范围：①请求保护的实体权利未受到侵害或虽然受到侵害，但所造成的损失已由侵害人填补；②与他人未发生争议或虽然发生争议，但争议已经解决；③已过诉讼时效，且被告对此提出抗辩；④被告不是适格的主体。

诉讼中止，也称中止诉讼，是在民事诉讼程序开始后，因出现某种影响诉讼继续的情况，致使诉讼程序不能或不宜进行，审理法院裁定暂时停止诉讼活动的制度。中止事由确定后，法院再作出继续审理或其他情形的裁判。该制度不仅在于平等、公正的保护当事人的诉权，更在于从宏观上合理利用司法资源，提高司法效率，作出稳定的判决。避免裁判文书因其他可预见性原因被撤销。[10]

公司一旦出现法定的或章程规定的解散事由，公司即进入清算阶段，公司即为清算法人，依《公司法》之规定，公司不得再进行与清算无关的经营行为。无论债权人对债务人提起个别清偿请求还是债务人主动自愿地对个别债权人进行清偿，均有悖清算制度设立的初衷。依公司清算制度本意，公司一旦进入清算阶段，债权人只能依法定程序向清算组申报债权，经清算组对全体债权人之债权进行确认后，依法定清算程序对债权人进行清偿。现实中，债权人之所以对债务人提起个别清偿请求，往往是由于债务人解散后迟迟不成立清算组启动清算程序或债权人申报债权后，清算组不能对债权人申报的债权及时进行确认，进而导致清算程序迟滞，影响了债权人权益的实现。此时，债权人理应依《公司法》第 183 条之规定或

---

〔10〕 杨光："关于诉讼中止的思考"，载《中国律师》2014 年第 2 期。

依《公司法解释（二）》第 7 条之规定要求人民法院指定清算组进行清算，而不应绕过公司清算程序直接通过诉讼来达到其债权个别清偿的目的。即在公司清算阶段，任何以个别清偿为目的的诉讼请求均不应得到法院或仲裁机构的支持。

综上，公司一旦进入解散、清算程序，就已经不再是一般意义上的法律主体，对其提起的诉讼请求应受到债务公平清偿原则之限制。故对此类诉讼，可向原告释明后建议其撤诉，否则应裁定驳回原告起诉。

## 四、结语

我国公司制度的发展时间还比较短暂，《公司法》整体上还不够精细，实践中出现的许多具体问题可能从现有立法中不能找到明确的解决方案。但法院或仲裁机构绝对不能简单地直接依据"法无明文禁止即自由"的原则作出判决或裁决，而应综合运用法律解释方法进行法理分析和法律推理，才能作出符合法理的具有公正性、稳定性的判决。

# 腐败治理中的民事机制研究

沃　耘[*]

长期以来，在传统的由国家主宰、垂直控制的腐败治理模式下，以"私权"为核心的民事机制没有适用的余地。随着依法治国方略的全面推行，中国的腐败治理模式开始从运动反腐、权力反腐向法治反腐转变。当下的中国，反腐问题已成为民众关注度最高的"公共事件"。探寻根治腐败的有效治理之策，是中国自现代化转型以来国家治理的重要方面，从"运动式"反腐的艰难探索，到制度性反腐路径的确立与全面推进，中国的腐败治理事业取得了举世瞩目的突破性进展。[1] 在我国党风廉政建设和反腐斗争的关键期，多视角来探讨腐败治理机制，对于拓展我国反腐败理念和路径，具有重要的意义和价值。

## 一、国内外关于腐败治理民事机制的研究趋势

### （一）国内的研究现状

面对"重刑严惩"的公众呼声，理论界却提出了"反腐应当走出重刑主义误区"的主张。刑法学界的主流观点认为，重刑反腐是基础性制度和体系缺失状态下一种不得已的选择和填充手段，存在巨大法治风险，必须科学考量刑事政策体系的功能限缩性。在上述学术思潮的影响下，作为刑法在治理腐败中的功能补足，民事机制逐渐进入刑法学者的研究视野。研究的视角包括：其一，腐败案件

---

　＊ 天津商业大学法学院教授。

　〔1〕 钱小平主编：《法治反腐的路径、模式与机制研究》，东南大学出版社 2017 年版，第 1 页。

中受害人的民事救济问题。尽管传统刑法理论认为，贪污受贿罪是没有直接被害人的犯罪行为，近年来，却不断有学者提出，在腐败案件涉案财物处理方面，应当强化对利害关系人私权的保护，更有学者主张，应当赋予贪污受贿罪的受害人提起民事诉讼的权利。其二，民事机制在反腐败国际合作中的功能问题。《欧洲委员会反腐败民法公约》（Council of Europe Civil Law Convention on Corruption，以下简称《反腐败民法公约》）成为我国学者研究腐败治理民事机制引用率最高的参考文献，相关研究成果在民事机制应用于反腐败国际合作以及追缴境外赃款等方面基本达成共识。其三，将民事机制引入腐败治理也获得了刑事司法实践界的广泛认可。有刑事检察官提出，占有、交付等民事制度在贪污受贿罪的认定方面应得到必要关注；也有刑事法官指出，即使腐败案件中的犯罪嫌疑人最终没有受到刑事处罚，法院也应当责令被告对受害人进行民事赔偿；还有刑事法官主张，应当突破传统刑法理论中贪污贿赂罪无直接被害人的误区，并在此基础上赋予被害人提起民事诉讼的权利。

由于学科背景的局限性，刑法学者对腐败治理民事机制的研究仅停留在刑法谦抑性层面，没有触及民事机制介入腐败治理的路径、要件、边界等具体问题；我国不具备反腐败国内立法的制度背景，《反腐败民法公约》的可参照程度也不高。但是，在严峻的腐败现实和民众的强烈关注下，理论界并未催生出非理性刑法机制反腐的趋向，这在一定程度上体现了国内刑法学界在法治反腐理论研究方面的成熟，而通过多元法治思维与法治方式来实现法治反腐的系统化正在成为一种新的理论趋势，民事机制在腐败治理中的运用与完善也成为法学领域的新命题。遗憾的是，刑法学界关于腐败治理民事机制的既有成果并未得到民法学者充分关注，而民法学界又鲜有腐败治理中民事机制的研究成果，法治反腐的命题仍然被大多数民法学者排除在民法学研究视域之外。

（二）国外关于腐败治理民事机制的理论研究趋势

国外学者关于腐败治理民事机制的研究更为具体：一些国家已经有了明确的反腐败民事机制或判例。例如，《马耳他民法典》中专门设有"在腐败情形中的民事救济"条文[2]；《俄罗斯联邦反腐败法》中规定了自然人腐败违法的民事责任，有俄罗斯学者关注到《俄罗斯联邦民法典》个别可诱发腐败的条款（例如，围绕第575条可诱发腐败的问题经常会有争论)[3]；英国普通法中，行贿者与受贿者因共同侵权而对受害人承担连带责任；美国一些州还对受贿者实行惩罚性赔偿，赔偿的范围在行贿金额内；在巴西，除了刑事责任，受贿者要对受害人承担利润风险的赔偿责任。明确的立法与判例为国外学者反腐败民事机制的研究提供了丰富的素材，特别是在英美法系，在立法与司法实践普遍承认腐败治理民事机制正当性的基础上，如何在民事救济中"量化腐败成本"（Quantify the Cost of Corruption）就成为英美学者关注的焦点问题。例如，美国有学者提出了"零容忍方法"（Zero – Tolerance Approach）与"比较过错"（Comparative Fault）理论，英国有学者则为民法救济如何实现刑事程序所不能够达到的成效——受害人的"资产恢复"（Recovery Efforts）提出了具体建议。美国侵权法中，公职人员事实上要普遍对他们的侵权行为承担责任，即使他们所服务的公共实体享有豁免权。[4]

1994年，欧洲委员会设立了腐败问题多学科委员会（GMC），从刑法、民法、人权法等多个视域研究腐败治理问题，作为最早加入 GMC 的成员国之一，《马耳他民法典》中关于腐败民事救济的规

---

〔2〕《马耳他民法典》第1051条（在腐败情形中的民事救济）："①在本条的范围内，腐败是指，直接或间接地要求、提供、给予或接受贿赂或预期贿赂或者任何其他不当利益或预期不当利益，因该不当利益或预期不当利益，而扭曲受贿者所要求的任何义务或行为的适当履行。②任何人主张因腐败而遭受损害的，对于腐败行为给他造成的损害，受害人对实施或授权实施腐败行为者或者没有采取合理的措施阻止腐败行为者，享有获得赔偿的诉权。③实施或授权实施腐败行为者，以及没有采取合理的措施阻止腐败行为者，应对第2款提及的损害赔偿承担连带责任。④政府或依法设立的法人的官员或雇员实施腐败行为的，在下列情形，政府或依法设立的法人（视具体情况而定），应对腐败行为造成的损害承担赔偿责任。"

〔3〕[俄]哈布里耶娃主编：《腐败：性质、表现与应对》，李铁军等译，法律出版社2015年版，第127页。

〔4〕[美]丹·B. 多布斯：《侵权法》（上册），马静等译，中国政法大学出版社2014年版，第602页。

定直接影响了 1999 年《反腐败民法公约》反腐败民事机制的最终确立[5]。不过，在评价《反腐败民法公约》有效性方面，欧洲学者也存在不同观点，例如，有比利时学者提出，许多成员国腐败治理刑法系统中还不允许吸收民事私法的工具，因此，民事机制也很难在共享协议国家之间充分发挥作用。不同于西方学者对腐败民事机制的制度化、体系化研究，日本学者更侧重于从民刑关系角度探求民法原理在刑法治理腐败的基础性作用，例如，佐伯仁志、道垣内指出，在委托行贿中受托人"截贿"行为的侵占罪认定必须以民法上的不法原因给付以及委托让与理论为前提。

## 二、民事机制介入腐败治理的必要性

### （一）丰富和扩充既有的腐败治理理论

中国共产党的反腐倡廉理论决定了腐败治理的政治属性与思想指南，但在全面推进依法治国的历史条件下，如何运用法治思维和法治方式来治理腐败，其理论指导和学理支撑尚待加强与完善。法治反腐强调"权力与权利"并重原则，因此必须转变以垂直控制为首要目标的"重惩罚，轻补偿"的思维定式。需要为多元化解决腐败问题提供私法上的制度框架与正当程序，以私（法主体）人为出发点和归宿点来设置腐败治理中的民事机制，进而真正实现反腐败"人本主义"精神。

### （二）弥补刑事理论和规则在腐败治理中的欠缺与不足

在腐败治理中，就受害人利益的填补方面，私法治理显然优于公法治理：受公共政策里国家剩余利益的约束，个人最好运用法律工具来满足他们自己的偏好，具体的法律安排应当坚持下面的模式：私法治理——如果失败——刑法治理。然而，目前在我国腐败治理

---

〔5〕《欧洲反腐败民法公约》第 3 条（损害赔偿金）："成员国应通过法律确保因腐败行为的受害人有权获得充分的赔偿，赔偿的范围包括实际损失、可得利益的损失以及非物质性损失。"第 4 条第 2 款："成员国应通过法律确保在数人参与的同一个腐败行为中，被告应承担连带赔偿责任。"

实践中，却忽略了对受害人个人利益的填补。如果国家通过刑事制裁机制将腐败案件被告人全部剩余利益取走，如罚金、没收个人全部财产等，那么，受害人个人利益的弥补就只能通过国家的间接补偿来实现，而事实上，绝大多数腐败案件中的受害人不能得到全部赔偿。这不仅会影响人民群众参与腐败治理的积极性，也会降低腐败治理的实效性。因为腐败正是源于有权者通过手中的权力划定利益分配，从而导致社会利益的分配不均，治理腐败首先就是要纠正这种错误的利益分配，如果受害人的利益没有得到充分地考虑与恢复，腐败治理的目的就没有得到真正实现。刑法谦抑性原则所蕴含的克制性、妥协性、宽容性，刑罚适用的轻刑化等司法理念与反腐败治理中的"零容忍"原则相悖。需要将研究的视角扩展至那些不适用刑事责任的情节轻微腐败案件领域，为当下"老虎"、"苍蝇"一起打的腐败治理原则提供制度依据和政策参考。

（三）提高反腐败党内法规与国家法律的衔接性

《中国共产党党内监督条例》、《中国共产党纪律处分条例》等党内法规中增加了许多关于腐败治理的具体规定，如何将这些规定与现行法律衔接和协调，关系到法治反腐的实际成效。基于党的"先锋队"性质，在层级方面，党内法规在制度标准上要严于国家法律，因此，党内处罚很难与刑事责任、行政责任等强制性规范在制度上进行整合，而党内法规中关于具体腐败行为的认定标准，却有可能成为民事责任违法性和有责性的认定依据。私人利益和公共利益的矛盾关系即对立统一关系的复杂性主要表现在：由于私人利益的主体越来越多，其内容也越来越丰富，而其中也包含有公共利益的成分和因素，即个人通过单纯追求他们的私人利益而实现着公共利益。[6] 因此，需要在民法的视野里探析党内法规的应用性、可操作性问题，这也有助于丰富其学理支撑，进而对党内反腐规则的制度定位、体系架构及其与国家法律的关系进行梳理。例如，在腐败

---

〔6〕 中共中央马克思、恩格斯、列宁、斯大林著作编译局编译：《马克思恩格斯全集》（第46卷·下册），人民出版社1979年版，第161页。

治理中，对被告人恰当的赦免可以有效避免更大的政治、经济和社会危机风险，但赦免一旦被滥用，则会引发新一轮的腐败（衍生腐败）。赦免的规范化是降低衍生腐败风险的有效对策之一，将对受害人积极、全面的民事赔偿作为从轻、减轻或免除被告人刑事责任或党内处罚的政策考量因素，有助于量化赦免的标准，也可以在一定程度上降低民众对腐败赦免的怀疑和抵触心理。坚定的政治决心还必须要有灵活的政治智慧或政治策略予以配合。这个政治策略就是要适时地对腐败存量中的大部分情节轻微者、态度良好者予以有条件的、部分的赦免，即有条件部分赦免策略。[7]

（四）实现腐败治理"无禁区、全覆盖"的原则

腐败问题的解决，应当从国家主宰、垂直控制、单元规划的"统治"运行模式，向官民互助、横向协作、多元参与的"治理"运行模式转变。要在惩治腐败中"坚持无禁区、全覆盖、零容忍"，就必须转变以垂直控制为首要目标的"重惩罚，轻补偿"的思维模式，确立为多元治理腐败问题提供制度框架与正当程序[8]。腐败从本质上说是对权力的滥用，是对民众利益的侵蚀，反腐败的根本目的就是维护民众的利益。作为腐败行为的直接受害者，人民群众对腐败现象有切肤之痛，人民群众中潜藏着反腐倡廉的巨大力量。唤醒这些力量，单纯依靠口号、奖金、保护举报人等行政手段，都不如恢复受害人的私人利益来得实惠、彻底。一切目的都是为了保护市民的权利，增进市民的幸福，帮助促进市民的健康发展，改善市民的生活，扩大市民的自由。[9] 以私（法主体）人为出发点和归宿点来设置我们的民法制度，这就是"人本主义"[10]。

民事救济是一个可靠而有效的资产恢复手段，通过对腐败案件

---

〔7〕 任建明："反腐败要有灵活的政治智慧"，载《人民论坛》2014 年第 S2 期。

〔8〕 俞可平主编：《国家底线：公平正义与依法治国》，中央编译出版社 2014 年版，第 210 页。

〔9〕 ［日］星野英一："私法中的人——以民法财产法为中心"，载梁慧星主编：《民商法论丛》（第 8 卷），法律出版社 1997 年版，第 9 页。

〔10〕 章礼强：《民法本位论》，上海人民出版社 2013 年版，第 69 页。

直接受害人利益的关注，不仅可以有效地补救受害人的损失，还有助于恢复那些因腐败行为而遭到破坏的市场竞争与交易秩序，这是刑事机制、党内规则不具有的特殊功能，因此，民事机制在腐败治理中具有不可替代性。虽然对腐败行为的刑事制裁比民事规制具有更高的公众形象，但在"警示"的同时也会促进潜在的腐败分子有关制裁和标准信息的交流，从而规避法律与逃避制裁。而民法的原则比在刑法中运用的规则更具有弹性与适应性，从而更加容易适用于个案和技术改变，因此不容易受到腐败分子的"俘获"。民法视角下关于间接占有、观念交付等民事规则在腐败案件中法律适用问题的研究，有助于提高公诉机关、审判机关打击腐败的效率，进而防止腐败治理中的"漏判"、"错判"。

### 三、民事机制介入腐败治理的路径

（一）既有民事机制在腐败治理中的法律适用

第一，简易交付、指示交付与占有改定等观念交付制度在贪污受贿案件定性、犯罪数额认定中的法律适用。

第二，《公司法》相关规则在公职人员（及其家属）违规经商腐败案件中的法律适用。

第三，民法诚实信用原则在行贿人信用减等中的法律适用。

第四，腐败案件中罚金、没收个人全部财产等刑事制裁措施与同案由损害赔偿民事责任（违约损害赔偿与侵权损害赔偿）强制执行顺序中的法律适用。

第五，生效的腐败案件刑事判决在同案由民事（侵权、违约）案件证据效力判断中的法律适用。

第六，无权代理（超越代理权、滥用代理权）制度在腐败案件单位追偿权行使中的法律适用。

第七，《侵权责任法》中用人单位责任制度在腐败案件各方责任分担中的法律适用。

第八，共同侵权责任制度在行贿人与受贿人责任分担中的法律适用。

第九，缔约过失责任制度在因腐败所致合同无效民事责任承担中的法律适用。

第十，民事自助行为规则在腐败案件受害人自力维权中的法律适用。

值得注意的是，民法介入腐败治理也需要一定的界限，具体体现为：一是腐败行为与其他违法乱纪行为民事责任的区分。二是腐败案件被告人承担民事责任（包括违约责任与侵权责任）的因果关系认定以及赔偿的限度。例如，公务人员只为重大过失直接承担责任的规则。[11] 三是腐败案件中惩罚性赔偿的适用条件与限制。四是腐败案件中精神损害赔偿的适用条件与限制。五是腐败案件中受害人私力救济的适用条件与限制。

（二）腐败治理中民事机制的创设

第一，腐败案件被告人赔礼道歉、消除影响、恢复名誉等多样化民事责任形式的创设。

第二，腐败案件直接受害人精神损害赔偿请求权的创设。

第三，腐败案件被告人惩罚性赔偿责任的创设。

第四，腐败案件民事机制一般性条款在我国未来《民法典》中的制度定位与条文设计。

第五，腐败案件民事机制类型化条款在党内法规中的制度定位与条文设计。具体包括但不限于：①腐败案件被告人对批评人、检举人、控告人、证人及其他人员打击报复的民事责任；②腐败案件被告人利用职权或者职务上的影响，违反有关规定占用公物归个人使用的民事责任；③腐败案件被告人在办理涉及群众事务时刁难群众、吃拿卡要的民事责任；④腐败案件被告人在社会保障、政策扶持、救灾救济款物分配等事项中优亲厚友、明显有失公平的民事责任；⑤腐败案件被告人干预和插手市场经济活动的民事责任；⑥腐

---

〔11〕〔荷〕威廉·范博、〔奥〕迈因霍尔德·卢卡斯、〔瑞士〕克丽斯塔·基斯林等：《侵权法与管制法》，徐静译，中国法制出版社 2012 年版，第 402 页。

败案件被告人干预和插手司法活动、执法执纪活动，向有关地方或者部门打招呼、说情，或者以其他方式对司法活动、执法执纪活动施加影响的民事责任；⑦腐败案件被告人在考试、录取工作中，有泄露试题、考场舞弊、涂改考卷、违规录取等违反有关规定行为的民事责任；⑧腐败案件被告人利用职权、教养关系、从属关系或者其他相类似关系与他人发生不正当性关系的民事责任；⑨腐败案件被告人其他严重违反社会公德、家庭美德行为的民事责任。

### 四、民事机制与其他规则的协调与整合

腐败导致的损害横跨公共领域与私人领域，对于腐败问题的治理也不应局限于刑事审判与制裁，还应当将注意力转移到直接受害人请求权的行使以及民事诉讼程序，将现有的民事机制适用于腐败案件，有助于引导与规范受害人的自力维权，为化解权利冲突、妥善处理社会纠纷提供解决方案。政府或法人与腐败分子个人责任的连带关系问题，现行《侵权责任法》将用人单位责任、国家机关责任、个人雇主责任合并为"雇主的替代责任"，将连带责任排除在外，没有考虑到腐败案件中单位承担责任的情况。人民群众个人利益没有得到充分的重视。此外，如果对腐败行为所致的私人损害全部纳入国家赔偿体系中，那么，国有企业工作人员的腐败行为所致的私人损害就会成为法律救济的真空地带。如果人民群众的个人诉求得到保障，也会在一定程度上减少"上访"，维护社会稳定。

基于反腐败的长期性与变化性，腐败治理中民事机制的建构也应符合稳定性与灵活性的要求，我国未来《民法典》中应当设置腐败民事救济机制的一般性规则，同时，党内法规应以民事政策的形式实现典型腐败行为民事救济机制的类型化。腐败治理中民事机制与刑事机制、行政机制、党内规则、国际条约等反腐规则之间的制度承接问题，具体包括：其一，国家赔偿制度与腐败案件被告人个人赔偿制度的协调。其二，腐败案件被告人刑事责任、民事责任、行政责任、党内责任等责任竞合情形下的责任承担顺序。其三，腐

败案件中受害人的优先权、选择权与自助权。其四，腐败案件被告人对受害人积极、全面赔偿对赦免政策考量因素的影响。其五，腐败治理国际合作中民事机制的运用。其六，腐败案件被告人向所在单位承担民事责任与向受害人个人承担民事责任的关系。其七，腐败案件行贿者信用减等机制的配套建设。

## 五、结语

本文尝试改变当下反腐败研究存在的泛泛而谈的多深入细致的少、专题研究多系统研究少、学科分散研究多多学科综合研究少的短板与不足，通过反腐败司法理论研究，构筑全国范围内反腐法治理论研究高地，填补反腐败从政治斗争型转向法律治理型的理论研究的空白。同时，着眼于构建完整的理论体系和学科体系，创立诸如法治反腐立法学、法治反腐体制学、法治反腐文化学、法治反腐国际学、法治反腐实务学等理论学科，推动党的反腐倡廉理论和中国特色社会主义法治理论的繁荣与发展。刑法的谦抑性原则所蕴含的克制性、妥协性、宽容性，刑罚适用的轻刑化和非监禁化等司法理念与惩治腐败犯罪的现实状况和发展趋势明显相悖，其蕴含的对不构成犯罪的腐败行为的包容，与零容忍的反腐理念相悖。[12] 腐败治理是一项综合性工程，将民事机制引入腐败治理同样"牵一发而动全身"，相关制度的整合与承接，就成为民事机制在腐败治理中如期发挥效用的重要保障。针对法律制度之间的冲突与协调，反腐败民事机制与刑法、国家赔偿法、党内法规具有不可忽略的规范效应、功能互补以及制度上的相互借鉴。

## 参考文献

1. 钱小平主编：《法治反腐的路径、模式与机制研究》，东南大学出版社 2017

〔12〕 吴建雄："依法治国呼唤法治反腐理论"，载《检察日报》2014 年 12 月 16 日，第 7 版。

年版。

2. ［俄］哈布里耶娃主编：《腐败：性质、表现与应对》，李铁军等译，法律出版社 2015 年版。

3. ［美］丹·B. 多布斯：《侵权法》（上册），马静等译，中国政法大学出版社 2014 年版。

4. 中共中央马克思、恩格斯、列宁、斯大林著作编译局编译：《马克思恩格斯全集》（第 46 卷·下册），人民出版社 1979 年版。

5. 任建明："反腐败要有灵活的政治智慧"，载《人民论坛》2014 年第 S2 期。

6. 俞可平主编：《国家底线：公平正义与依法治国》，中央编译出版社 2014 年版。

7. ［日］星野英一："私法中的人——以民法财产法为中心"，载梁慧星主编：《民商法论丛》（第 8 卷），法律出版社 1997 年版。

8. 章礼强：《民法本位论》，上海人民出版社 2013 年版。

9. ［荷］威廉·范博姆、［奥］迈因霍尔德·卢卡斯、［瑞士］克丽斯塔·基斯林等：《侵权法与管制法》，徐静译，中国法制出版社 2012 年版。

10. 吴建雄："依法治国呼唤法治反腐理论"，载《检察日报》2014 年 12 月 16 日，第 7 版。

# 我国银行信用卡迟延还款计息的初探

## ——由《今日说法》李晓东一案引发的思考

张春普*  周　芳**  龙　霞***

信用卡是人类社会经济发展过程中的一类金融媒介，其最终之功能是促进资金的快速流通，加快社会经济的再繁荣。一方面，发卡方根据其制定的规则选定发卡对象，确定其消费额度并给予其资金，解决发卡方资金的停滞问题；另一方面，持卡方可以申请办卡，并在发卡方允许消费额度内进行提前消费，解决其短缺资金之问题。前述观点都是建立在发卡方与持卡方相互履行义务的基础上实现的，其重要环节便是按时完成资金的再连接，即持卡方按时还款。《今日说法》主持人李晓东因迟延还款被全额计息不满而起诉中国建设银行一案，[1] 便是计息方式冲突的表现。信用卡迟延还款计息是现行信用卡行业对于未还款采取的救济方式，而目前我国银行业对此并不完善，本文试图予以探讨。

## 一、银行信用卡还款计息的方式

### （一）依约免息的方式

免息期是银行给予信用卡使用者免息消费的一段时间，即是从银行记账日算起到本次账单还款日之间的时间。免息期是银行鼓励

---

　* 天津商业大学法学院教授。

　** 天津商业大学法学院 2015 级本科生。

　*** 天津商业大学法学院 2015 级本科生。

　〔1〕 中央电视台《今日说法》主持人李晓东刷卡消费 18 869.36 元，仅剩 69.36 元没有还清，就产生了 317.43 元利息。李晓东起诉银行，认为银行信用卡领用合约中的计息条款属于无效的格式条款，要求银行退还利息。载《新京报》2017 年 4 月 7 日，第 B06 版。

消费的日期，也是日后计息的一个起算点，故而信用卡使用者应详细了解所办信用卡银行的免息期，以免错过还款期而带来不必要的利益损失。

目前国内各大银行的免息期基本上都在 20 日到 60 日之间。银行免息期的规定与银行本身财力、银行经营管理状况、消费产品市场的服务范围的大小等存在密切关系。免息期是银行控制信用卡投资风险和鼓励消费者消费的协调结果。同时持卡人也可以在免息期获得最大的消费利益。

（二）迟延还款计息的方式

第一，全额计息。也称全额罚息，是指信用卡还款最后期限超过后，无论当月信用卡是否产生了部分还款，发卡行都会对持卡人按照总消费金额计算。全额计息是现行大多数银行采取的计息方式，也是极具争议的计息方式。

第二，余额计息。它是指信用卡使用者在还款日期内还了部分欠款，银行根据信用卡使用者未还款部分进行计息。余额计息是最有利于信用卡使用者的计息方式，也是相对公平的方式，然而目前只有中国工商银行采取此种计息方式。

第三，容差容时计息。容差容时计息，为"容差服务"和"容时服务"的总称。所谓的容差服务，是指当信用卡使用者当期没有足额还款，并且在当期还款日后账务中未偿还部分少于额定金额时，银行可以视作使用者当期已经全额还款，未偿还部分自动转入下月账单计算。各银行的容差额也有较大区别，此外中信银行和交通银行执行的是无容忍政策。所谓的容时服务，是指银行可以为信用卡使用者提供短时间的还款宽限期，目前国内银行的普遍还款期限为 3 天，如果在还款日过后 3 天内还清欠款，银行视作其按时还款。

上述两种服务虽然都给予持卡人某些利益追回期，但由于金额占比较小和容忍时间较短而导致其作用有限，其真正实施范围较小。

## 二、银行信用卡迟延还款计息方式的比较

上述迟延计息都是对信用卡持有者违约行为的惩罚性措施，只

不过银行采取策略不同。全额计息、余额计息、容差计息是着重从计息基数予以考虑，而容时计息是从计息时间上予以考虑。

从计息基数来看，全额计息方式的计算基数大于余额计息方式，容差计息方式根据持卡人是否满足银行规定的免息金额来决定其计息基数。全额计息方式是对于持卡人来说最不公平的计息方式，余额计息是最合理的方式。

容差计息存在两种后果（即宽限期之后按全额计息或者是不计息），其存在一定变动。容时计息是在全额计息的基础之上隐形增加了免息期的规定，其作用有两个方面：其一，增加免息期增强信用卡发行的竞争力；其二，促进持卡人履行到期还款的约定。

### 三、银行信用卡迟延还款全额计息的分析

全额计息是现行大多数银行采取的计息方式，也是本文聚焦的计息方式。央视《今日说法》主持人李晓东曾因此一纸诉状将中国建设银行告上法庭，使全额计息方式深入消费者的视野，引发人们对其合法性的争论。

（一）银行信用卡迟延还款全额计息的社会效果

全额计息存在于各银行之间的主要原因是，信用卡违约现象特别严重，特别是小额违约情况很多，在处理时也让银行束手无策，所以银行往往在其制定的信用卡使用条款中尽量保护自己，利用其自身的优势地位，将有利于自己的条款表述强加进合同条款之中。

小额违约会让信用卡使用者因少部分未还欠款而负担巨款利息，这是其接受不了并强烈反对全额计息的主要原因。

从银行全额计息的行为效果来讨论。对于银行来说，全额计息是其避免损失的重要手段，其维护了自身的利益不受损，处于一个绝对优势的地位；而对于消费者来说存在两种情况，第一种是其在使用信用卡消费时超过自身还款能力而拒绝还款，从而造成违约，使银行利益受损；在此种情况下，消费者会有一种"破坛子破摔"的心理，仍不还款任由银行罚款，此时全额计息方式对此类消费者

是无用的。而若银行无法联系到消费者，动用法律来制裁，这也是需要成本和风险的，大多数情况下是不值得的。第二种是消费者在使用信用卡超标使用之后仍努力还款，这是因为疏忽大意或者暂时无力还款。在第二种情况下，从一种可期待的心理分析，超额消费者无力还完欠款仍努力还款，无非就是想减少其自身债务，使其以后的消费不受阻，减少其违约责任。而此时银行采取全额计息的方法不仅将消费者的还款努力付之一炬，而且还会给消费者传达一种"还不还最终只要还不完都是一样的罚息"的想法，使消费者产生消极还款欲望，最终使消费者信誉或信用受损，银行损失更大，更糟糕的是使资金的流动受阻，使经济活动受阻，从而引发其他问题。

由上，银行对消费者采取全额计息，表面上是利用自身的特权为维护自身利益添加了一件武器，殊不知暗地里却使自己四面楚歌。不仅让自身利益处于一种不稳定的风险之中，而且还阻止了消费者的还款欲望，甚至还激起消费者的不满并导致客户的流失。

（二）银行信用卡迟延还款全额计息的主要观点与法理分析

1. 银行信用卡迟延还款全额计息的主要观点

（1）否定说。"全额计息的方式没有道理，属于不公平的霸王条款。银行与持卡人之间是借贷合同关系。双方本来应该遵循契约精神，实行意思自治，但是银行一方处于强势地位，银行与持卡人不是对等的状态，就不能等同视之，持卡人是金融消费者，处于弱势的地位。"李东方教授认为，持卡人一方在开卡时，对于全额计息的格式条款失去了进行协商的话语权，持卡人与银行之间信息不对称、不对等，从消费者保护的角度来讲，全额计息方式有失公允。

（2）肯定说。也有法律专家认为，全额计息是消费者在违约之后应当承担的责任。"从法律上讲，全额计息是一种交易安排。借钱本应计算利息，但是银行给出了免息期，以此鼓励消费，也是以此来鼓励消费者及时还款。逾期还款如何还？按照规定，万分之五是受法律保护的，不算违法，从交易模型上说是没有问题的。"王卫国教授认为，在有免息期的优惠设置下，从权责一致的角度讲，称不上是霸王条款。

针对银行是否处于强势地位的问题，王卫国认为，持卡人借钱时银行处于强势地位，但是将钱收回来时银行又处于弱势地位；他指出银行业存在竞争。[2]

也有观点认为，银行也有自己的理由。不可否认的是信用卡进入我国金融市场之初，银行只关注了信用卡带来的超额利润，信用卡发展所依赖的信用卡体制尚未建立，银行承担的违约风险比较高，信用卡营销定位错误，只注重开卡量却忽视了客户信用状况，信用卡业务前期投入较大，银行本就是追求利益至上，有必要通过各种收费增加业务收入。[3]

2. 银行信用卡迟延还款全额计息的法理分析

（1）信用卡迟延还款全额计息的规定与公平原则相悖。《中华人民共和国合同法》第5条规定当事人应当遵循公平原则确定各方的权利和义务，也即在签订合同的过程中，双方当事人在追求个人利益的同时不得损害其他当事人的利益。而银行为了保证自己的利益，通过全额计息方式，对持卡人进行惩罚性的计息，侵犯持卡人的合法权益，有违公平原则。正如上述李东方教授也认为，持卡人一方开卡时，对于全额计息的格式条款失去了进行协商的话语权，持卡人与银行之间信息不对称、不对等，从消费者保护的角度来讲，全额计息方式有失公允，他明确指出，银行的行为有失公平原则。

（2）银行信用卡迟延还款全额计息的规定构成霸王条款。在此之前，银行将全额计息方式认定为行业惯例，目的在于规避风险，但是并不能够站住脚。持卡人进行开卡的过程中，所签订的合同为格式合同。银行在面对单薄的个人用户时，明显处于强势的地位，"格式合同的提供方大多是在经济上或者行政上处于比较强势的地位，或者具有行业垄断性，他们可以凭借自己的强势地位将自己的意志凌驾于他人之上"[4]，所以我国法律明文规定格式合同的制定

〔2〕 魏哲哲："听法律专家说'全额计息'"，载《人民日报》2017年4月26日，第2版。

〔3〕 卢英杰："信用卡全额罚息争议的法律研究"，吉林大学2015年硕士学位论文。

〔4〕 魏帼："对银行卡持卡人权益保护的法律思考"，中国政法大学2006年硕士学位论文。

方不得增加另一方义务，不得损害对方当事人的合法权益。《合同法》第39条第1款："采用格式条款订立合同的，提供格式条款的一方应当遵循公平原则确定当事人之间的权利和义务，并采取合理的方式提请对方注意免除或者限制其责任的条款，按照对方的要求，对该条款给予说明。"第40条："格式条款具有本法第52条和第53条规定情形的，或者提供格式条款一方免除其责任、加重对方责任、排除对方主要权利的，该条款无效。"而仅针对双方所签订迟延还款的条款来看，银行一方在其中没有义务的承担，反之持卡人却要因为迟延还款而承担所有消费的利息。此合同双方中，消费者本就处于弱势地位，针对没有按时还款而构成的违约，也应该是根据违约的范围而去承担违约的责任，不应该是全额的罚息。同时，银行针对违约之前的提示义务也并未明确规定，也即其中只有持卡人需要承担违约责任的方式是全额利息的罚款，银行承担此种违约的方式却是抬高利息，获得更大收益。因此，银行这种免除自身义务、增加自身权利而加重对方义务的条款，构成霸王条款。

（3）全额计息的合同条款不符合合同正义。"合同正义是指双方当事人在订立合同时，它要求：其一，当事人的地位平等；其二，当事人之间的权利与义务对等；其三，合理分配合同的风险；其四，不违反社会公共利益。公平正义才是合同法所要追求的价值目标，它的任务是将自由限制在法律法规制度内，以公平原则和诚实信用原则保护合同当事人的合法合理利益。"[5]

## 四、银行信用卡迟延还款阶梯计息方式的分析

刑法规定罪责刑相适应原则，依据不同罪责制定不同的刑罚梯度。对于信用卡违约人而言，我们也应根据公平原则对于不同程度的违约人适用不同程度的计息。阶梯计息是针对信用卡持有者在使

---

〔5〕 贺娟："信用卡领用合约中全额罚息条款法律效力研究"，湘潭大学2011年硕士学位论文。

用信用卡消费后因为各种原因而尚未还清该月的消费额而独立存在的一种计息方式。其计息方式居于全额计息和余额计息之间，其具体操作流程为：对信用卡借款金额按比例分割，对达到相应还款数额的消费者实行相对应的比率来计息。其计息比率按照与还款梯度相反方向设置。

借鉴阶梯计算方式是一种合理的计息方式，具有一定的可行性。由银行设置计算程序，到还款期限到来时按照相应计息比例计算利息，其与现行计息操作并无很大差异，故也不会增加银行工作人员的工作难度，亦能简单明了地让消费者知晓。其能够缓和发卡银行和消费者之间的利益冲突。

对于消费者而言：其一，按阶梯分段可给予超额消费者在还款上减轻一定的压力。在没有还清信用卡透支额时，消费者可以根据已知的逾期额而适当安排自己的消费，不必一直循环在工资到手后全部划拨还款而又借款的怪圈中。其二，阶梯计息方式是一种激励消费者还款欲望的方式，阶梯计息可援引经济学的边际效用来刺激鼓励消费者还款，任何消费者起初都是抱着每月能够还清停用卡的心态使用信用卡，且都希望个人的信誉在各银行保持良好，当使用阶梯计息方式偿还信用卡的支出费用时，因为不必一次全部偿还，减轻压力的消费者也将会在自己有足够资金后第一时间偿还。而若是使用其他的计息方式偿还信用卡额度时，假使只剩余1%没有偿还清，在第2个月便要偿还前1个月的总消费额的利息，增加消费者还款负担的同时又使得消费者还款欲望下降。所以此种新的计息方式将增加消费者的还款，减少其所欠债务。

对于银行而言：其一，可增加银行资金的回笼。消费者在有足够资金时第一时间偿还便有利于减少银行资金损失风险和增加资金的再投资。其二，减少银行追款工作：近几年的报告显示，银行每年在追款工作上都花费了大量的时间，其中之一便是由于社会上的"老赖"存在或者是当事人没有足够的资金。而阶梯计息方式中因为消费者积极的还款心态能够在很大程度上缓解这一现象的发生，对于银行而言，则减少了其追款工作耗费的成本。其三，促进银行的

"可持续发展"：银行的计息方式让消费者对于自身的消费有所预期。而相比较的全额计息方式使得消费者处于被动，在不清楚利息的计算情况下，作为理性消费者，势必将选择一个公平、可预期的银行进行消费。故阶梯计息将增强银行的长期发展与资金流动率。

对于社会而言：银行与消费者的矛盾得以缓和，双方信任度将持续上升。银行的放款政策更加放宽，有利于社会中的资金流转，企业、自然人都愿意使用信用卡消费，更有益于促进社会经济持续发展。

可见，阶梯计息方式适用于现行社会经济环境，有利于减少信用卡纠纷，最终有利于社会经济的顺利进行。当然，随着社会的发展，信用体系的完善，银行资金管理能力进一步提高，阻止资金的可控因素减少到一定程度，相信银行最终会放弃全额计息，采取余额计息。而在当前阶段，宜采取阶梯计息方式来进行计息，以达到适应社会经济发展的目的。

### 五、完善银行信用卡迟延还款计息的思考

第一，从立法上而言，全面规定银行的告知义务，针对各工薪阶层有不同的方案与提示，从而增强消费者的风险意识。首先，让消费者对自己的预期消费预定一个可预期还款的款项，具体可参考自己的工资水平，薪水发放时间等来设定；其次，银行在消费者使用信用卡的时候应该计划款项的具体用项；再次，消费者在选择使用信用卡时应对发卡银行相关信息进行询问，如免息期、计息方式等，银行职员要有完整的表达；最后，让消费者清楚应当根据自己所定条款认真地履行自己的义务，避免财物和时间的损失。

第二，从司法上而言，应该确立一个统一的法律适用标准，用法律判决从另外一方面来对消费者和银行进行教育，使其之间的权利与义务更加明确。在信用卡的办理过程中，消费者处于弱势地位，法律中必须对银行的义务有明确的规定，否则消费者在办理信用卡以及在后期的消费过程中承担的义务过重而所享有的权利与义务又

不成正比。对于消费者而言，长期处于不公平的义务下活动，不仅增加了其压力，使得其经济水平降低，生活质量下降，也使其对于银行规避法律的何种情况不知情而对法律丧失基本的可预见性。消费者没有明确的行动指南，长此以往只会让银行的权利进一步扩张。而对于社会而言，更是可能增加不稳定因素，长期的不公平交易，只会加重消费者与银行的矛盾，而此种矛盾对于社会是无益的。

第三，从执法上而言，应该对银行未履行义务采取惩罚性措施。尽管银行是以营利为目的的商业性的单位，但就其服务对象而言，仍然具有公共利益的成分，故在执法过程中应该需要对其行为进行一定的惩罚。因为食品对于人体的健康影响性较大，我国的《消费者权益保护法》中也有规定在食品行业中的惩罚性措施，而除了其对于人体的健康有重大影响之外，也是因为它的服务对象是广大的群众，且为生活必需品。而银行作为具有公众利益的商业单位，在没有按照法律的规定履行自身的义务时，除了认定其行为无效之外，也应该对它有一个明确的惩罚标准。另外，执法机关应该主动出击。在广泛的银行与消费者关系中，并不是每一个消费者的法律意识都相同，也就是说在消费者的权益受到侵犯以后，不是每个消费者都可以运用法律维护自己的合法权益。如上文所述，因银行的商业行为同时具有公共利益性，执法机关在相关执法过程中，应该主动规制银行行为，如工商管理局，可以设置一个专门的部门对银行的日常行为进行检查，对于银行的违法行为进行惩罚。

综上所述，信用卡是当前促进消费的重要金融媒介，正确处理发卡银行和消费者之间的社会关系是确保社会经济正常发展的重要途径。对于在信用卡使用过程中出现的因违约而采取何种计息方式的争议现象，本文主张采取阶梯计息，使用阶梯计息缓和双方矛盾，使信用卡经济活动得以正常运行，以达到促进资金快速流动、促进消费并促进社会再繁荣的最终目的。

## 参考文献

1. 魏哲哲："听法律专家说'全额计息'"载《人民日报》2017年4月26日，

第 2 版。

2. 卢英杰："信用卡全额罚息争议的法律研究"，吉林大学 2015 年硕士学位论文。

3. 魏帼："对银行卡持卡人权益保护的法律思考"，中国政法大学 2006 年硕士学位论文。

4. 贺娟："信用卡领用合约中全额罚息条款法律效力研究"，湘潭大学 2011 年硕士学位论文。

# 论股权适用善意取得的合理性

## ——以有限公司为视角

王宏军 *　陈以珍**

## 一、引言

善意取得制度，在产生之初，引发了不少争论，因为这一制度貌似给予了无权处分人一把保护伞，而损害了原权利人的所有权，与民法保护私有财产的初衷相违背。实则不然，只是追求对原所有权人的保护，第三人的权利就会损害，买卖业务的安全性就会遭到损害，人们在普通的交易中还要花费时间精力去追根究底每个处分人是否为财物的所有权人，这会大大降低买卖业务的效率，抑制经济的发展。所以在市场环境对善意取得存在需要而且民法对善意取得的各个方面以及各层次的问题也有相对应的制度辅助的情况下，这些完善的规则配套使得该制度恰恰符合民法保障交易稳定性和保护公民私有财产的宗旨。而且在实践中，该制度对保护交易安全发挥了很大作用，弥补了交易漏洞，促使物权人高度重视对自己权利的行使，提高了交易效率。故善意取得制度成为物权法不可或缺的重要制度。

而后这一制度向公司法股权变动领域发展，2007 年 "崔海龙案"[1]，一审法院从保护交易安全及维护公司稳定发展出发，就以被告孙某等 5 人契合善意取得的各项要件，判决孙某等 5 人依法获

* 天津商业大学法学院教授。

** 天津商业大学法学院 2015 级经济法学研究生。

〔1〕 北大法宝："崔海龙等与无锡市荣耀置业有限公司等股权转让纠纷上诉案" 〔（2006）民二终字第 1 号〕。

得崔某等2人被荣耀公司、燕某等4人通过伪造签名处分的股权，这是法院第一次运用善意取得制度判断股权归属的司法实践。该案主要为人们所诟病之处在于，在《股东会决议》和《股权转让协议》中，原股权所有人崔海龙、俞成林的签名是伪造的，但因为第三人对此并不知情，法院便判决此案适用善意取得，法院判决中所述善意取得股权的几项要件与《物权法》中的那几项要件如出一辙：①孙等人购买股权时，都去了工商部门查证了一番，没有发现登记有异常，因此基本该注意到的方面都已经注意到了，法院认为工商部门的记载是可以产生公众信赖的。②孙某等5人取得股权的价格合理。③燕某4人已经为孙建源等5人办理了股权变更登记。得到一审判决后，崔海龙提出上诉，理由是工商登记不值得公众信赖，对股权进行交易不应以工商的记载为产生效力的前提。二审法院否定了该上诉理由。针对此案笔者认为以下两点值得探讨；首先，物权领域中并非任何一种无权处分都能适用该制度，该制度成立的基础是占有的合法占有，而处分是物权的处分。本案中崔某等二人其股份权益是否为荣耀公司、燕等合法有权地占有着仍有很大争议，这样的状况下善意取得的基础都值得探讨。其次，工商登记其实与不动产登记的差别还是很大的，从审核的方式上来说，对股权审查很简单只需查看提交的资料，并不进行什么具体的，实质性的审核，自然这种公信程度就是比不动产登记簿低很多，因此，虽然查证过工商登记但是仍不能等同于注意的义务尽到了。

在实践的推动下，2011年《最高人民法院关于适用〈中华人民共和国公司法〉若干问题的规定（三）》〔以下简称《公司法解释（三）》〕明确规定了"名义上的股东处分股份权利"与"将自己的股份卖给多人"的情形，"参照《物权法》第106条的规定处理"〔2〕。这种参照处理以往的法律条文中也是有的，而有的比较合

---

〔2〕《公司法解释（三）》第25条：名义股东将登记于其名下的股权转让、质押或者以其他方式处分，实际出资人以其对于股权享有实际权利为由，请求认定处分股权行为无效的，人民法院可以参照《物权法》第106条的规定处理。第27条：股权转让后尚未向公司登记机关办理变更登记，原股东将仍登记于其名下的股权转让、质押或者以其他方式处分，受让股东以

理，有的则欠缺一些合理性。股权善意取得制度由此正式确立，而《公司法解释（三）》颁布以前，理论界很少专门讨论，因此该制度在我国确立并没有深厚的理论基础，只是迫于司法实践的需要应运而生。在《公司法解释（三）》颁布后，我国学界对该制度的讨论主要集中于有限责任公司，因为股份公司的股权一般以无记名有价证券的方式体现，无记名有价证券适用占有即所有规则，所以不存在无权处分问题。大部分学者对在当今我国法律律令的现状下《公司法解释（三）》的规定[3]，都持质疑的态度。由于立法上是这样叙述的，忽略了股份转让的不同之处，诸如无权处分的判断、股份权利变动产生效力的节点等，而且因为公司（无特别标明均为有限责任公司）由人组成的集合也是财产的集合，股东权利转让中对善意第三人的情况如果不加考量，而直接笼统规定参照适用，一定程度上会动摇原股东之间的信任关系，影响公司的稳定和发展。因此股权是一种权利的类型不是物权也不是人身权，善意取得是不是可以在此运用，如果能，不加条件地参照《物权法》中善意取得的条件是否存在不合理之处都需要我们进一步去深究。

## 二、股权适用善意取得的前提

股权自成一派，不同于物权，也不同于人身权等，而更像是二者的结合，所以股权本身能否适用该制度，从以下几个方面进行论述。

### （一）股权的性质

股权，总的来说，就是购买公司股份的人在公司的权利，其中包

---

其对于股权享有实际权利为由，请求认定处分股权行为无效的，人民法院可以参照《物权法》第 106 条的规定处理。

〔3〕《物权法》第 106 条：无权处分人将不动产或者动产转让给受让人的，所有人有权追回；除法律另有规定外，符合下列情形的，受让人取得该不动产或者动产的所有权：①受让人受让该不动产或者动产时是善意的；②以合理价格转让；③转让的不动产或者动产依照法律规定应当登记的已经登记，不需要登记的已经交付给受让人。受让人依照前款规定取得不动产或者动产所有权的，原所有权人有权向无权处分人请求赔偿损失。当事人善意取得其他物权的，参照前两款规定。

含取得收益以及参加公司运营管理。我国学界对股权属于何种性质的判定主要存在以下观点：①"所有权说"，认为法人在公司中的所有权属于公司，这是不承认股东的权益，而是认为股东所有权仅表现为获取经济利益权和部分处分权；②"财产权说"，与"所有权说"类似，其认为股权属于公司，是整个公司法人所有权的重要的构成部分；③"债权说"，其认为股权其实是股东对公司的债权的一种转化，当公司所有权与经营管理权分离时，股东对公司享有的唯一权利仅仅是获取经济利益的权权；④"社员权说"，该学说认为股东是公司的成员，因为这种成员的一般是处于领导地位的成员，在这一身份的前提下才享受到对公司的权益，包括获得分红、获得利益的权利以及对处理相关事务的权利；⑤"独立民事权利说"等诸多观点[4]。笔者赞同第四个学说及第五个学说，这两个学说分别从本身含义的方面、法律地位方面给股权性质下了定义，另外的一些说法虽然并不精准，存在一些有待精确的释义，但是也或多或少的都将股权与其他财产权利某些不同方面展现了出来，并存在一部分合理性。而"社员权说"通过改善其他观点要么强调财产性要么强调依附公司的人身性的缺陷，得出股权是股东享有的一种"独立的民事权利"的综合体。其是合性的权利，一部分人身性的，例如在公司中的职务地位，在公司中管哪方面的业务，更多地体现的是财产性的，例如公司会因此分配给权利人一部分财产利益、公司的其他股东对外出售股权时可以优先购买。因为股份代表着财产，可以衡量多少，所以它有可以转移的基础，而股份买卖时其所代表的各项身份的、可以用金钱衡量的性质的权益发生转移，因此是有善意取得的可能性的。

（二）股权变动模式

适用善意取得先要确定权利的归属何时发生变动。物权法中，把自己的东西交给另一个人的时候发生权利的变动，像通过买卖等把自己的东西交到别人手中，或者是订立一个合同，把他人占有着

---

〔4〕 赵旭东主编：《公司法学》，高等教育出版社 2006 年版，第 319 页。

属于自己的物品卖给这个人，都是所有权转让的方式，有善意取得发生的条件。在别人暂时占有自己财物的状态下，转让该财产处分给第三人，第三人需要找那个占有着这个财产的人取回，大部分状况下也给善意取得的发生创造了条件。不动产物权发生转移的模式是到登记机关完成登记，买了房子必须要更改了相关的登记内容才会有权利归属的改变，根据《公司法》第 31 条[5]、第 72 条[6]、《公司法解释（三）》第 22 条[7]的表述，股东取得出资证明文件及在工商部门被变更登记为股权所有人，这些都不意味着股权会发生变动。相关规定，[8] 股东名册中记录了股东情况，股份受让人被记录在其上之后，就可以依此行使相关权利，而对于何种行为会构成处分股权的行为，从法律条文中无法找到根据。因此理论界和实务界都对此争论颇多。在理论界，针对股权转移何时生效，主要存在以下两种观点，即形式主义变动模式和意思主义变动模式。前者是指具有特定的外部特征，而后者就是只要参与者意思表示一致就可以了。

形式主义变动模式，顾名思义，股权变更的效力不单单要满足股权变动合同成立并生效外，还须要满足特定的形式，即股东名册的变更，这也就是说形式主义变动模式以记载股东的名册的变更为股权发生移转的生效要件。[9] 新的股权所有人与处分本不属于自己

---

〔5〕《公司法》第 31 条：有限责任公司成立后，应当向股东签发出资证明书……出资证明书由公司盖章。

〔6〕《公司法》第 73 条：依照本法第 71、72 条转让股权后，公司应当注销原股东的出资证明书，向新股东签发出资证明书，并相应修改公司章程和股东名册中有关股东及其出资额的记载。对公司章程的该项修改不需再由股东会表决。

〔7〕《公司法解释（三）》第 22 条：当事人之间对股权归属发生争议，一方请求人民法院确认其享有股权的，应当证明以下事实之一：①已经依法向公司出资或者认缴出资，且不违反法律法规强制性规定；②已经受让或者以其他形式继受公司股权，且不违反法律法规强制性规定。

〔8〕《公司法》第 32 条第 2 款：记载于股东名册的股东，可以依股东名册主张行使股东权利。第 32 条第 3 款：公司应当将股东的姓名或者名称向公司登记机关登记；登记事项发生变更的，应当办理变更登记。未经登记或者变更登记的，不得对抗第三人。

〔9〕 樊玉双："论我国有限责任公司股权善意取得的适用"，吉林大学 2011 年硕士学位论文。

股权的人达成股份转让的合意后，更改股东名册，相关情况的记载更改之后，新股权人善意取得股权。意思主义变动模式，强调内心想法的外部输出，只要双方表达出的内心想法是一致的，不用多余的一些公示等条件，股份转移就成立了。我国具体股权变动适用怎样的模式，是没有清晰的规范的。不过众多学者却有一致的看法，在当前股权的各种相关配套规定下，适用意思主义变动模式更为科学。首先，李建伟教授认为："根据《公司法》第 73 条规定，股权转让后，……在公司章程中对这一项进行修正不需再由股东会进行表决"，这也就表明了在我国，有限公司在股东将股权进行让渡的过程中不享有什么实体性的权利，而例如对出资进行股东名册的登记等仅仅是公司股东进行股权让渡过程中的程序性义务，[10] 笔者赞同这一观点。其次，股权何时发生转移还体现在《公司法解释（三）》的规定里："股权转让后尚未办理登记的"，可能产生后手的善意取得。也即是说，股权让与协议达成后，股权变动就发生了，但是不变更相关的很多记载只是不能让他人信赖，并不影响其本身交易的完成。在实际中，股份让与人、股份受让人及公司都会在对外转让股份的情况下参与，原股份持有人想要出卖股份，要符合一系列前提。在满足前提后，股东便可自由处置其股权，此时的股权变动，应遵从股东和公司外第三人的意思，公司只负责完成相应程序。

（三）无权处分与权利外观

超出权利界限的限制对合法占有的财产进行处分构成了善意取得的条件。从而推导得出，处分自己无权处分的股权是善意取得股权的要件。相对于动产来说法律上承认的是占有的公信力，而法律上对于不动产承认的是登记的公信力。"崔海龙案"，原告的上诉理由是股权发生转移不是以工商登记的记载为成立的前提，且登记也并没有那么大的公信力。高院维持原判，理由为：①《公司法》赋

---

〔10〕 李建伟："有限责任公司股权变动模式研究——以公司受通知与认可的程序构建为中心"，载《暨南学报》（哲学社会科学版）2012 年第 12 期。

予了工商登记对抗效力，使工商登记的股东非法处分股东名册的股权成为可能；②股东工商登记也可能出现错误情况，被记载的股东而非真正股东的时候，被记载错的这个股东不诚信地处分股权时是一种无权处分；③在工商部门对股权进行的登记公众是可以相信的。[11] 因为股权变动采取的又是意思变动主义模式，在协议成立后工商登记前，的确存在着无权处分的空间，登记的权利人就有可能对股权进行无权处分。《公司法解释（三）》中直接规定"参照适用《物权法》106 条"，也从立法上肯定了股权转让同样存在无权处分的情形。

在《物权法》中动产和不动产所呈现出的权利外观是不同的。对于动产来说法律上承认现实中的占有所体现出的权利归属，对于不动产来说法律上承认变更登记的公信力。《公司法解释（三）》仅仅提到"参照适用"，那么参照的是何种形式的财产的善意取得制度无从得知，只能自己推敲。而其二者在适用该制度中又存在很多不同，权利所代表的财产本身所具有的特征导致了不同的公示方式。一种易于交易，易于转移，所以占有既可以完成享有相关权利的示意；另一种则不能随身转移，且价格高昂，本身交易就很不容易，所以只能采取文字记载的方式来完成其享有权利的示意。而最高院的相关资料也指出，他人可以相信工商部门录入的有关内容将在其上显示的股东推断为相应股份的持有人。股权并不像动产那样现实可见，能够根据现实中的占用来断定权属，因为其占有不能被人看到，所以动产的那种公示是不可取的。而从这一点上也可以判断出股权更类似于不动产，不动产虽显而易见但是谁也不能随时把不动产放在身边，只能通过相关记载来推定权利人。因此可以认为，《公司法解释（三）》中股权能够参照的是不动产的善意取得，股权的权利外观为工商登记簿上的记载。[12] 对于股权来说，而采用登记即

---

〔11〕 姚明斌："有限公司股权善意取得的法律构成"，载《政治与法律》2012 年第 8 期。

〔12〕 张笑滔："股权善意取得之修正——以《公司法》司法解释（三）为例"，载《政法论坛》2013 年第 5 期。

类似不动产的公示方式，结合前文文论述，双方合意，股权转让的效果即可达成，所以就出现了股权的转移与股权公示不在同一时点完成。这也为无权处分留下了更大的空间。

### 三、适用善意取得的股权变动情形

《公司法解释（三）》中提到名义上的股东转移股权可以适用该规则，把股份卖给多个人也有契合该规则的可能，然而这些情况是不是都能够适用善意取得？就是这部分要解决的问题。

（一）名义股东处分股权的情形

名义股东，指那些以自己的名义替他人在公司中享有股份的人，真正权利人由于本身原因可能不方便让名字出现在公司中。所谓名义即凡是与股东相关的名字出现的地方所体现的都为名义股东，由名义上的这个股东与公司进行交涉等活动，如果需要以公司名义进行外部行为也是该名义股东进行。所以与实际股东并无二样。代持股股东的"代"字是相对于背后出资人而言的，对公司来说其本身就是股东，出现在企业里也得到企业里其他股东的同意，呈现在各种对应的登记上，符合真正股东的条件，而实际的股东，倒像是投资者，只是通过这个名义股东从公司获得财产利益。其一，出资是成为公司的股东的前提，必须对公司出资，形式各有要求；而名字被各种文件记录是能够对抗第三人的。就代持股的股东来说，在外界看来他拿着钱向公司出资，或者是他认缴相应份额的出资。公司出资证明书上记载的是名义股东的姓名或名称，这些登记都是真实的。其二，目前为大多数学者认可的是，背后"掏钱"的人不能显露名字，公司一般对此无所知，公司跟他之间没有任何关联，而代持股人才跟公司产生出资并取得相关权益的关联。背后出资的人通过一种间接的方式收到公司的财产性利益，即要经过名义股东的手，而且其想要给公司的管控运营提意见也是不可能的，在"名义股东"对登记中体现的自己享有的股份进行转让交易时，无异于其他正常股东转让股权，其本身无论在公司看来还是外人看来都是有这个权利的，在法律中也是完全说得通的，他的处分行为是有权的[13]。其三，一般人会通过工商的记录来判断股权的所有者，而且前文也已经论述，目前我国法律实践中认为工商的记录是可信的。因此善意取得不会在这情形下发生，这是一种再不能正常的股权转让，缺乏相关权利的情形。

（二）"一股二卖"的情形

排除了以上的情形，只剩"一股二卖"情形。首先，"一股二卖"即股权无权处分的典型情形。"一股二卖"指已经被依法让渡但未来得及在工商部门变更记载的股权，记载的原股东对该股权进行处分。股份买卖双方，有了同样的表意，签订了协议，股份的转移就已经完成，所以就出现了股权的让与时公众不能得知，而以为还是归属原来的股东，买受方在双方达成有关协议时就变成了股份真实所有人。而原股东再对这部分股权进行处分，很显然是无权的。我国法律又体现了工商部门的记录具有公示性，因此第三人基于对工商记载等的信任取得股权，并无过错。其次，在规避股权交易风险中，所有人处于积极地位，他可以随时要求原股东进行变更登记，控制风险的能力更高，可以较低的成本规避风险；而第三人相对比较被动，基本不具备控制风险的能力，由第三人控制风险需要的成本也太高[14]。因此为了节省更多的资源，理应由所有人承担风险。并且，善意取得体现的是法正义与法秩序之间的博弈。对真实权利人的所有权进行保护体现的是对正义的一种追求，对交易秩序、交易安全的维护体现的是对法的秩序的一种追求。[15] 法的正义价值为法的最高价值，法的秩序价值为基础的根本的价值，因为良好的秩序是实现整体正义的前提，因此在二者相冲突时法优先保护秩序价

〔13〕 张笑滔："股权善意取得之修正——以《公司法》司法解释（三）为例"，载《政法论坛》2013 年第 5 期。

〔14〕 郭富青："论股权善意取得的依据与法律适用"，载《甘肃政法学院学报》2013 年第 4 期。

〔15〕 郭富青："论股权善意取得的依据与法律适用"，载《甘肃政法学院学报》2013 年第 4 期。

值。所以要先保护第三人的股权，因为他所代表的权利更加饱满，涉及的利益更多，有其自身受让的股权，还有一方面，就是此人买受了股权而且经过了公示，构成了外界的信赖，所以在这样的情形下保护不仅是一连串的买卖各方的利益，更是他们的买卖关系以外的人与这个受让了股权的第三人的交易的稳定性。

## 四、参照《物权法》第106条的合理性

在"股权的性质"一节已经大体叙述了股权的一些特性，因为股权有其自身的特性，与物权有很大差别，《公司法解释（三）》直接规定"参照适用"存在很多不妥。

### （一）二者的性质

在有限公司，股权有不同的特征，体现了财产性还有一些人身性。首先，股权的变更不单单与交易两边利益有关，也有可能使公司及其他股东的在公司的权益产生部分波动。究竟谁参与到公司中来，不仅是从公司中取得财产利益，还会对公司今后的生产经营产生影响，因此股权变更关系更为复杂，其中包含了原股权所有人、第三人、公司以及其他公司参股者等诸多主体之间的法律上的关系。而物权涉及的利益没有那么复杂，仅仅为主体自己的权利，在交易中一般也只是两方主体。如不动产买卖中，参与的主体始终为交易双方，并不涉及他人利益，物权法中对不动产转让的制度设计中并不存在对人身性的考虑，所以参照适用的这一方面是空白的。其次，进行变更登记的主体也为双方当事人，不存在由第三人履行一定义务才能完成变更登记的情形，《物权法》中不存在也不需存在相关配套制度。而在《公司法》的领域中，虽然股权交易的主体为双方当事人，办理工商变更登记的主体为公司，在这种情况下公司便获得了控制善意取得要件是否满足的地位，双方对交易风险由第三人控制，虽然可以一定程度上起到监督让与人的作用，但在公司与让与人勾结的情况下，会更容易发生股权的善意取得，损害真正权利人的合法利益，因此针对这一特性需要在相关的登记制度设计中予以

重视。

(二) 二者的变动模式

在进行不动产交易的时候，对例如房子等的权利实质从一人转到另一人的节点为变更登记完成，记载变更了权利才会变更，当事人相同的表示，只存于当事者间，所有权人并没有变化，还是原先的权利人。这意味着，在不动产物权转移之后，所有权归属的权利外观同时具备，出让人很难再对该不动产进行处分。[16] 而且《物权法》及配套的相关法律法规，对防范不动产的"一物二卖"情形起到很大的作用。《不动产登记暂行条例》规定预告以及变更登记的制度。不动产转移合同产生成立后，买方发现卖方有对已经卖给自己的不动产进行再处分的可能，则买方可以进行预告登记，防止风险发生。[17] 不动产物权的转移，登记变更与所有权转移一起发生，如果真正的权利人对自己财产稍加注意，善意取得是不容易发生的。加之有"预告登记和变更登记"预防原权利人二卖行为。所以发生善意取得的空间很小。

对比股权让与而言，股权发生转移的生效要件与股权的公示不是同时进行的，这就为无权处分提供了很大的空间。[18] 在不动产物权的转让中，参与其法律关系的主体始终为交易双方，登记也由双方当事人完成，而根据《公司法》及《登记条例》的相关规定，变更工商登记的主体是公司。这就会使得导致，股权转移后工商登记前，会多出一段空余时间。这一时间差是股权二卖的"绝佳时机"。而且在《公司法》领域中并没有规定类似预告登记或者变更登记的制度，受让人除了时刻关注股权状态催促原所有权人办理变更登记，基本没有能够进行风险防范的措施，原所有权人对股权进行无权处分的难度大大降低。

---

[16] 《物权法》第 106 条。

[17] 余佳楠："我国有限公司股权善意取得制度的缺陷与建构——基于权利外观原理的视角"，载《清华法学》2015 年第 4 期。

[18] 徐小平："股权善意取得的必要性与正当性审视——从有限责任公司的角度"，载《河北工业大学学报》(社会科学版) 2015 年第 4 期。

### （三）二者的审查方式

我国用实质审查的方法对不动产转移进行审查，根据各项规定：要对提出登记请求的人提供的一些文件等进行核对；与申请人和有关的当事人进行相关交流，根据真正的情况保证效率地进行记录，都是登记机关办理不动产登记时要履行的义务，且在上述步骤完成后，到底归谁所有仍不能确定时，申请人需提供充实资料，某些时候还要去不动产所在的地方调查。[19] 这就得出，《物权法》通过实质性审查来以降低的登记出错的概率进而使得登记簿有很高的可信度。登记簿内容的正确性需要严密的审查措施予以保证，完善的审查能够确保登记内容的正确性，才可减少交易风险。前文已经叙述，股权的工商登记也具有公示性，因此日常交易中往往依据其对股权的归属进行判断，司法实践也常常依此权利外观来判断是否构成善意取得。然而，通过对比发现，法律实践中虽承认他们都是可以信赖的，但是不动产登记簿的确本身就能够产生足以信赖的力量，而工商登记簿则缺乏令人信赖的基础。因为，在我国不动产的登记部门是十分严格的，所记录的信息基本正确，而股权的工商登记就不同了，没有严格的审查把关，所记录的信息的正确性也会降低。

既然一系列保障登记内容正确的措施在我国的工商登记过程中并没有在法律上进行规定，对于且向申请人提出补充材料的要求，特殊情况下去现场查看等规则在工商登记中完全没有要求。而且根据相关规定[20]，申请登记，申请人自身对所要进行的内容真实性负责。在不动产登记中则不同，对相关工作人员有义务和责任要求的。[21]《公司法解释（三）》第51条第1款规定，申请登记的，不

---

〔19〕 张笑滔："股权善意取得之修正——以《公司法》司法解释（三）为例"，载《政法论坛》2013年第5期。

〔20〕 《公司登记管理条例》第2条第2款：申请办理公司登记，申请人应当对申请文件、材料的真实性负责。

〔21〕 《房屋登记办法》第92条第2款：房屋登记机构及其工作人员违反本办法规定办理房屋登记，给他人造成损害的，由房屋登记机构承担相应的法律责任。房屋登记机构承担赔偿责任后，对故意或者重大过失造成登记错误的工作人员，有权追偿。

欠缺所求的文件，其他方面也没有违反规定，格式符合……没有更深层次的核查要求，能够确定形式相符就要受理。规定如此，这也反映了工商登记机关在实践是如何操作的，登记机关对于登记事项仅进行非常有限和形式化的审查。因此我国的工商登记并具备保证内容正确性的制度前提，登记内容正确性得不到确保，也就不能依此作为交易中及司法判决中的依据。

## 五、结语

本文以"崔海龙案"引出主题，即有限公司中股权适用善意取得的合理性。通过正文第一部分论述得知，股权本身作为一个兼容性的权利，是可以适用善意取得的，在相关的制度设计中，也有很大的成立善意取得的空间。正文第二部分主要对相关规定中所提到的情形进行了分析，得出"一股二卖"情况下才存在无权处分，才有构成善意取得的基础。第三部分是本文的重点，即股权参照适用物权善意取得的缺陷，正是股权的相关制度设计不如物权严格，所以直接参照，存在很多漏洞，会造成善意取得的泛滥，得出结论是虽然为了市场、公司发展的稳定，在善意情况下，也可以取得无权处分的股权，但是参照适用是不可取的，具体何种情况下算作善意，对无权处分有怎样的要求，需要进一步探究。

## 参考文献

1. 赵旭东主编：《公司法学》，高等教育出版社 2006 年版。

2. 樊玉双："论我国有限责任公司股权善意取得"，吉林大学 2011 年硕士学位论文。

3. 李建伟："有限责任公司股权变动模式研究——以公司受通知与认可的程序构建为中心"，载《暨南学报》（哲学社会科学版）2012 年第 12 期。

4. 姚明斌："有限公司股权善意取得的法律构成"，载《政治与法律》2012 年第 8 期。

5. 张笑滔："股权善意取得之修正——以《公司法》司法解释（三）为例"，

载《政法论坛》2013 年第 5 期。

6. 郭富青：“论股权善意取得的依据与法律适用”，载《甘肃政法学院报》2013
   年第 4 期。

7. 余佳楠：“我国有限公司股权善意取得制度的缺陷与构建——基于权利外观
   原理的视角”，载《清华法学》2015 年第 4 期。

8. 徐小平：“股权善意取得的必要性与正当性审视——从有限责任公司的角
   度”，载《河北工业大学学报》（社会科学版）2015 年第 4 期。

9. 北大法宝：《崔海龙等与无锡市荣耀置业有限公司等股权转让纠纷上诉案》
   [（2006）民二终字第 1 号]。

# 再论网络服务提供者间接侵权之责任形式

## ——以补充责任为立足点

邹晓玫* 杜 静**

网络就像一面镜子，通过自身独有的传播方式，将现实世界的各个空间联系并聚集在由其构成的虚拟空间内，并且形成了与现实世界不同却有着密切联系的虚拟世界。这一连接不同空间和时间的信息运行方式，使得人们对周围的观察拥有了更广泛的视角，对生产生活需要提供了更加便利的操作途径。但，这面"镜子"也将现实世界的不法行为折射进了虚拟世界！近年来网络的普及为许多传统侵权及犯罪行为提供了更加迅速和广泛的传播途径，并且使得这些不法现象造成的损害后果远远大于其在现实世界中的影响，为了对这些行为进行规制，作为 ISP 网络服务的管理者不可避免地被选定为规范网络空间秩序的首要主体。ISP 对网络侵权行为承担责任的现实基础已经毋庸置疑，但其责任的承担方式仍然值得探讨。

## 一、我国现行法律规制及学界争议概述

我国对于网络空间行为的法律规制以《侵权责任法》为核心，其中第 36 条是对 ISP 侵权责任的整体叙述[1]。第 1 款涉及 ISP 直接

---

* 天津商业大学法学院副教授。

** 天津商业大学法学院 2015 级法学理论研究生。

〔1〕《侵权责任法》第 36 条第 1 款：网络用户、网络服务提供者利用网络侵害他人民事权益的，应当承担侵权责任。第 36 条第 2 款：网络用户利用网络服务实施侵权行为的，被侵权人有权通知网络服务提供者采取删除、屏蔽、断开链接等必要措施。网络服务提供者接到通知后未及时采取必要措施的，对损害的扩大部分与该网络用户承担连带责任。第 36 条第 3 款：网络服务提供者知道网络用户利用其网络服务侵害他人民事权益，未采取必要措施的，与该网络用户承担连带责任。

侵害被害人的规制，属于 ISP 的直接责任，第 2 款和第 3 款涉及 ISP 对网络用户侵权行为所负责任的规定，即 ISP 间接侵权责任以及其与侵权用户之间的连带责任。对于 ISP 直接侵权责任的承担并无不妥，其争议存在于间接责任的承担上。

首先，从现实意义出发，网络世界的特殊性导致在侵权行为发生时真实侵权责任人难以确定的问题，被侵害人的损害得不到控制以及补偿，而网络服务提供方却是一直存在的，其有偿的网络服务行为以及专业的控制能力都证明了由其承担责任的合理性，也是最直接便利的方式。其次，从理论基础出发，ISP 是否应当对网络用户的侵权行为承担责任，其责任基础是什么？对于这一问题立法上最终赋予了其基于职业特征以及特殊领域的监管义务，并与此相对应产生监管责任。但对于 ISP 责任承担的方式却备受质疑。《侵权责任法》第 36 条将其规定为连带责任；《信息网络传播权保护条例》第 23 条将 ISP 未及时采取措施的行为模式表述为共同侵权，也是对连带责任理论的具体细化。在探究了现有研究中可以发现，曾经为连带责任寻求理论基础的风向已转变为对连带责任方式的反思，当然，仍有学者不断纠正这一倾向。关于连带责任的支持者，最主要的观点有共同侵权以及为保护受害人利益的政策性规定两种[2]；如《网络服务提供者连带责任肯定论》。关于其反思则主要体现为补充责任的提出与发展[3]；如《网络服务提供者连带责任的反思与重构》。本文将通过对连带责任两种学说进行分析以求证其适用的正当性，并以此为基础探究补充责任的使用可能性。

## 二、间接侵权责任适用情形分析

在论述连带责任与补充责任谁更有优势之前，我们首先要对它

---

[2] 邓勇、蔡睿："网络服务提供者连带责任肯定论"，载《石河子大学学报》（哲学社会科学版）2015 年第 1 期。

[3] 张凌寒："网络服务提供者连带责任的反思与重构"，载《河北法学》2014 年第 6 期。

们适用的情形予以明确。依据《侵权责任法》第36条的表述，一般将其概括为"通知规则"与"知道规则"。通知规则即第36条第2款，当 ISP 接到用户通知时，若未尽义务以致损害扩大，则就扩大部分与侵权人承担连带责任；知道规则即36条第3款，若 ISP 知道侵权行为的存在却未采取合理措施，则对损害后果承担连带责任。在此，需要强调的是对于第3款中的"知道"是否包含"应知"学术界尚存争议，但依据《信息网络传播权保护条例》第23条的表述，可知，至少在法律上仍然将应知而不知视为责任基础。

依据上述分析，从主观角度，我们可将法律上 ISP 应当承担责任的情形分为三种。其一，明知加故意。ISP 明知网络用户的侵权行为，基于主观没有采取相应措施，放任最终损害结果的发生或扩大。其二，明知加疏忽。ISP 接到被侵权用户的通知，但由于疏忽大意等原因未采取或未及时采取措施，导致损害结果发生或扩大。其三，应知而不知。网络服务提供者本应知道网络侵权行为的存在，但因疏忽大意等没有注意到这一侵权行为，导致损害结果发生或扩大。

而这三种情形的共同点有以下三个：其一，ISP 的责任产生总是以网络用户的不法行为为前提，在此基础上才有了 ISP 侵权的可能性，无论是第2款抑或第3款，ISP 所造成的损害后果都只是对网络用户侵害后果的扩大；其二，ISP 与网络用户之间的侵权责任只有行为上的客观联系，并无主观层面的合意；其三，ISP 的间接侵权责任都是由其不作为产生的，法律赋予其相应的监管义务，但 ISP 却未履行职责才导致了损害结果的扩大，这点与网络用户的作为侵权是完全相反的。

## 三、连带责任说理论基础与质疑

连带责任的支持者大都选择了共同侵权说作为支撑，也有人认为这是为维护社会和谐的政策性规定。因此对于连带责任的批判也以此两种为主。但本文认为，这两种观点并非择其一的关系，前者属于法律理论的支撑，后者属于现实目的的支撑，是两个层面的问题。

### (一) 连带责任的理论基础——共同侵权说

连带责任适用基础包含约定连带责任与法定连带责任，其中法定连带责任又分为共同侵权与共同危险两种。而基于网络侵权的特征，共同危险自不在考虑中，共同侵权则是受众多学者青睐与争论的关键点。

有关共同侵权说的反驳大都从帮助侵权或教唆侵权出发。[4] ①帮助侵权。网络服务提供者与侵权行为人之间是否构成帮助侵权？对于帮助行为的认定，事前合意不做考虑的情形下也需要满足其他要件：两行为之前应当有相互支撑依赖的性质、多个行为人对于结果的发生持故意态度。对前一要件网络侵权行为是可以满足的，但对于后一要件，上述三种类型中后两种均不能满足，即认定为帮助型共同侵权是不合理的。②教唆侵权。相同于帮助型共同侵权，教唆共同侵权更加要求故意的主观心态。因此，以 ISP 与网络侵权用户间缺乏意思联络，不构成复杂共同侵权，亦不能构成简单的共同侵权，主张二者之间不构成共同侵权，那么连带责任的承担也就无从谈起。

但其实针对共同侵权的构成要件也一直未有定论，以共同侵权的构成是否必须共同意思为区别，划分为共同意思说和共同行为说。若采取共同意思说，那么上述反驳是完全成立的，连带责任不具有其理论基础；但若采用共同行为说，结果便并非如此。共同行为说不要求侵权人之间的意思联络为基础，只需要满足各方行为之间相互关联依赖从而产生同一后果，[5] 据此而言，ISP 与网络侵权者之间是满足这一要件的，没有侵权者的侵权行为那么 ISP 的不作为并不能产生什么结果，没有 ISP 的不作为，侵权用户行为产生的后果也不会得不到控制，使得损害结果扩大，且双方行为导致了损害这

---

〔4〕 周波、杨康锐："论网络服务提供者的连带责任——以网络著作权间接侵权为视角"，载《国际商务》2012 年第 1 期。

〔5〕 叶金强："共同侵权的类型要素及法律效果"，载《中国法学》2010 年第 1 期。

同一个结果。因此，若采取共同行为说，那么共同侵权说是成立的，而连带责任的理论基础也是足够的。

对于究竟采取何种学说，本文认为共同行为说更加体现了对于客观结果的重视，在民法规制上，采用此种学术更有利于对被侵权人的保护。因此，对于 ISP 的连带责任，在理论上本文是持认可态度的。

（二）连带责任的现实意义——政策性选择

有学者将公共政策作为连带责任的依据，认为为了实现对被侵权人的保护，既然侵权行为人难以寻求，那么基于监管义务的 ISP 作为赔偿主体可以确保被侵权人债权的实现。将这种责任规定为连带责任是否合理呢？其他学者对于这一理论的反驳本文是持认同态度的，其缺陷大致以下几个方面：

第一，牺牲网络服务提供者的利益来保障被侵权人的利益，背后是对侵权行为人的放纵。从被侵害者角度出发，试想，若被侵权人发现自身利益受到侵犯，既然网络服务提供者承担连带责任，多数情况下，又何必费劲去寻求真正的侵权行为人？此后，被侵权人的债权在 ISP 处得到求偿，就更不会关心真正的侵权人是谁。从 ISP 角度出发，网络侵权造成的损害结果往往是远大于相同行为在现实社会所造成的后果的，对于这一点，侵权人并不见得能够认识到，造成的损害结果是他们根本承受不起的，当 ISP 对债权进行偿还之后，能够从侵权人处得到求偿的可能性很多时候微乎其微；并且，对于 ISP 而言侵权行为人也是其客户资源，即便能够实现向真正行为人的追偿，也会导致客户的流失，这时 ISP 就不得不考虑是选择求偿还是选择保留客户资源了。因此，上述各现象的出现其实是对侵权行为人的一种纵容，并不完全有利于网络世界的管理。

第二，连带责任政策的初衷是为了实现对弱者的保护，[6] 但事实中，被侵权人真的是弱者吗？据笔者所接触到的网络侵权案件而言，针对知识产权的案件占据了网络侵权的绝大多数，而被侵权人

---

〔6〕 张凌寒："网络服务提供者连带责任的反思与重构"，载《河北法学》2014 年第 6 期。

并非个人，一般都是大规模且实力强的工作室甚至是公司。这些案件中又以同行侵权为多数，可想而知，究竟侵权人是谁并非难以找到，或者说被侵权人更清楚侵权人的身份；此时，再由 ISP 承担连带责任，笔者并不能认可其中的正当性所在。

此外，也有诸多学者提出连带责任的方式不利于互联网行业的发展，对 ISP 的过分苛责会使其在技术突破中畏首畏尾。在一定程度上本文也是持以认可态度。

综上对于政策性选择以及共同侵权说的分析，笔者认为连带责任在理论逻辑上或许有其合理性，但在现实意义上不具有正当性，对于 ISP 的过分苛责即放纵了真正的侵权行为人，又使得网络技术人员迫于法律的压力畏首畏尾，不适当地阻碍了网络的健康发展。当时之所以采取连带责任这一方式应当是主要考虑了对被侵权人的保护，但这种保护却有失平衡，不得不说的是，在网络侵权的发生下连带责任的适用反倒使得网络服务提供商成了另一个被害方。适应社会各方的法律才是最值得被认可的，但连带责任显然不能。因此，对于现行法律所规定的连带责任方式，本文持反对态度。

## 四、补充责任适用可能性分析

在连带责任被否定的基础上，按份责任无论从理论基础还是现实意义上都具有相应的合理性与正当性，但同时，按份责任适用于网络侵权的缺陷也被学界所指出：网络信息的传播速度并非人为可以得知的，而损害的扩大正是快速传播的损害结果，既然不能明确传播速度与范围，责任的按份划分也就无从谈起，无论这一责任承担方式在理论上多么完美，现实中无法使用便不值得被采纳。于此，补充责任成为了解决网络侵权责任承担的可考量方式，那么这种方式是否适用于网络侵权呢？

（一）补充责任的产生及现状

我国《侵权责任法》中关于补充责任的规定最接近于 ISP 网络侵权的是第 37 条安保义务的违反以及第 40 条有关未成年人管理机

构违反监管义务的情形。对于补充责任的研究也开始于对特定场所安保义务与第三人侵权问题的讨论。关于特定场所管理者对于第三人侵权的责任法律最终以补充责任解决，即当管理者未尽到安保义务时对被侵权人承担补充责任。这一责任方式于 2003 年以司法解释的形式首次被引入法律中，继而由《侵权责任法》予以确立，但目前也仅限于上述两种义务的违反方可适用。[7]

（二）ISP 补充责任的理论分析

与连带责任不同的是，补充责任结构性不强，不似连带责任以共同危险或共同侵权为基础。补充责任有《侵权责任法》规定的两种方式，[8] 因此对于 ISP 是否能够适用补充责任，可以通过比较的方式来实现，其中第 37 条的安保义务与 ISP 网络责任最为相似。

1. 相同点

（1）两种侵权行为都是第三人引起的。安保义务中虽然特定管理者未尽到责任，但第三人侵权行为才是损害结果发生的实质原因，只是若管理者尽到相应义务，则侵权行为有可能避免。ISP 责任中，网络用户的侵权行为才是引起被侵权人损害的根本原因，网络服务提供者未采取相应措施只是导致了损害结果的扩大。

（2）二者的义务都是基于特定优势而产生。安保义务中，管理者对于特定区域的环境享有控制权，且这种权利只有管理者才具有，为保障进入此区域的个体的安全，这项权利便具有了义务的性质。因此，若管理者未尽其责才需承担补充责任。类比于安保义务，ISP对于网络链接、页面以及网络通道等享有专业上的优势，且其作为服务项目所有者也具有独享的控制权利，且基于这种权利产生相应义务，即在发现侵权行为时及时断开或删除链接。违反了此项义务才需要承担责任。

（3）二者都是基于过错而承担责任。特定管理人未履行安保义务，且造成了严重后果，因此，对于侵权事件的发生是具有过错的，

---

〔7〕 张新宝："我国侵权责任法中的补充责任"，载《法学杂志》2010 年第 6 期。

〔8〕 吴汉东："论网络服务提供者的著作权侵权责任"，载《中国法学》2011 年第 2 期。

并基于这种过错承担责任。而在 ISP 侵权责任中，实行的是过错责任制并无不合理之处，由于网络服务提供者在应当断开或删除连接时未采取相应措施，对于结果的发生与扩大也是具有过错的，并基于过错承担责任。

2. 不同点

虽然安保义务与 ISP 网络服务义务之间非常相似，但也有其不同之处。比如，两种侵权行为中第三人是否明确的问题。这会影响到补充责任什么时候补充以及怎么补充。

在安保义务中侵权行为发生时，侵权人往往是可以尽快获知的，因此在追究补充责任时先向侵权人追责，侵权人无力承担部分责任时再由特定管理者承担责任，在时间及主体上都非常明确。但网络侵权则与之相异，真正的侵权人即便不是无迹可寻也行同大海捞针，那么在主要责任人找不到的情形下，负次要责任人即 ISP 何去何从呢？对于这一问题本文将在下文予以说明建议。

（三）补充责任的现实意义

在对理论进行分析并得到大体肯定之后我们依然要考虑现实影响。连带责任在现实意义上是具有各项缺陷的，而针对这些不足，补充责任制度是可以进行解决的。

第一，尽可能地避免真正侵权人逍遥法外的现象[9]。既然适用补充责任，那么 ISP 就并非当然的承担责任，只有在主要责任人难以履行责任时方由网络服务提供者予以承担。那么，对被侵权人而言，其不得不去寻求侵权行为人以实现主张的权利，只有在找不到主要侵权人的情形下才有权请求 ISP 承担责任，这将大幅度提高找到侵权行为人的可能性，以上述知识产权侵权为例，被侵权人往往有能力找到侵权人，只是连带责任情形下，由于各种原因放弃寻找。对 ISP 而言，找到侵权用户则自己很有可能不必承担责任，而非连带责任情形下，即便侵权用户找到了也很有可能因其拖延履行等行为，依然由 ISP 承担责任。在这种免除责任的动力下加上被侵权人

---

〔9〕 宋素红：“网络服务提供者连带责任否定论”，载《国际新闻界》2013 年第 4 期。

的配合，找到实际侵权人的可能性便提高了许多。

第二，针对连带责任中弱者保护的问题。若被侵权人真的是弱者，依然有补充责任作为保障，若被侵权人并非弱者，补充责任的适用也解决了对 ISP 不公的现象。因此在弱者保护的问题上，补充责任是可以做到二者兼顾且不失平衡的。

第三，对于连带责任阻碍互联网发展的问题。连带责任对于网络发展的阻碍在于其过分苛责，几乎只要发生了网络侵权的案件，ISP 稍有过失便难以脱责，因此，为避免法律责任，往往是想为而不敢为。补充责任的适用，既提醒了 ISP 的注意义务，同时也使得网络服务提供者有脱责的可能。对于网络环境的影响治理大体上是积极的。

依据对两种特殊义务的比较，二者之间极为相似，并且在侵权形式，责任基础等根本问题上是大体相同的。因此，对 ISP 侵权行为适用补充责任还是有其可取之处的，只是由于二者之间的不同之处，如何实现补充责任还有待解决。

## 五、补充责任适用的现实构建

无论从理论层面还是现实层面，补充责任的启用都是具有期待性的。对于现实适用，参照安保义务等进行几乎是可以的。但仍有两个问题是本文想要探讨的。

（一）针对第三人不明确的问题何时启动 ISP 的责任补充

与安保义务等补充责任不同的是，ISP 网络责任主要侵权人并非是明确的，网络的虚拟性为其提供了很好的隐蔽，那么在主要责任人不明的情况下如何合理适用补充责任。本文认为，应当从时间以及个案场景予以限定。

首先讨论不能确定侵权人的情形。以主体界分：被侵权人想要开启 ISP 的补充责任，需要提供证据证明侵权人难以找到，或向法庭证明其寻求过程，由法官依据案件特点来判断是否满足侵权行为人难以寻找；而 ISP 若想避免责任的履行则需要在特定时间内找到侵权主体，否则视为侵权人不能确定。而具体时间是多少此处不作讨论，但建议此期限应准许延长，如 ISP 能够提供重要线索时可以延长时限。其次探讨侵权人可以确定但无能力承担全部责任的情形。被侵权人想要启动 ISP 的补充责任，应提供证据证明被告确实不能履行，而 ISP 想要免责可以通过证明侵权行为人具有履行能力。

此外，根据本文第二部分关于 ISP 侵权类型的划分，ISP 寻找侵权行为人的时间上可以有所区别，尤其是对于明知且故意的情形，可以不再给予其申请延长时间的权利，以增加其承担赔偿责任的可能性。另外两种情形由于主观缺乏故意，可以进行区分也可以一概而论。

（二）ISP 的补充是完全的补充还是有限的补充

现有的四种补充责任都是表述为"相应责任"，即承担的都是有限补充责任。那么 ISP 仅承担有限补充责任是否可以呢？

本文认为，对于上述三种侵权类型，其中明知且过失、应知而不知是可以适用的，但对于第一种明知且故意，可以要求其承担完全的补充责任，有限的补充责任并不能对应其略强的违法性。因主观意图上其放任了损害结果的发生或者扩大，虽与侵权行为人并无通谋，但仍是偶然的合意，要求其承担完全的补充责任即保证了对侵权行为人的警示，也保证了对 ISP 履行实施有效措施义务的警示。

但事实上，均适用完全的补充责任也并非不可取。首先，网络侵权案件何为"相应责任"难以判断，那有限补充以何为限便不易确定。其次，有限的补充责任下，若 ISP 责任很小，那么为了不失去与同样作为客户的侵权行为人的合作，也许 ISP 就不会积极寻求真正的侵权行为人，失去 ISP 的技术支持，单靠被侵权人一人之力寻求侵权行为人，或许到最后只能得到网络服务提供方的一点点补偿。

对于究竟是有限补充还是完全的补充笔者认为尚有待考虑，完全的补充责任似乎更加适合，被侵权人方必须有证据证明尽力寻求被侵权人方可启动补充责任，ISP 会为了避免过大的责任选择指出侵权行为人，即便不能指出，被侵权人的利益也有所保障。至于完全的补充责任会不会对 ISP 不公平，笔者认为，ISP 是有相应的技术找到侵权行为人的，即便不能，也不可以牺牲被侵权人利益的方式来保证网络技术的发展，毕竟，不健康的网络环境发展越是宏大，其危害也就越大。

## 六、结语

对于 ISP 的责任方式，本文对连带责任及补充责任进行了尽可能详细的分析与梳理。网络秩序的维护依赖于一个可以兼顾各方且平衡各处利益的法律制度，然而这种制度的寻找是一个漫长且反复的过程，本文所述补充责任也不能完全匹配地解决网络侵权中层层复出的侵权行为，比如，完全补充责任的适用是否更利于网络的发展，会不会造成对 ISP 的普遍不公，以及 ISP 寻找侵权行为人的时间限定为多少合适，这些问题都有赖于网络技术的发展予以支持和解决。此外，本文也必然存在问题考虑不周的现象，希望可以在后续的研究中得以完善。

## 参考文献

1. 邓勇、蔡睿："网络服务提供者连带责任肯定论"，载《石河子大学学报》（哲学社会科学版）2015 年第 1 期。
2. 张凌寒："网络服务提供者连带责任的反思与重构"，载《河北法学》2014 年第 6 期。
3. 叶金强："共同侵权的类型要素及法律效果"，载《中国法学》2010 年第 1 期。
4. 宋素红："网络服务提供者连带责任否定论"，载《国际新闻界》2013 年第 4 期。
5. 张新宝："我国侵权责任法中的补充责任"，载《法学杂志》2010 年第 6 期。
6. 吴汉东："论网络服务提供者的著作权侵权责任"，载《中国法学》2011 年第 2 期。

# 论环境保护公众参与制度

贾国华 *　　张燕红**

## 一、公众参与及相关问题阐释

环境法中的公众参与，其内涵由于学者研究角度的不同而不一致。有学者认为："环境保护公众参与是指在环境资源保护中，任何单位和个人都享有保护环境资源的权利，同时也负有保护环境资源的义务，都有平等地参与环境资源保护事业、参与环境决策的权利。"[1] 有学者认为："公众参与，是指在各级政府和有关机构的环境决策过程中公众有权在法律赋予的权利义务范围内通过一定的程序或途径参与环境利益有关决策活动，使得达成共识，促进环境改善的所有涉及环境问题的活动及过程。"[2]

对于上述的定义，有学者认为公众参与涉及法的整个运行过程，也有学者认为公众参与只涉及相关利益的环境决策等某些特定的阶段。根据 2014 年《关于推进环境保护公众参与的指导意见》的规定，环境保护公众参与是指公民、法人和其他组织自觉自愿参与环境立法、执法、司法、守法等事务以及与环境相关的开发、利用、保护和改善等活动。不难看出，将公众参与定位到法的整个运行过程符合立法现状。

---

* 天津商业大学法学院副教授。

** 广西壮族自治区桂林市临桂区法院。

〔1〕 杨振东、王海青："浅析环境保护公众参与制度"，载《山东环境》2001 年第 5 期。

〔2〕 丁永兰、肖灵敏："中国环境治理中的公众参与机制研究"，载《经济研究导刊》2016 年第 16 期。

（一）公众参与的主体

公众参与的主体，即谁能够参与，是指在环境保护中享有环境权益并履行义务的当事人。《中华人民共和国环境保护法》（以下简称《环保法》）对信息公开与公众参与设立专章并将主体归纳为公民、法人和其他组织。而《环境保护公众参与办法》（以下简称《办法》）作为《环保法》的配套实施细则，沿用了《环保法》中对主体的规定。虽然在其他的环境相关法中出现了其他的主体，如《中华人民共和国环境影响评价法》（以下简称《环评法》）中的专家、建设单位和《民事诉讼法》中的法律规定的机关、有关组织等主体。但是这些主体可以归纳到公民、法人和其他组织的范畴当中。

（二）公众参与的途径

为了让公众更好地参与到环境保护当中，国家在环境相关法律中规定了具体、形式多样的参与途径。这些途径可以总结为两类，一是被动参与的途径，即在政府和环保部门组织下参与环境保护。参与途径主要有：①听证会；②专家论证会；③座谈会；④环保部门的项目资助、购买服务。二是主动参与的途径，即公众根据自己的意志发表建议和意见以及举报违法行为和行政不作为，达到参与环境保护的目的，参与途径主要有：①电话；②信函；③传真；④网络。而对于环境公益诉讼，环保宣传和教育活动等参与途径，笔者认为不能简单地归为上述的某一类中。这些途径可能偏向于两种分类中的一种，但是，没有另外一种的支持配合又很难进行，如环境公益诉讼这种参与途径主要还是依靠主动提起诉讼才能实现，偏向于主动，但是现在环境公益诉讼才刚起步，环保组织在资金、技术等方面还存在不足，依靠政府和相关部门在相关证据的获取等方面给予支持帮助。

（三）公众参与的内容

法的运行分为立法、法的实施和法律监督三部分，其中法的实施又分为执法、司法和守法三部分。环境保护公众参与制度，作为一种制度安排，应当贯穿于环境法的整个运行过程，具体体现在环境知情权、参与权、监督权以及司法救济权这四项权利上。

1. 知情权

所谓知情权即知晓真实情况的权利，社会公众通过正规、合法的途径获取、知悉有关环境信息的权利。在《环保法》第53条中明确地规定了公众有获取环境信息的权利，但是环境信息掌握在政府和企业手中，公众要知悉环境信息需要依靠掌握环境信息的政府部门和相关的企业将信息公之于众。

从政府的层面上看，《政府信息公开条例》第10条规定了环境保护的监督检查情况属于政府及部门主动并重点公开的信息。《环境信息公开办法》第11条规定了环保部门应主动公开的政府环境信息。《环保法》第54条也对环境信息公开作出了详细的规定，其中包括了公开国家环境质量、重点污染源监测信息、环境质量、环境监测、突发环境事件、环境行政许可、行政处罚、排污费的征收和使用情况以及企业事业单位和其他生产经营者的环境违法信息。《环保法》第56条规定了环境影响评价报告文件应当全文公开。

从企业的角度来看，依据《环保法》第55条规定，涉及重点排污单位应当如实向社会公开其主要污染物的名称、排放方式、排放浓度和总量、超标排放情况，同时包括防治污染设施的建设和运行情况，从而接受社会公众监督。而2014年《企业事业单位环境信息公开办法》第8～10条不仅对重点排污单位做出了界定，还进一步规定了公开的信息内容与方式。

2. 参与权

根据《办法》，环境参与包括环境立法参与和环境行政参与。从环境立法参与层面上看，2005年出台的《环境保护法规制定程序办法》第10条规定，立法机关在起草环境保护法规时，首先应当广泛收集资料，开展调查研究，充分听取相关机关、组织（环保社会团体）和公民的意见。2015年《立法法》增加了公众参与立法的条款，如第36条规定了对于列入常务委员会议议程的法律案应当听取各方面的意见，第67条规定了行政法规在起草的过程中要广泛听取意见以及草案要向社会公布，征求意见。从环境行政决策参与的层面上看，环境行政决策包括了环保政策的制定、环境影响评价、环保项目的开发等，其中又主要体现在环境影响评价上。《环评法》第 5 条规定："国家鼓励有关单位、专家和公众以适当的方式参与环境影响评价。"而该法在第 11 条和第 21 条也分别对公众参与专项规划和建设项目的环境影响评价作出了规定。

3. 监督权

《环保法》规定了公众享有环境监督的权利，政府环境保护主管部门和其他负有环境保护监督管理职责的部门要为公众行使监督权提供便利。监督权与参与权在某种程度上看是重合的，参与的同时也在监督。但是监督又不与参与完全重合，监督权也体现在参与之外的阶段。《环保法》第 57 条规定了公民有举报的权利。《办法》第 11 条中则对"举报"的途径作出了详细的规定，同时通过对相关人员的追责制度，避免了政府以举报形式不合法为由不理会公众举报的现象。同时在 2015 年发布的《关于加强环境执法的通知》中提出要发挥社会监督的作用，邀请公民、法人和其他组织参与监督环境执法，实现执法全过程公开。

4. 司法救济权

2012 年《民事诉讼法》确立环境公益诉讼，对诉讼主体作为规定，原告主要是：①法律规定的机关；②有关组织。2015 年实施的《环保法》在《民事诉讼法》第 55 条的基础上，赋予了符合一定条件的社会组织提起公益诉讼的资格，将原告资格具体化。最高人民法院对环境民事公益诉讼作出了相应的司法解释，对公益诉讼进行具体的规定，同时扩大了提起环境公益诉讼的主体的范围，这对环保组织进行公益诉讼提供详细具体的指导，让公益诉讼具有更强的操作性。同时，在《办法》规定了环保部门可以通过法定的途径支持环境公益诉讼，这样的规定降低了社会组织提起环境公益诉讼的成本，提高了效率，保障公益诉讼的落实。

一项制度的建立必然有其必要性和独特的意义，公众参与制度也不会例外。在环境保护领域确定公众参与制度意义深远。首先，公众参与制度为公众参加环境保护提供了法律保障与支持。法律明确规定了公众有权参与环境保护，让公众有了底气和理由去参与其中。其次，在环境立法和行政管理中，立法与决策的科学合理，必须建立在广泛的公众意见基础之上。同时汇聚了民意的立法与决策，在实施的过程中会更容易得到公众的支持与遵守，降低了实施的阻力与成本。再次，通过赋予公众监督权，既有助于环境行政与执法更加透明化，避免了以权谋私、滥用职权现象的发生，又有利于提高公众环保意识。最后，西方发达国家在 20 世纪就已经陆续在环境保护的立法中确立了公众参与制度并不断地发展完善，我国建立并完善公众参与制度使得我国在环境保护立法方面与国际接轨，也起到了完善我国的法律的作用。

## 二、国外环境保护中公众参与制度

（一）美国的公众参与制度

美国在环境立法领域领先于世界很多的国家。其一，美国最早实施环境保护公众参与制度，1969 年就在《国家环境政策法》中确立了公众参与。之后的一系列立法，如 1970 年《清洁空气法》，均是将"公众参与"具体细化到每一项决策、制度当中。其二，1969年《国家环境政策法》第 102（c）条："美国联邦政府所有的机构的立法建议和其他重大联邦行动建议，在决策之前要进行环境影响评价，编制环境影响报告书，而且需要向公众公开，征求公众的意见。"[3] 首创环境影响评价制度，并将公众参与引入环境影响评价制度当中。其三，美国首创了现代公益诉讼制度，在美国的每一部环境单行法中都详细的规定了受案范围、诉讼管辖、法律责任等。其四，为了保障公众参与，建立了环境信息公开制度。

（二）日本的公众参与制度

日本公众环保意识强，重视公众参与。1993 年《环境基本法》是首个对公众参与程序进行充分规定的法律。而 1997 年通过《环境影响评价法》引入了公众参与的程序，对公众参与权和知情权作出

---

〔3〕 赵国青：《外国环境法选编》，中国人民大学出版社 2002 年版，第 172~173 页。

具体规定，如第 8 条第 1 款规定，可以从文件公布之日起到文件调查结束之日后两周的期间内向项目提议者提交对范围文件的意见。第 16 条中规定了提议者应当将相关材料提交，接受公开审查；而第 17 条接着就对提议者在这一个月的公开审查期间应当做的事作出详细的规定，并规定了公众提起意见的方式和时间。同时日本也建立了适合本国的公益诉讼制度。

（三）加拿大的公众参与制度

"加拿大在 1999 年修订了《环境保护法》，对公众参与制度进行了全面且相对完善的规定，主要包括环境登记制度、自愿报告制度、违法调查请求制度以及环境诉讼制度等。"〔4〕 具体体现为，在环境登记制度中，建立网络环境登记处，公民可以在网上了解环境实施情况。自愿报告制度，也是举报制度，即不负有报告环境信息的主体，自愿将环境违法行为的相关信息报告给相应的机构。违法调查请求权制度，是指年满 18 岁的加拿大居民有权对所有的环境违法行为提出调查要求并得到反馈。环境诉讼制度，规定不论是否侵犯自身权益都可以对违法行为提起环境诉讼，既包括了违法调查请求权受到侵害或者调查结果不满意，也包括环境损害。

（四）德国的公众参与制度

德国在 1990 年通过了《环境影响评价法》对之前法律中没有对非利害相关人开放的审批程序引入公众参与，进一步规定了公众的获取信息权，使得公众参与得到了进一步完善和提高。2006 年的《公众参与法》则在前法的基础上对规划种类进行了增加，扩大了公众参与的范围。在司法保护方面，公民在审批程序进行过程中可以以参与权被侵害为由提起诉讼，或者由环保团体提起撤销审批决议的行政诉讼。

（五）中外环境保护公众参与制度的比较

环境知情权方面：国外发达国家在环境信息公开方面针对环境信息界定是相对严格的，在环境信息公开的范围和环境信息公开的

---

〔4〕 向佐群："西方国家环境保护中的公众参与"，载《林业经济问题》2006 年第 1 期。

例外比较明确而又具体，极大提高了实际的可行性和操作性。在环境信息公开立法方面，一些国家制定了专门的环境信息公开法律，如德国在 1994 公布并实施《环境信息法》。我国在此方面的法律没有专门的环境信息公开法，具有指导作用的为《政府信息公开条例》和环保局颁布的《环境信息公开办法》，但是条例和办法法律位阶要比法律低，也就导致了威慑力弱。"在救济制度方面，西方国家的环境信息公开有完善的救济制度。欧盟及美国的环境信息公开法律都规定了环境信息申请人在其要求得不到满足时的司法救济和行政救济程序，同时也明确规定了降低救济费用和提高救济效率的措施"。[5] 英国明确规定了相对豁免和绝对豁免的范围以及评估的标准。而德国也明确地规定了 11 项可以公开豁免。我国现行的法律法规仅仅将涉及国家秘密和商业秘密的事项规定为不予公开的范围。在救济方式和程序尚不够明确，规定的是全部的信息，而不是仅就环境信息而言的。在环境信息不予公开的范围上，我国与发达国家的差异很大。

参与环境影响评价方面：在环境影响评价报告方面，德国的建设项目评价报告涉及多个文本，一个文本突出一个项目重点问题，而美国则有替代方案。相比之下，我国的就略显单一。在评价的对象方面，美国评价的是联邦政府和一些与联邦政府有关的对人类环境有重大影响的行为，侧重立法、战略层面。而我国评价的对象是建设项目和专项规划。在参与的主体上，美国由一个机关领头，多个机关配合协作，而中国主要掌握在环保行政部门手中。在日本，任何地方的居民都允许参与评价，而我国则只允许一定地域范围的居民参与。在时间方面，日本公众对环境评价的介入可以说是无处不在，几乎每一个步骤政府都要等到公众的认可才生效。同样，美国等其他西方国家参与的也是整个环境评价的过程，而我国，根据《环保法》第 56 条的规定以及其他的环境法律法规可以明确的得出，

---

〔5〕 王秀兰、李闯农："中外环境信息公开制度比较"，载《法制与社会》2008 年第 30 期。

我国公众仅仅有权参与从环境影响报告书编制到送审批前这一阶段。另外美国、德国等国家提出异议的时间比我国的长，如德国提出异议和意见的期限一般是在公示结束后两周。但是由于在整个公示期间公民也有权随时提出异议，因此整个异议期间实际上是一个月零两周。

在环境诉讼方面：2012年修订的《民事诉讼法》才确定了环境公益诉讼，起点晚，而具体的规定与其他国家相比也存在较大差距。在诉讼主体方面，我国主要的是符合条件的社会组织。而"在美国，原告的主体范围为'any person'。而除了《噪音防治法》之外，所有的环境单行法都将'any person'解释为包括任何人、公司、合伙、协会、州、市、各州的政府分支以及美国联邦政府的任何机构、部门或者单位及其任何官员、代理人或者雇员等"。[6] 在案件范围方面，美国适用的行为包括两类，一是公众自身的行为，如违反排放标准和行政命令的行为；二是行政行为，如EPA（美国环境保护署）或州政府的行政不作为，其中包括了没有实现法定目标的行政行为。我国可以提起诉讼的范围也包括公众自身的违法行为和政府的行政行为，但对违反行政命令的行为和没有实现法定目标的行政行为在现行的法律法规中并没有相关的规定。

## 三、环境保护公众参与制度立法存在的问题

近些年来，我国加大了对公众参与的立法，建立并完善环境保护公众参与制度，但在不断完善的过程中，暴露的问题的也是不可忽视的。

（一）环境信息公开存在的问题

在政府环境信息公开方面，主要表现为：一是《环保法》将国务院环境保护主管部门、县级以上人民政府环境主管部门和其他负有环境监督管理职责的部门规定为公开环境信息的主体，这一规定

---

〔6〕 张辉："美国环境公众参与理论及其对中国的启示"，载《现代法学》2015年第4期。

将公开环境信息的主体范围限制在一个狭窄的范围内。二是环境信息的范围内容不全面。首先，在《环保法》中规定了政府部门公布环境信息的范围，但可以看出现有的规定只是涉及了环境基本状况、环境行政状况等信息，破坏环境的情况也只是涉及企业是单位和其他经营者，对于个人、社会团体的破坏行为和政府采取的保护环境措施等信息并不在公布的行类之中。其次，在《环境信息公开办法》中对环境信息作出了列举式的规定，这样的做法在一定程度上限制了公众获取环境信息的范围。三是在《政府信息公开条例》规定了政府信息公布的方式，可是根据规定的获取途径来看，公众在信息接收方面完全处于被动地位。虽然也规定了公众可以向行政机关申请获取政府信息，却受到第13条规定的限制，并且是否公开由政府相关部门进行判断。

在企业环境信息公开方面，首先，《企业事业单位环境信息公开办法》规定，企业事业单位应当按照强制公开和自愿公开相结合的原则公开环境信息，但根据后面的法条和《环保法》第55条可以看出，适用强制公开的仅仅是重点排污单位，对于其他单位的环境信息则适用自愿公布原则，这样的规定不利于公众全面掌握企业的环境信息。其次，无论是政府信息还是企业信息都规定了环境信息涉及国家秘密、商业秘密或者个人隐私的，依法可以不公开。但这样的规定过于宽泛，没有具体的范围。

（二）环境参与存在的问题

在环境参与权上，不论是立法参与还是行政参与，都存在共同的问题，主要表现在以下方面：一是参与途径不合理。首先，调查问卷、座谈会、专家论证会、听证会这些形式是并列的关系，没有先后顺序的限定且条文中没有规定各种形式的适用情况。"公众参与的有效方式呈单一化、简单化、隐蔽化特征，且多由行政机关主导，缺少各方利益群体的论辩与质证环节。"[7] 其次，《办法》中规定

---

〔7〕 周珂、史一舒："环境行政决策程序建构中的公众参与"，载《上海大学学报》（社会科学版）2016年第2期。

了参加专家论证会的参会人员，但是专家是委派、邀请而来的，带有偏向性。专家意见表达过度，使得立法和行政决策具有更多的专家色彩。并且条文中规定的是以专家、环保人士为主，同时邀请相关人士，也就体现了相关人士在关于自身利益的事项的讨论中处于劣势且没有对是否一定要有相关人士在场作出规定。二是参与过程不合理。首先，参与时间晚，《环境影响评价法》规定公众参与的时间是专项规划或者建设项目的环境影响评价报告报送审批前。而在项目立项、选址等过程中并未作出听取意见的规定，也就说明公众参与环境影响评价的介入时间晚。这容易导致公众意见作用不大，易忽略。其次，举报这一措施扩宽了公众的参与途径，但是举报主要还是事后的监督，没有事前的预防措施与机制。

（三）环境监督存在的问题

《环保法》规定公众可以举报，《办法》则对举报进行详细的规定，但问题也是十分明显的。首先，对举报的具体范围、程序等内容没有详细的规定，使得公众对可以举报的事项不确定，同时也容易因为举报程序的不明确导致受理机构相互推诿或者因为程序不明确而导致公众不愿意举报。其次，《办法》要求环保部门在接到举报后要及时调查，并将调查处理结果反馈给举报人。虽然要求了反馈，但没有相应的责任制度来约束处理后不反馈的行为，导致公众举报无法保障，影响了参与的积极性。其实有效保障公众参与，还在于规范反馈机制的具体程序及未反馈的责任机制。

（四）环境公益诉讼存在的问题

《环保法》第58条规定："对污染环境、破坏生态，损害社会公共利益的行为，符合下列条件的社会组织可以向人民法院提起诉讼：①依法在设区的市级以上人民政府民政部门登记；②专门从事环境保护公益活动连续5年以上且无违法记录。"该条虽然是对现行立法"和本案存在直接利益关系"规定的突破，适应了现代法治对于放宽诉讼资格的要求，但将主体资格仅仅限定为社会组织，将个人和《民事诉讼法》规定的有关机关都排除在外，这样的规定缩小了环境公益诉讼的主体范围。司法解释中为"社会组织"作出了扩大的规定，但是扩大后的规定仍然无法改变主体范围小这一问题。

环境问题上，不仅仅是造成污染的单位会侵犯公众的环境权益，相关政府部门在环境决策、项目审批、环境监管过程中也可能会出现侵犯公众环境权益的问题，既然如此，那么对于政府部门的行政行为造成的权益损害，公众就可以根据《行政诉讼法》第2条提起行政诉讼。但是目前我国的法律法规中，仅《民事诉讼法》作出了相关规定，《行政诉讼法》却只字未提，理论研究的重点也主要聚焦在企业环境违法，对政府在环境执法层面的问题却重视不够，这对于完整的公益诉讼制度来说应该是一个缺陷。

## 四、环境保护公众参与制度立法完善

### （一）完善环境信息公开，保障公众环境知情权

首先，应当扩大环境信息公布的范围。笔者认为，环境领域的相关的数据对于一般的社会大众而言是晦涩难懂的，公布各类的环境数据只是达到告知社会大众环境数据高低的作用，对群众而言并不会自发的改变实际生产生活，例如细颗粒物数据太高就主动不开机动车。社会公众更关注的是又有什么会影响环境的项目工程要启动，政府面对环境问题做了什么工作。因此，应当将环境措施的相关内容纳入环境信息公开的范围内。同时，个人、社会团体的破坏力度对比企业的破坏力度可能小，损害结果也小，但是小的破坏行为也应当予以公布，这样既对破坏者起到了惩戒的作用，也对其他人起到了教育警示作用。其次，应当将其他生产经营者的部分信息也纳入强制公开的范围内。目前，强制公开原则只针对重点排污单位，对于其他的单位适用自愿公开原则，那么也就是说其他单位可以以涉及商业秘密为理由不公开。笔者认为对于其他的生产经营者，只要会对环境产生影响的，就应当将信息予以公开。最后，应当加大环境信息公开的立法。我国已有的《政府信息公开条例》、《环境信息公开办法》和《企业事业单位环境信息公开办法》属于行政法规和部门规章，还不是法律，法律位阶低，且在法规和规章中并没

有对环境知情权的具体含义、范围等作出规定。因此，笔者认为制定一部专门的环境信息公开法，为公众环境知情权和环境信息公开提供完善的法律保障。

（二）完善环境立法参与环境行政决策参与，保障公众环境参与权

第一，科学地确定参与人员。现有的法律中对公众参与的主体虽然作出了详细的规定，保障了参与人员的广泛性，但是无论是座谈会还是讨论会，会场的容纳量有限，不适宜太多的人现场参与，面对这一现实，笔者认为应当参考人大代表的推选制度，在自愿报名的前提下，人数超过会场容纳量的，可以采用公推公选的方式确定代表，代表的产生应当综合考虑地域、职业、受影响程度等因素。对专家的选择，为了避免直接指定的情况，政府部门或建设单位可以提供专家名单，让参与的公众自己选择参与讨论的专家。

第二，创新参与途径并程序化。目前法律法规提供的参与途径形式多样，可以根据不同的情况适用不同的参与形式。但笔者认为，应当将这些方式程序化，规定不同参与方式必须适用的情形，如在涉及公共利益的情况下，必须举办听证会、讨论会。同时，随着网络信息的发展，应当利用网络优势吸引公众，可以增加微博、微信的举报平台，也可以通过网络直播等方式听取公众的意见。

第三，加大环保组织的参与程度。"目前我国的法律中仅仅规定了社会组织作为公益诉讼的主体参与环境保护公众参与，从国外的相关经验看，环保非政府组织在环境数据调查研究、提出立法建议、环境政策监督等方面起着重要作用，此外，这些组织在提升公众参与意识以及公众参与能力建设的作用更是不可忽略。"[8]因此，我国可以借鉴国外的经验，扩大社会组织的参与范围。

（三）完善公益诉讼制度，保障公众环境权益的司法救济权。

第一，应当确立环境行政公益诉讼。《民事诉讼法》对环境民事诉讼作出了相应的规定，但是《行政诉讼法》却没有相应的规定，

---

〔8〕 卫欢："我国环境保护公众参与的现状及缺陷"，载《农村经济与科技》2016年第14期。

司法解释虽然对检察院提起公益诉讼案件做出了规定，但规定的是提起民事公益诉讼，而不是行政公益诉讼，并且只适用于特定的省、自治区和直辖市。《行政诉讼法》的修改是一个大工程，实现不易，但是相应的司法解释的出台相比法律的修改要简单得多。笔者认为，应当加快出台对环境行政诉讼的司法解释，像民事诉讼一样明确行政公益诉讼，以指导环境行政诉讼案件。同时，行政行为分为具体行政行为和抽象行政行为，在行政诉讼中，只有具体行为是可诉对象。但是，政府和环保部门的一个环境决策决定着环境行政行为，环境决策的影响要比环境行政行为的影响大得多。笔者认为可以在环境诉讼的领域，将部分抽象行政行为纳入其中。

第二，应当放宽诉讼主体资格。在刚建立环境公益诉讼时，为了防止"滥诉"问题对诉讼主体的资格作出限制，这是合理的。但是随着立法的完善，司法经验的积累，仅赋予环保社会组织提起环境公益诉讼的资格已经无法满足需求，笔者认为应当将诉讼主体扩大到《环保法》第53条规定的公民、法人和其他组织。并且可以借鉴国外的经验，建立诉前报告制度，用以解决滥诉问题。而对于现在已经取得诉讼主体资格的社会组织，虽然在司法解释中已经扩大了主体范围，但是有资格成为环境公益诉讼的主体的社会组织占环保社会组织的比例仍然低，在此我们可以借鉴加拿大的做法，注重培养专门性环保社会组织并构建环保社会组织网络体系，从而扩大适格主体的范围。

随着人们对环境情况越来越关注，环保意识不断提升，公众参与是必然的结果。西方国家在20世纪就建立了相对完善的公众参与制度，为我国提供了借鉴的经验。从另一层面上来讲，法律建设也是为了真正切实地保护公众权益，让公众参与立法当中，才能不断完善环境立法当中切实存在的问题并予以解决，法律才能更加健全。

**参考文献：**

1. 张晓文："我国公众参与环境保护法律制度探析"，载《河北法学》2007年第 7 期。

2. 赵士渊、马天、图尔柯孜·阿吉："突发性环境污染事件中公民环境知情权的法律保护——兰州水污染引发的思考"，载《法制与社会》2016 年第 10 期。

3. 向佐群："西方国家环境保护中的公众参与"，载《林业经济问题》2006 年第 1 期。

4. 武文文："论我国环境保护的公众参与制度"，河北地质大学 2014 年硕士学位论文。

5. 陈思宇："德国环境影响评价制度中的公众参与"，载《海峡科学》2014 年第 3 期。

6. 王琳："公众参与环保重在保障而不在确权"，载《广州日报》2015 年 9 月 2 日，第 2 版。

7. 田淑英："论环境保护公众参与的价值目标与制度构建"，载《绿色科技》2016 年第 6 期。

8. 麻晓菲："我国环境保护中的公众参与制度研究"，山东大学 2016 年硕士学位论文。

9. 杨振东、王海青："浅析环境保护公众参与制度"，载《山东环境》2001 年第 5 期。

10. 丁永兰、肖灵敏："中国环境治理中的公众参与机制研究"，载《经济研究导刊》2016 年第 16 期。

11. 赵国青：《外国环境法选编》，中国人民大学出版社 2002 年版。

12. 卫欢："我国环境保护公众参与的现状及缺陷"，载《农村经济与科技》2016 年第 14 期。

13. 周珂、史一舒："环境行政决策程序建构中的公众参与"，载《上海大学学报》（社会科学版）2016 年第 2 期。

14. 王秀兰、李闯农："中外环境信息公开制度比较"，载《法制与社会》2008 年第 30 期。

15. 张辉："美国环境公众参与理论及其对中国的启示"，载《现代法学》2015 年第 4 期。

# 对公司章程目的条款性质的法理思考

## ——基于"功能主义"的分析视角

刘 涛[*]

在以"目的财产"解释公司法人的路径下，公司目的条款不仅是公司章程中的必备条款，更是公司章程诸条款之核心节点，其一头与公司法人财产权问题相连，另一头与公司治理结构问题相连，实有重点研究之必要。从既有文献成果看，学界目前对其关注仍主要集中在"超越该条款所规定的公司目的范围的公司行为效力"等具体问题上，对诸如"公司目的条款性质"这样的基础法理问题的研究尚显薄弱。反思造成这一局面的原因，恐怕既有观念认识上的因素，又有手段方法上的因素。传统的法学分析方法的一个明显弊端是满足于静态的、抽象的价值分析，对制度与作为制度产生基础的社会背景之间的逻辑关系缺乏统一的、整体性的解释能力。从"知识融合"的方法论出发，选择"功能主义"这样一种整体性的分析视角，恰恰有助于打破这种思维藩篱的阻隔。当然，"功能主义"本身是一个意蕴丰富、分析范式多元的方法概念，限于能力，笔者文中所谓"功能主义"的分析视角，只在"任何一种社会或文化现象，不论是抽象的社会制度、思想意识、风俗习惯等，还是具体的物质现象（如工具、手杖、器皿等），都具有一定的'功能'，即都有满足人类实际生活需要的作用"[1]这样一种最原初、最基础的意义上使用。在本文的论域下，其基本逻辑可以进一步简述为：特定的社会需要产生为满足这种需要而担负特定功能的制度规则，

---

　* 天津商业大学法学院讲师。

　〔1〕　〔英〕马林诺夫斯基:《文化论》，费孝通等译，中国民间文艺出版社 1987 年版，第11 页。

社会需要的变化将导致担负特定功能的制度规则的变化，对制度规则的法理解释应有助于满足相应的社会需要的变化。基于上述这样一种"功能主义"的视角，笔者拟就公司章程目的条款的性质问题谈几点法理上的思考，求教于大家同道。

## 一、公司章程目的条款的功能及其演进

如前所述，功能主义视角下，公司章程中目的条款的性质及其法理解释属于广义的社会制度、思想意识，乃至于社会文化的范畴，其无非是针对特定社会发展阶段的特定社会需要的一种特殊的满足形式。也即是说，对公司章程目的条款性质的思考分析，应以对其所满足的特定社会需要，或者说其所担负的特定社会功能的准确的、全面的认识为前提。因此，公司章程目的条款的功能及其演进是一个基础性、前提性的问题。

公司作为商主体，营利性乃是其设立、存续的根本目的和价值。这一点对以公司为连结点的所有利益相关者而言，都是不言自明的，并且是众所周知的。在这种情况下，仍然要在公司章程中设置目的条款，是否必要？如果必要，那么其所满足的又是谁的需要？是一种什么需要？笔者以为上述问题可以依照公司设立发展的历史线索以及目的条款存在形式来逐一思考。

（一）放任主义时期的目的条款

由于原始公司与合伙团体并无本质区别，并未引起立法者的予以特殊调整的注意，因此，这一时期对公司的设立在法律上不加干预。相应的，这一时期形式上所谓公司章程中的目的条款具有任意性、自治性，其实质是贸易契约中的目的条款，或者合伙合同中的目的条款。以被认为是原始公司代表的康孟达组织为例，其本质是航海家与资本家订立的一种商业合伙契约，[2] 该契约的目的可能表现为独立的合同条款，也可能是通过分析合同的具体条款推定得出

---

〔2〕 江平主编：《新编公司法教程》，法律出版社 2003 年版，第 42 页。

的。其功能主要是针对海上贸易契约条款的不完备性进行补充解释、确定合同的解除权等，是作为无限责任的合伙人即航海家与作为有限责任的合伙人即资本家为了在风险事业中平衡各自风险与收益的一种重要手段。

（二）特许主义时期的目的条款

17世纪至19世纪是公司发展史上的所谓特许主义时期。这一时期的特许公司以国王或议会颁布的专门旨在促成该公司设立的特许状为其成立的法律依据，没有统一的、适用于各种公司的公司法。特许公司的目的条款具有单一性、公法性，即其所规定的只能是经过国王或议会特许的具有某种特定目的单一商事活动（比如特定殖民地的特定物品的贸易活动），公司不能超越目的条款的范围进行活动，更不能对其随意变更，否则特许状都将被吊销。[3] 这种具有单一性、公法性的目的条款一方面体现了立法者对法人制度、完全有限责任制所持的怀疑和忧虑，另一方面又体现了为实现追逐国家利益、商业利益的需要而例外许可的灵活与妥协。易言之，其功能主要是针对公司的法人化与有限责任化这两大变化，协调社会公众利益与商业利益。需要指出的是，这里的社会公众利益涵盖但不限于对公司目的条款功能传统表述中的"保护与公司交易的债权人利益"，其在利益包含的广度上应等同于现代公司法上所谓"公司社会责任"的概念，这一点从英国议会通过《泡沫法案》前后的背景即可得知。

（三）准则主义时期的目的条款

自19世纪后期，公司设立进入到准则主义时期，即法律预先规定若干设立公司之要件作为基本准则，拟成立的公司只要具备这些法定条件即可设立并取得法人资格。准则主义在程序上以登记制甚至是备案制取代了公司设立的特许制，其实质是把应用公司这种商业工具的权利普世化、平民化。这一时期公司章程的目的条款通过

---

〔3〕 张民安："公司的目的性条款研究"，载《中山大学学报》（社会科学版）1998年第3期。

对营业目的的多元化、抽象化的表述，使公司目的具有极强的包容性和灵活性，摆脱了特许主义时期公司目的条款的单一性、公法性的桎梏，重新找回了自由。并且，这种变化也得到了法律的认可与支持。例如，修订后的《美国标准公司法》甚至已经把公司目的条款排除出公司章程的绝对必要记载事项之列，并且其在第3.01节"目的"项下规定：依本法成立的所有公司具有从事任何合法业务的目的，除非公司章程载明更为有限的目的。[4] 也可以说，《美国标准公司法》通过对公司目的的这种无边界、无限制授权把公司目的条款从公司章程中废除了，这种制度安排的背景是经济的自由化与全球化，它极大地满足了现代市场条件下商业活动所必需的高效性与灵活性；如果公司股东固执地选择在公司章程中继续保留目的条款，那么唯一可能的理由就是通过该条款确保公司及其自身利益不因董事等代理人对公司资本的滥用行为而受到损害。在这个意义上，公司目的条款的功能在演进发展中同样经历了一个否定之否定的过程，在准则主义时期完成了向放任主义时期的形式上的复归。

综上所述，一方面，公司章程目的条款功能的具体内容因不同历史社会阶段的不同社会需要而变；另一方面，其中有一条线索贯穿始终，那就是"控制"，即通过在章程中设置公司目的条款楔入对公司财产运用的控制以及对由此开展冒险事业而生的未来风险与收益分配的控制。公司目的条款的这种"控制"功能之于不同历史时期的区别仅仅在于：放任主义时期与准则主义时期的公司由于是"私的公司"，因而其"控制"是一种"私对私"的控制，即主要是由投资者与"船长"组成的冒险事业团队的内部控制；特许主义时期的公司由于是"公的公司"，因而其"控制"本质上是一种"公对私"的控制，即作为社会利益代表的议会或政府对"持牌公司"（特许公司）的外部控制。回顾对比我国公司设立发展的历史，上述结论同样成立：计划经济体制时期，我国公司设立的原则是许可制，公司法人被当作在生产领域执行国家经济计划的载体和工具，这一

---

〔4〕 沈四宝：《西方国家公司法原理》，法律出版社2006年版，第119页。

时期公司章程中目的条款的功能类似于西方公司特许主义时期的情况，体现的是一种基于所谓"社会整体利益"的控制；改革开放后特别是确立市场经济地位之后，我国公司设立的原则逐渐转为注册制，公司法人更多地成为独立经营、自负盈亏的市场主体，这种背景下公司目的条款的功能自然也发生了根本变化，回归到基于冒险团队内部的私的利益的控制。因此，不论中西，控制因素构成公司章程中目的条款性质法理解释的基础。

## 二、对公司章程目的条款性质既有法理的辨析

公司章程目的条款性质问题的现存法理解释主要可以归纳为所谓"权利能力限制说"等四种代表性学说。既往学界就上述学说的品评存在两种倾向：一是从越权原则的历史演进角度立论的倾向，二是对不同观点非此即彼的论证的倾向。笔者以为，前者的存在具有一定的理论上的合理性，因为公司目的与公司权力在事实上与司法上已很难区分，[5] 其对越权原则历史演进背后缘于交易动态安全与效率的解释本身即是从历史角度贯彻"功能主义"的一种自觉或不自觉；而后种倾向则反映出一种欠缺"功能主义"的历史意识的观念上的缺陷，其对公司章程目的条款性质的解释只能是而且必然是静态的、孤立的、片面的，因而也是不充分的。公司章程目的条款功能的历史演进表明：不同时期公司目的条款的功能是不同的，这种不同背后的深层决定因素是特定社会发展阶段的特定社会需要。从理论与制度、制度与现实的关系角度，凡是有利于某个阶段上的特定功能实现的学说就具有某个阶段上的合理性；不同的时代、不同的发展阶段需要不同的制度功能，也就需要不同的学说。换言之，每种学说都有其特定的合理性与局限性，非此即彼的论证方式存在根本上的问题。为明确起见，现试将对相关学说的法理辨析分述如下：

（一）权利能力限制说

该说主张公司章程中的目的条款是公司法人权利能力的限制性

---

〔5〕 张民安：《现代英美董事法律地位研究》，法律出版社 2000 年版，第 262 页。

条款，进而推论公司行为违背公司目的条款时绝对无效。对这一观点持异议者则主要是从厘定权利能力的概念及其所携带的价值入手加以批驳，比如其中有的学者认为"最适宜提及限制权利能力这一术语的地方，是在取得权利能力道路上的中间阶段，如胎儿以及法人的设立阶段。由于法人是自然人为了某种特殊目的而创造的，故其存在与消灭均可人定，许多法人的行为都受到限制，这不能认为是对其权利能力的限制，而是基于某种价值判断对其行为的具体限制"[6]；还有的学者认为"公司权利能力限制说违背了基本的平等原则"[7]。其实，从"功能主义"视角出发来思考，问题也许并不在于对"权利能力"的法概念或法价值的认识是否正确，而在于"为什么要用这种方式来解释？"以及"谁在使用这种方式来解释？"笔者以为，如果根据权利能力限制说，公司董事实施的超越公司章程目的条款范围的行为将不再是公司本身的行为而是公司董事个人的行为，将由他们自己对债权人承担责任，而对公司来说，该行为绝对无效，以至于不可以股东会的追认行为而加以改变。显然，遵从这种解释方式所满足的是一种对公司董事行为施以刚性控制的需要，而最有意愿来使用这种解释方式的就是来自于公司外部的控制者。因为对于外部控制者而言，这种解释方式是其在无法改变信息上的劣势地位这一约束条件下最大化其收益或最小化风险的最佳选择。更美妙的是，在特许主义的背景下，权利能力限制说的刚性解释效果还能够满足确保议会或政府权力的至上性的需要。沿着这一视角思考，权利能力限制说在我国理论界与实务界长期以来的流行及其原因也就不难理解了：在计划经济或以事实上的许可制为主导的制度背景下，这种解释方式作为外部控制者的政府的最佳选择。

（二）行为能力限制说

该说主张公司章程中的目的条款是法人行为能力的限制性条款，

---

〔6〕 李永军："论权利能力的本质"，载《比较法研究》2005 年第 2 期。

〔7〕 彭熙海、舒符康："论公司目的限制的性质及目的外行为之效力"，载《湘潭大学学报》（哲学社会科学版）2004 年第 5 期。

公司行为违背公司目的条款时虽超越其行为能力，但仍在法人权利能力范围之内（类似于无行为能力的自然人的行为），属效力待定行为而非绝对无效行为。如此一来，依效力待定行为的一般法理，股东会有事后的追认权，交易相对人则有撤销权。在反思该理论时，如同前文论及权利能力限制说时的情形，持异议者主要是从行为能力的法概念及其认定条件立论，或者以由此产生的行为不确定性易致所谓交易安全受损为主要论据。[8] 其提问方式与思维方式同样存在欠缺"功能主义"视角的问题。笔者以为，与权利能力限制说的刚性效果相对比，该说的解释方式是一种柔化的处理，其满足的首先是一种股东试图在"控制"与"营利"、"效率"这样两种存在内在紧张关系的目标之间进行平衡的需要，同时对交易相对人所渴望的交易秩序安定的需要也给予了一定程度上的满足，虽然这种满足的水平仍然是比较低的，但毕竟其凭借撤销权的积极行使拥有了一定的独立掌握交易命运的手段。总体上看，对前一种需要的满足是主要的，是具有优先性的。因此，作为公司内部成员的股东将是这种解释方式的拥趸。从该学说在我国的发展历史看，作为在权利能力限制说之后出现的一种流行观点，其反映的是在经济改革初期，政企关系开始分离却还未完全分离的条件下产生的那种一方面要求变政府外部控制为股东内部控制，另一方面又试图保留政府对企业的一定程度的外部控制的复杂心理。

（三）内部责任限制说

该说主张公司章程中的目的条款既不是对法人权利能力的限制，也非对法人行为能力的限制，而仅仅是法人机关内部责任的限制性条款；公司行为违背公司目的条款时公司可以追究公司机关及其成员的内部责任，但该行为在外部，即对于公司及与公司进行交易的相对人来说仍绝对有效。该说的批评者指出，其无法解释公司章程登记公示的效力问题，同时易使公司沦为恶意的公司机关成员实施

---

〔8〕 彭熙海、舒苻康："论公司目的限制的性质及目的外行为之效力"，载《湘潭大学学报》（哲学社会科学版）2004年第5期。

欺诈行为的工具，严重威胁股东群体的利益。[9] 如前所述，笔者认为，这里的问题所在并非是一般性的肯定或否定这种分析路径，而是如何借助"功能主义"的方法跳出传统的叙事逻辑与分析框架。从该说的解释效果看，其将与公司交易的相对人对于交易确定性的需要的满足放在唯一的、至上的地位，以至于不论是作为外部控制者的政府还是内部控制者的股东，其所能做的实际上只是在"内部追责"名义下默默承受超越公司目的条款行为的不利后果，其与前两种学说对比，大有将公司目的条款的控制功能完全抛弃之势。显然，与公司交易的相对人是最有意愿支持与使用这种解释方式的利益群体。但同样明显的是，该说与前述控制因素之于公司目的条款功能的核心地位是相悖的；在逻辑上更为吊诡的是，按照内部责任限制说，由股东制定并交政府注册的公司章程中的目的条款，其所要考虑满足的对象竟然既非股东也非政府，而是绝对地倒向在公司设立时尚未存在的所谓"交易相对人"。那么，这种规则解释方式在现实层面是否可行？在理论上，是否符合对于股东作为一般市场主体的"经济人"的基本假设？是否符合对于政府作为市场秩序监管者所持中立地位的基本假设？因此，笔者以为，该说是一种在理论上矫枉过正的产物，与其他学说相比，它纯粹是一种理论而绝无现实化的可能。

（四）公司机关代表权限制说

该说与"内部责任限制说"的共同点在于其认同公司章程中的目的条款既非对法人权利能力的限制，也非对法人行为能力的限制；不同点在于其主张公司章程中的目的条款是法人机关对外代表权的限制性条款，公司行为违背公司目的条款的行为是缺乏代表权的行为，在处理上应与其他欠缺代表权的行为相同：满足表见代表条件的视为有效，不满足的视为无效。如果结合表见代表的举证规则，该说的主张可以进一步归纳为：对于违背公司目的条款的行为，如

---

〔9〕 彭熙海、舒符康："论公司目的限制的性质及目的外行为之效力"，载《湘潭大学学报》（哲学社会科学版）2004 年第 5 期。

果公司不能证明交易相对人明知或应知公司机关代表人行为超越权限，该代表行为有效。与内部责任限制说的情况相同，该说的批评者指出其同样存在类似无法解释公司章程登记公示的效力问题以及易使公司沦为恶意的公司代表人实施欺诈行为工具的问题。[10] 但稍显奇怪的是，从制度实践的角度，可以说，该说在两大法系中均居于主导地位，比如美国各州公司法均规定，不能使第三人受公司有限目的条款的制约，除非第三人实际上知道这种条款。[11] 我国亦于20世纪90年代末以及21世纪初通过对合同法、公司法等法律的修改实际确认了该学说的地位。[12] 从理论角度该如何解释这种现象呢？笔者认为，从功能主义的角度观察，该说不过是一种经过修正的、附条件的、软化了的"公司内部责任限制说"。一方面，它坚持以公司内部规约的定位来解释章程中目的条款的性质，这样就保留了"优先满足交易相对人对交易确定性需要"的效果，而这种保留的理由也简洁有力：没有信心就没有交易，公司作为营利组织毕竟最终只有在交易中才能实现其终极目的；另一方面，它通过引入对交易相对人是否善意的法律要件，使得公司目的条款在原则上仍然具备控制的功能，即股东或监事可根据公司章程中目的条款的限制性规定，诉请法院审理公司董事正在考虑但尚未达成协议的行为。[13] 因此，相比其他学说，该说的解释方式在一定程度上兼顾了两种不同方向上的社会需要，尤其是在市场规模扩张与竞争日趋激烈的社会时代背景下，基于营利目的而生的效率需求与同样基于营利目的而生的控制需求之间的矛盾日趋激烈，该说所代表的效率优先、兼顾控制的利益平衡方式实际上是对商法领域制度竞争规律的一种生动表达。

综上所述，借助功能主义的分析视角观察，笔者认为，以权利能力限制说为代表的既有法理解释之间并非一种静态的、非此即彼

---

〔10〕 章正孝："论公司目的对公司能力之影响"，载《黑龙江对外经贸》2009年第1期。

〔11〕 沈四宝：《西方国家公司法原理》，法律出版社2006年版，第119页。

〔12〕 胡田野：《公司法任意性与强行性规范研究》，法律出版社2012年版，第265页。

〔13〕 沈四宝：《西方国家公司法原理》，法律出版社2006年版，第119页。

的关系，而是各有其解释上的功能指向，本质上是对不同社会发展阶段、不同制度环境下不同主体的不同需求的不同满足方式。

## 三、对公司章程目的条款性质法理的更新

某种意义上，以权利能力限制说为代表的对公司章程目的条款性质的既有法理解释在整体上构筑了一种完备的组合，其内部所存在的不同的功能指向恰好可供政府、市场、研究人士等不同主体各取所需。而这种技术性、实用性上的优势遮蔽阻碍了就上述法理展开整体上反思的意愿。笔者以为，既有法理整体上存在一大问题，即未能严格区分性质与功能两个不同的范畴，用功能代替了性质。以权利能力限制说为例，实际上它是对公司目的条款功能的一种抽象的解释，即认为目的条款具有限制公司法人权利能力的功能，而并未对造成这一功能的性质问题给出法理解释。这种逻辑处理与哲学上的基本观点相悖。众所周知，性质与功能是一对紧密相关的范畴。具体来说，就是功能反映性质，性质决定功能；但就内涵而言，功能与性质毕竟是两个不同的概念：性质是事物固有的、本质的属性，功能则仅仅是满足某种需要的属性。用定义功能的方法解释性质是"跑题"，是遮蔽了真正的问题或者回避了真正的问题。因此，公司章程目的条款性质的法理亟待更新。这种更新后的法理，一方面应解决逻辑上与表述上的可能导致混淆功能与性质两个范畴进而错以功能取代性质的问题，另一方面应能够比较准确地揭示公司章程目的条款的本质属性，并有利于在逻辑上涵摄统筹其功能。基于上述认识，笔者认为，对公司章程目的条款性质的法理可从以下两个方向予以归纳：

（一）作为合同条款的目的条款

首先，公司目的条款不论就其自身而言，还是就其作为公司章程的组成部分而言，均具有合同条款的属性。就其自身而言，它是有关各方，主要是股东内部就公司设立与运营目的这一问题形成的合意；就其作为章程的组成部分而言，在经政府登记并向社会公示

后，其在一定意义上还衍生出公司与政府之间就公司设立与运营目的这一问题形成的合意，以及公司与社会公众之间就公司设立与运营目的这一问题形成的合意。这些不同层面之间的合意的存在是认定其具有合同条款属性的根据。其次，合同条款的属性是公司目的条款的内在的、本质的属性。从西方的情况看，从放任主义时期开始，历经特许主义，至目前的准则主义，公司目的条款的合同属性始终得到保持；而我国的情况相对复杂，在计划经济条件下，企业和个人完全沦为国家机器的一部分，毫无自由意志可言，到处都是自上而下的政府指令，如何还能有合同条款呢？这种条件下，其已完全丧失了作为合同条款的目的条款本质属性，企业也不再是市场经济意义上的企业。得之即存，失之即亡，因而这恰恰是合同条款作为现代公司目的条款本质属性的一个反证。最后，确认公司目的条款作为合同条款的性质能够很好地统摄既有功能倾向的法理。比如对于内部责任限制说与法人机关代表权限制说，从公司目的条款作为合同条款的性质出发加以解释都十分顺畅自然。不仅如此，以此立论，还可以将合作性、激励性、建构性等现有法理未加涵盖或无法涵盖的作为公司目的条款可能具备的诸多功能统摄进去。

（二）作为法律规范的目的条款

与公司目的条款的合同属性相比，作为法律规范的目的条款的属性不仅容易被忽视，而且似乎更难于理解：私人之间的合意怎么就成了似乎高高在上的法律规范？合同属性与法律规范的属性能够同时存在于公司目的条款之上吗？其实，这种思维割裂了合同属性与法律规范属性的内在联系，未能真正理解私法法域意思自治的原则。其间道理一如张俊浩先生所言："从这个意义上可以说，当事人取得权利和负担义务，并不是缘于法律的直接规定，而是缘于自己的法律行为的约定"，"我们学习民事法律行为制度，应当全面理解它这种既是生活事实，又是法律规范的品格。"[14] 而众所周知，合

---

〔14〕 张俊浩主编：《民法学原理》，中国政法大学出版社1997年版，第207页。

同是最重要的民事法律行为，所以，确认公司目的条款的法律规范属性，不仅合理，而且必要。仅仅从合同条款属性把握其性质不仅在理论上是不充分的，在实践中也是有害的。比如，董事从事严重的越权行为使公司目的条款所承载的股东预期利益落空，股东向法院起诉要求解散公司时，如果法官不能从公司目的条款作为法律规范的属性出发据此裁判，在狭隘的法条主义的法律规范观下则难以维护受损股东的正当利益。另外，从公司目的条款功能的历史演进角度观察，作为法律规范的目的条款的属性内部也经历了微妙的变化，大体上呈现出一种从公法性规范到私法性规范，从义务性规范到权利性规范变迁的特征。从西方情况看，公司真正进入法律特别调整的视野是在特许主义时期，这一时期以议会法令单独创设公司的设立方式本身使得公司章程中目的条款的属性具有强烈的公法性，如前所述，其背后是缘于对法人制度的极度不信任而生的"公对私"的控制，因而必然同时使公司目的条款在性质上更多带有义务性规范的特征；及至准则主义时期，特别是 20 世纪中叶以后，市场竞争的加剧迫使各国政府对公司管制逐渐解除，例如 1948 年《英国公司法》废除了目的性变更必须经法庭批准的原则，原则上允许公司自由地变更其目的性条款[15]；在 1984 年《美国标准公司法》规定公司有从事任何合法商业之目的[16]，这就自然而然使得公司目的条款的属性更多的转向私法规范与权利性规范。从我国的情况看，随着计划经济向市场经济的转轨，随着政府之手的逐渐退出，公司章程中目的条款的性质同样经历了从公法性规范到私法性规范，从义务性规范到权利性规范变迁的过程。

综上所述，公司章程中目的条款的性质的既有法理有待更新，而更新后的法理其基本内容可以阐述如下：公司目的条款的性质应从两方面加以把握：一方面是其作为合同条款的属性，另一方面是其作为法律规范的属性；并且，上述两个方面的属性同时存在，不

---

〔15〕 张民安：《公司法上的利益平衡》，北京大学出版社 2003 年版，第 171 页。

〔16〕 沈四宝：《西方国家公司法原理》，法律出版社 2006 年版，第 119 页。

可割裂。具体而言，前者是后者的基础，后者是前者的保障。这一更新后的法理，既有助于解决既有法理以功能解释代替性质解释的逻辑错误，同时，也有助于完整统摄既有的功能倾向的法理。以权利能力限制说与行为能力限制说为例，一如前述，这两种法理解释从功能主义的历史视角分析，不仅存在其内在合理性，甚至于对于满足特定时期社会的特定需要来说是唯一的可能的解释。但如何从逻辑上解释公司章程目的条款具有所谓的"权利能力限制"或"行为能力限制"的功能呢？如果依靠既有的"权利能力限制说"或"行为能力限制说"作为公司目的条款性质的法理来解释，那无异于同语反复，是"套套逻辑"[17]；如果仅仅依靠公司目的条款作为合同条款属性的法理来解释，也将招致类似"合同能否限制主体自身权利能力或行为能力"等问题难以解释的尴尬；而依据更新后的法理，这种功能上的结果不过是由作为法律规范，特别是公法因素摄入后的公司章程目的条款性质所决定的。

## 参考文献

1. ［英］马林诺夫斯基：《文化论》，费孝通等译，中国民间文艺出版社 1987 年版。

2. 江平主编：《新编公司法教程》，法律出版社 2003 年版。

3. 张民安："公司的目的性条款研究"，载《中山大学学报》（社会科学版）1998 年第 3 期。

4. 沈四宝：《西方国家公司法原理》，法律出版社 2006 年版。

5. 张民安：《现代英美董事法律地位研究》，法律出版社 2000 年版。

6. 李永军："论权利能力的本质"，载《比较法研究》2005 年第 2 期。

7. 彭熙海、舒符康："论公司目的限制的性质及目的外行为之效力"，载《湘潭大学学报》（哲学社会科学版）2004 年第 5 期。

8. 章正孝："论公司目的对公司能力之影响"，载《黑龙江对外经贸》2009 年第 1 期。

---

〔17〕 张五常：《经济解释》，中信出版社 2015 年版，第 61 页。

9. 胡田野：《公司法任意性与强行性规范研究》，法律出版社 2012 年版。

10. 张俊浩主编：《民法学原理》，中国政法大学出版社 1997 年版。

11. 张民安：《公司法上的利益平衡》，北京大学出版社 2003 年版。

12. 张五常：《经济解释》，中信出版社 2015 年版。

# 法律文化比较

# 基础规范：证立与批评

马　驰[*]

　　法哲学的基本问题在于法律的概念，即对"法律是什么？"这个问题做出妥帖的回答。就此而论，作为法哲学家的汉斯·凯尔森阐发了自己极富盛誉纯粹的法理论，其要义自然也在于法律的概念。在我看来，凯尔森的法律概念如果能用一句话加以表达，则必定是"法律是规范"，而围绕着规范，凯尔森发展出的规范体系理论乃至得出基础规范这一概念，则堪称纯粹法理论基石，然而，由于种种原因，这又是一个极具争议的概念，很多人认为这一概念充满了矛盾、混乱与模糊，并不足为信。那么，面对这样的诟病，我们究竟应该如何理解基础规范这个概念？我认为，对基础规范的恰当解读必定要符合两个条件：其一，要考虑纯粹法理论自身的逻辑，要将其放在一定的学术传统与背景中，尤其要考量它的理论根基。其二，考虑基础规范所引导的纯粹法理论在法律概念维度上的解释力。之于前者，可视为基础规范理论的证立，之于后者，则属于针对基础规范理论的批评。上述证立和批评，便构成了本文的主要内容。

## 一、作为规范的法律

　　如果法律实证主义者的特质在于主张法律与道德之间没有概念上的必然联系，那么相较于明确提出分离命题的奥斯丁，凯尔森的进步之处则在于不但坚持此种分离，还强调作为一种规范而与"事实"之间的分离。就此而论，纯粹法理论的纯粹是所谓双重的纯粹

---

[*] 天津商业大学法学院副教授。

（doubly pure）[2]。凯尔森写道："本理论的纯粹性……要从两个方面得到捍卫。它要反对这样一种所谓'社会学'观点的主张，该主张使用因果科学（causal sciences）的方法将法律看作是自然的一部分。本理论的纯粹性还要反对自然法理论的主张，自然法理论是法学理论脱离了实在法规范领域而使其陷入伦理学–政治学假定的领域中。"[3]

众所周知，凯尔森主要是通过道德或价值相对主义将道德排除在法律之外的。这种主义否定道德本身作为科学研究。凯尔森心目中的科学必须谨守价值中立，"一门科学必须就其对象实际上是什么来加以叙述，而不是从某些特定的价值判断的观点来规定它应该如何或不应该如何。"[4] 在他看来，实在法作为一种社会现象，能够作为科学对象加以认知，而无须以道德评判为前提即可确定何为法律。在人们实际的语言习惯中，法律一词最为广泛的含义无力将那些不符合某种政治道德标准的存在排除出去，凯尔森本人的例子是，即便在纳粹德国、斯大林主义等不符合西方价值观和政治伦理的政府形态兴起之后，人们仍然可以讨论这些地方所存在的法律。[5]

如果说坚持道德相对主义的意义在于消解道德判断的客观性和真实性，以至于若欲建立法律科学，就必须将道德从法律认知中排除出去，那么这一方案至多从消极的意义上来保证分离命题。实际上，凯尔森还从积极的意义上来论证法律与道德的分离，即法律与道德之间的区别。按照凯尔森的理解，[6] 法律的特质在于其是一种

---

〔2〕 Joseph Raz, "The Purity of the Pure Theory", in B. L. Paulson & S. L. Paulson, ed., *Normativity and Norms*, Oxford: Clarendon Press, 1998, p. 238.

〔3〕 Hans Kelsen, *Introduction of the Problems of Legal Theory*, translated by B. L. Paulson & S. L. Paulson, Oxford: Clarendon Press, 1992, p. xx.

〔4〕 ［奥］凯尔森：《法与国家的一般理论》，沈宗灵译，中国大百科出版社1996年版，第 II 页。

〔5〕 ［奥］凯尔森：《法与国家的一般理论》，沈宗灵译，中国大百科出版社1996年版，第5页。

〔6〕 ［奥］凯尔森：《法与国家的一般理论》，沈宗灵译，中国大百科出版社1996年版，第18页及以下。

强制秩序（coercive order）。强制秩序的含义是，当此种秩序要求人们采取一定的行动时，它并不会考虑行为人本人是否自愿采取这一行动，在不计行为人的意志的同时，法律会规定武力对违反该秩序的行为人实施制裁。在此意义上，法律实际上已经变为这样一种社会技术，在相反行为（凯尔森的术语是不法行为）出现时通过强制措施来促使人们实现社会所希望的行为。

将法律与其背后的制裁联系起来并将其作为法律是区别于其他社会秩序最为重要的特征，凯尔森的这一表述看上去与奥斯丁义务、命令、制裁三位一体的命令论如出一辙。难道凯尔森没有吸取奥斯丁失败的教训，以至于对奥斯丁命令论的批评因此也会降临到纯粹法学头上？显然没有。凯尔森用下面这段话证明了纯粹法学与命令论之间的区别，这也是理解他将法律与制裁相联系之真谛的重要线索：[7]

"对于法律所必要的'强制'因素并不在于所谓'精神强制'，而在于这种事实：即组成法律秩序的规则规定了特定场合下作为制裁的特定强制行为。强制因素仅关系到作为这一法律规范内容的组成部分，作为这一作为规范所规定的一种行为，而不是从属规范的人的精神活动。构成道德体系的规则就没有这种含义。……"

凯尔森的意思是，将法律与道德的区别规定为前者与强制制裁密切关联，并不意味着，法律如奥斯丁所言那般是依靠制裁在事实上产生的约束力（所谓精神强制）来实现其对特定行为的要求与约束，而在于，法律不过总是规定了这种制裁而已。换句话说，制裁是法律的必然内容，恰好因为其他社会秩序不必然具有这一内容，法律才能成就一种特殊的社会秩序和社会技术。由此一来，无论社会成员在事实上是否因为惧怕法律的制裁而按照法律的要求来行动，法律制裁事实上是否会在不法行为出现时如期而至（这些恰好是奥斯丁命令论最为惧怕的批评），都不会损害法律在内容上规定了制裁

---

〔7〕 ［奥］凯尔森：《法与国家的一般理论》，沈宗灵译，中国大百科出版社 1996 年版，第 31 页。

这一特质。

相较于奥斯丁，凯尔森对法律与制裁之间关联的认识显然更加复杂，此种复杂性也迫使他将纯粹法理论精细化，以应对进一步可能的追问。对此，至少有两个方面令人感到困惑：其一，"法律的内容"究竟是什么意思？法律如何能够具有内容？其二，依照某种对法律的认识，似乎显而易见的是，并非所有的法律都规定了制裁。例如，有法律规定订立遗嘱须有两位证人在场方可有效，除非对制裁一词做出完全超乎人们语言习惯的夸张，否则看不出来这一法律中存在何种制裁或强制。[8] 这些疑问将我们带到了凯尔森纯粹法理论的核心命题：法律是规范。

凯尔森是在所谓"规范-事实"二元对立的基础上来阐述规范的。在他看来，规范是指"某事应该是或应该发生，尤其是指人们应该按照一定的方式行事"[9]。"应该"是规范的核心含义，正是在这一点上，规范区别于事实。因此，如果事实仅仅是自然规律，那么"是"与"应该"便是规范与事实之间最为重要的区别。自然规律是两个客观事实之间关系的描述，其基本形式是因果律，即如果甲实际上发生，那么乙也就会实际上发生，因此其核心含义是"是"。与自然规则不同，规范虽然也可以将两个事物联系，但它的基本表述方式却是"如果甲发生，那么乙就应该发生"，在这里，凯尔森的目的是要在人们的认知中为法学开辟一块新的领地，这是一块不同于自然科学的领地。如果说人们对于自然的认识有赖于自然本身的话，那么，这块新领地则远离法学以外的因素——尤其是道德和事实的干扰。通过与因果关系比较，凯尔森引入了"归责"（imputation）的概念"正如自然规律是某一物质事实引起另一个物理事实间的联系，实在法则连接法律条件和法律结果（所谓的不法行为）。如果物理事实间的联系可以被称为因果律，那么归责则是法

---

〔8〕 这一意见对奥斯丁也是适用的，参见［英］哈特：《法律的概念》（第2版），许家馨、李冠宜译，法律出版社2006年版，第28页。

〔9〕 Hans Kelsen, *Pure Theory of Law*, translated by Max Knight, California：University of California Press, 1967, pp.72-77.

律条件与法律结果之间的联系"[10]。有了这样一幅"有色眼镜"，法律人看待法律现象将完全不同于自然科学研究者或社会学法学研究者，他们不再将两种事物总是在时间上前后出现看作两者之间具有因果联系，而是将两者间的联系看作是规范的：不法行为与惩罚之间的关系绝不是因果关系，更为重要的是，当一个不法行为发生时，惩罚就应该发生——无论这惩罚在事实上是否真的发生。

自然事实与规范的这种区别使得凯尔森能够讨论人类行为乃至法律规范的"意义"问题，这实际上回答了上文我们提出的一个疑问，规范为何能具有内容，以至于法律规范区别道德规范的特征便在于前者规定了制裁。这里的逻辑在于，[11] 物体的颜色、硬度、质量等诸如这类能够为人的感官所认知的物质事实当然无法具有"意义"，但人类行为却不总是如此，凯尔森自己的例子是，例如人群聚集一处，有人发表演讲，有人起立，而其他人安坐不动，这些社会学家眼中的自然事实在法学家眼中别具意义：议会立法获得通过。就此推而广之，规范不同于自然事实之处也在于其具有意义和内容：规范不是人们口中言谈所产生的空气震荡，也不是印在纸张上的黑色墨迹，人们尽管可以感知这些空气震荡和墨迹，却不仅仅将之视为自然事实，而是规范。正是在这一意义上，规范不同于自然事实，它能够具有意义与内容。

但是，如果人类行为和规范具有意义，这种会不会使其存在丧失客观性，以致无法作为法律科学的研究对象？此种担忧的理由在于，[12] 自然现象不会进行自我解释，不会将自己的情况用自然科学的语言报告给研究它的科学家，因此是以纯粹客观的姿态呈现在研究者面前，这种客观性保证了它作为科学研究对象的合法性。人类

〔10〕 Hans Kelsen, *Introduction of the Problems of Legal Theory*, translated by B. L. Paulson & S. L. Paulson, Oxford: Clarendon Press, 1992, p. 23.

〔11〕 Hans Kelsen, *Introduction of the Problems of Legal Theory*, translated by B. L. Paulson & S. L. Paulson, Oxford: Clarendon Press, 1992, p. 8.

〔12〕 Hans Kelsen, *Introduction of the Problems of Legal Theory*, translated by B. L. Paulson & S. L. Paulson, Oxford: Clarendon Press, 1992, p. 9.

的社会行为则不然，人能够对自己的行为进行自我解释（self-inter-pretation），主动赋予其意图和意义。例如，立法者可以在立法程序中公布其意图。在这种情况下，倘若作为法律科学研究对象的社会行为和规范可以被其实施者任意解释其意义，那么它们又如何保证其客观性以至成为法律科学合格的对象？对此，凯尔森的方案是区别主观意义与客观意义。主观意义即是行为人自己对自身社会行为意义的看法和认知，这种认知不必与其客观意义相一致，后者则是按照客观的标准或准则对行为意义所进行的认知。就法律科学而论，法律规范本身充当了这里所说的客观标准和准则，即按照法律规范来解释社会行为，将之归结为在法律上有意义的行为。例如，将无关侵犯他人生命的行为视为犯罪，而无论行为人本人对此作何解释。由此，一个原本具有主观意义的行为便可以被加以客观化，成为法律科学的研究对象。

依照同样的思路，法律规范本身也可以由此被构建成客观的研究对象，[13] 此种建构实际上已经是在显示一种关于法律的规范如何可能的本体论了。凯尔森明确地区分了法律材料的主观意义和客观意义，前者不过是法律文本或立法者直接表达的意义，后者则是法律研究者按照某种客观的标准对法律的重新建构和解读，是将法律材料纯化为某种"理想的语言形式"[14]。

法律规定形式繁多，可规定"必须 X"，可规定"不得 X"，可规定"有权 X"，可规定"X 为有效"，甚至可规定"X 是 Y"。如何将这些在凯尔森看来具有主观意义的法律材料都能规定制裁？对此，凯尔森的方案是，主张法律规范理想的语言形式应该是"如果'不法行为'，那么应该'制裁'"。例如，某个有关禁止杀人的法律可以被构建为："如果 x 杀人（不法行为），那么 Y 应该对 X 实施死刑（制裁）。"对于熟悉法律条文的人们来说，这种将法律形式化的方

---

〔13〕 ［奥］凯尔森：《法与国家的一般理论》，沈宗灵译，中国大百科出版社1996年版，第441～443页。

〔14〕 S. L. Paulson, "The Weak Reading of Authority in Hansen Kelsen's Pure Theory of Law", *Law and Philosophy* 19（2000），131.

法听上去有些奇怪，因为实施制裁总是法官、行政官员等国家机关的代表，如果这是纯化法律的唯一方式，难道法律规范仅仅可以被国家机关适用（apply），而无法被公民遵守（obey）吗？那些直接规定公民义务的法律条文该作何种解释呢？凯尔森对此的解释是，[15] 必须区分次要规范和主要规范。虽然两种规范都包含了"应该"，但前者只是表明某人应该遵守某种行为，而没有说明相反行为（不法行为）出现时应当实施的制裁。主要规范的内容则是陈述另一个人（往往是国家机关的代表）在次要规范没有被遵守时，应该执行制裁。例如，不应偷窃，如果某人偷窃，他就应该被国家机关惩罚。显然，次要规范不能算作真正的法律规范，而仅仅是包含制裁的主要规范的组成部分，只有主要规范才是真正的法律规范。不仅如此，主要规范还可以因为不法行为的不断出现而无限延伸：如果 X 实施了不法行为，那么 Y 应该制裁 X，如果 Y 没有制裁 X，那么 Z 就应该制裁 Y，如此等等。凯尔森意图依靠上述理想的语言形式这一漏斗，将所有的主观法律材料统统灌进去。以至于法律材料中常常被解读为权利、义务、违法行为等概念变成了进行此种形式化的概念工具[16]。法律规范总可以表达为："如果……，如果……，……，那么制裁。"如此一来，上部分中我们对凯尔森认定法律必然包含制裁这一判断所提出的质疑也就得到了解释。

## 二、基础规范的证立

一旦凯尔森将如此这般地法律界定为规范，基础规范的出现实际上就不可避免了。对此，可以从以下三个方面予以考虑：

---

〔15〕 ［奥］凯尔森：《法与国家的一般理论》，沈宗灵译，中国大百科出版社 1996 年版，第 67~69 页。

〔16〕 或许有人还会对规定权利的法律规则提出质疑。凯尔森对此处理极为简单，他认为权利的内容最终就是某个个人的义务，不存在不涉及他人义务的权利，而义务有可以被纯化为包含制裁的规范，因此与义务一样，权利仅仅是一种概念工具。参见 ［奥］凯尔森：《法与国家的一般理论》，沈宗灵译，中国大百科出版社 1996 年版，第 85 页。

（一）规范的体系化

我们已经看到，凯尔森使用了将社会行为与规范的主观意义加以客观化的方式，构筑出具有客观意义的规范来。诚如凯尔森所言，此种构建须不受社会行为或规范本身主观意义的限制，而参照某一已经被认定为客观的标准和准则，将具有主观意义的对象解释为具有客观意义的存在。由此可以说，这种已经被认定为客观的标准和准则实际上是构建另一个客观意义存在的前提条件。具体来说，法律规范作为一种客观意义的存在其前提需要某个已经的客观标准。如果这一标准是道德，那么结果便是道德规范是法律规范存在的前提条件，这种自然法式的论调是秉承实证主义的凯尔森所不能接受的，因为道德相对主义使他完全不能同意相信是某种客观标准，以至于道德不可能成为法律规范客观化的前提条件。实际上，凯尔森正确地认识到，现代国家中法律规范的确定总是由另一个法律规定所规定，即何种主观材料才可算作法律本身也是由法律确定的。例如，当某个具有主观意义的立法行为出现时，人们依据已有的法律规范将之客观化，即可产生客观的法律规范。由此可见，当法律规范 A 的存在总是取决于另一个法律规范 B，而 B 之存在又以法律规范 C 为前提，如此不断延伸，法律规范之间便不再孤立，某种带有层级结构特征的规范体系也就形成了。

与笔者上述归纳稍有区别的是，凯尔森本人是用法律效力的术语来传达自己法律规范体系的思想的。已经说明，规范的效力与规范的存在意义相同。凯氏在这里重点区分了"有效性"与"实效"两个概念，实效是一个事实问题，它是指规范中的应当在多大程度上得以实现。实效不能决定一条规范的效力，因此规范与客观实效是两个完全不同的范畴。"一个人不应当杀人"与一个人在事实上杀了人并不矛盾，与它矛盾的是"一个人应当杀人"。那么，规范的效力既然不取决于它的实效，那么又取决于什么呢？在凯尔森看来，一个自然法则的有效性取决于它是否与实际发生的事实相互一致；规范不是关于现实的陈述，因而无法用已发生的事实（实效）来判断它的效力，它的效力只能来源于另一个规范。"一个规范的效力理由始终是一个规范，而不是一个事实。"[17] 由此，法律规范体系得以形成，因为一个规范的效力只能来源于另一个规范，则由此各个规范之间形成一个统一的体系。在这个体系中，低位的规范的效力总是来源于高层位的规范，即如果一个低位的规范是符合高位规范中所规定中的"应当"的话，则该规范就获得了效力。举例来说，一个判决的有效性取决于法官是否按照相关的部门法进行判决，一个部门法的有效性则取决于立法机关的立法过程是否符合宪法的规定，如此等等。

不应当仅仅将低位的规范理解为纯粹是从高位规范中推导出来的，仅仅是一个智力作用的结果。举例说明，从"你应当与他人和睦相处"可以符合逻辑地推论出"你不应当伤害他人"。仅以此构成的规范体系所能涵盖的范围是有限的，不足以调整现代复杂社会的方方面面，凯尔森称其为静态规范体系。凯尔森认为实在法在更多的情况下是一种动态规范体系，即高位规范并无具体内容，而仅仅是规定了低位规范产生的方式，如果低位规范满足这一方式，则可获得效力。申言之，适用法律的主体（往往是国家机关及其代表）往往能够被授权（authorized）按照一定的程序产生新的法律。例如我国现行《宪法》规定，全国人大及其常委会可以按照一定程序制定法律，全国人大及其常委会按照宪法的这一规定进行立法活动，便可以产生有效法律。

单纯从法律规范的效力来源来看，凯尔森为我们勾画了这样一幅法律规范体系的图景：

---

〔17〕 ［奥］凯尔森：《法与国家的一般理论》，沈宗灵译，中国大百科出版社1996年版，第125页。

```
宪法          合宪立法行为
 ↓            ↙
法律 A        符合 A 的立法行为
 ↓            ↙
法律 B        符合 B 的立法行为
 ↓            ↙
……          ……
 ↓            ↙
次要规范       公民的行为
 ↓            ↙
司法判决      （个别规范）
```

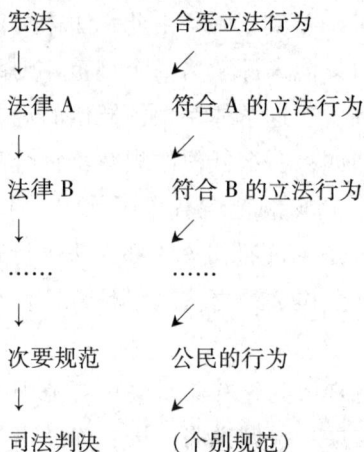

上图左半边为层级化体系的法律，右半边为带有主观意义的社会行为。可见，在客观标准的解释之下，主观的社会行为逐级形成法律规范体系，直至由直接规定公民义务的次要规范解释特定的社会行为，产生最后效力个别化的司法判决。此外，还需要指出的是，由于以法律的动态体系为视角，而非直接针对静态的法律规范（凯尔森所谓动态法与静态法的区别[18]），因此其中出现的各个层级法律未必都是经过纯化后"如果不法行为，那么制裁"形式的法律规范，更加接近于前文所谓法律材料，当然，这毫不妨碍人们可以在打通各个法律材料的情况下，将其依然纯化为单一的语言形式。

（二）基础规范的功能

如此安排的规范体系在逻辑上必然会提出这样一个疑问：如果低位规范的效力总是来源于高位规范，如此这般追溯，其终点何在？凯尔森将这个终点称之为"基础规范"（Basic Norm）。在一个规范体系中，除基础规范外的其他规范的效力都会直接或间接地归因于基础规范，而基础规范却不能从一个更高的规范中得到自己的效力。[19]

---

〔18〕〔奥〕凯尔森：《法与国家的一般理论》，沈宗灵译，中国大百科出版社 1996 年版，第一编的两个一级标题即为动态法与静态法。

〔19〕〔奥〕凯尔森：《法与国家的一般理论》，沈宗灵译，中国大百科出版社 1996 年版，第 125～126 页。

这便是基础规范的基本含义。要问基础规范的效力从何处来，简单地说，它的效力是假定的（presupposition）。在凯尔森看来，一个规范的效力只能从另一个规范而不能从事实获得。这样来界定规范在逻辑上就已经假定了基础规范的基本含义。因为该规范已经处在规范体系金字塔的顶端，已经没有可能从更高的规范中获得效力，同时，规范又不可能借助事实获得效力，当然还有实证主义法学更不能容忍地从道德或自然法等其他规范中获得效力，那么如果我们要说规范有效，就只能假定它是有效的，否则，整个规范体系将不复存在。

如果说基础规范的第一个功能是为实在法体系寻找到一个既非道德又非事实的效力来源的话，那么，基础规范的另一项功能就是消除实在法体系内在的矛盾，使之客观化。前文已经反复提及，在凯尔森看来，立法者自己表述的规范性陈述具有主观性，立法者或许将不符合规范形式的内容加入到法律中去，或是他的表述前后矛盾——凯尔森称之为主观意义的法律材料。这样的法律材料如果要成为有意义的规范体系，就必须将规范之间的关系理顺，使之具有客观意义。

凯尔森将这样一个整合实在法的任务交给了基础规范，他强调指出，[20] 基础规范的内容不能仅仅包含这些所谓"纯委托的和简单的"规范，仅有这样的内容，实在法体系同自然法体系一样会陷入局限。一个充满内在矛盾的客体对于主体来说是无法认识的，因此，基础规范还应包括一些别的内容，这些内容应保证整个实在法体系是一个有意义的整体，一个可为理性所理解和解释的整体，能够将实在法体系内部的矛盾清除掉。具体来看，这些内容应该是这样的：它们规定实在法规范在内容上矛盾时，高位规范优于低位规范，时间在前的规范优于时间在后的规范，特别规范优于一般规范，如此等等。

---

〔20〕 〔奥〕凯尔森：《法与国家的一般理论》，沈宗灵译，中国大百科出版社1996年版，第435~444页。

我们可以以凯尔森自己对基础规范的定位来明确基础规范的职能：[21]

"所以，基础规范的功能是，首先建立一个最高的制造法律的权威，这是一个委托功能。然而，基础规范的职能并不以此为限。它并不仅仅宣称凡这一权威所创造者因为法律，因为它们是由这一权威所创造的，因为其他任何事物都不算法律。基础规范还有这种保证。凡经这样创造的事物都可以被理解为是有意义的。它规定一个人应服从最高权威以及由最高权威所委托的那些权威的命令，而且这些命令一定要解释为一个有意义的整体。"

### 三、对基础规范的批评

法律不同于道德，也不同于事实，它是一种特定的规范。这是凯尔森对法律的基本认识。这种特殊的规范本身必定要求规范体系，规范体系的终点便是基础规范，而证立基础的论据则在于康德认识论。然而，即便基础规范理论的逻辑在此意义上是通常的，也必定面临着某些严重的批评。

（一）认识论的规范与本体论的规范

之于凯尔森，当其明确承认法律是一种规范之后，作为法律存在的同义词，法律的效力来源理论实际上便成了凯尔森证成法律规范何以存在的主要理论依据。按照双重纯粹的目标，法律规范的效力既不能来源于事实，也不能来源于道德规范。转化一下表述方式，即是法律规范这一存在既不依赖于事实，也不依赖于道德规范，而同时独立于两者。凯尔森的方法是，因为法律是规范体系，一个规范的存在总是取决于另一个规范，因此必然出现基础规范，而基础规范作为人认知事物的先天认识结构，总是能够保证其他规范的效力，同时，由于基础规范本身又不会依赖事实和道德，法律规范的

---

〔21〕［奥］凯尔森：《法与国家的一般理论》，沈宗灵译，中国大百科出版社1996年版，第442~443页。

独立性也可因此建立起来。

先天认识结构本来是康德哲学中的重要术语。基于对怀疑论的反驳，康德在人们的思维活动中找到了稳定的、不为经验所动的东西，这便是先天认识结构。一方面，先天认识结构不能从形而上学中获得依据，"它们（先天认识结构）没有固定的内容从而可以获得有关超感性的东西的迹象；它们唯一的作用乃是为别方面提供的内容在其解释上服务。……它（先验性）是综合，因之不能有其独立的或形而上学的证明；它对于只能呈现出现象的经验而为相对的东西。先验的之仅为事实上的，正如它所作为其条件的经验之为事实上的一样。"如果说康德所言的先天认识结构是人们认识经验世界的方式，也是使得这种认识有效的保证，那么，基础规范就是人们认识规范以及由之组成的规范体系的方式，也是规范总是有效力的保证。当然，这并不是说，康德本人为法学家提供类似基础规范这样的先天认识结构，而是说，凯尔森对基础规范的论证是有意识地模仿康德对先天认识结构的论证而展开的。

问题在于，凯尔森始终将规范看作认识问题，这让他实际上没有直接证明"规范如何存在"，而是证明"人们如何认识规范"。如果我们承认认识与存在之间的差异，就可以发现纯粹法理论此种的问题了。具体来说，凯尔森将基础规范视为认识规范的前提与基础，它的存在能够让人们把各种主观意义的法律材料解释为具有客观意义的法律规范。可是，问题是，我为什么一定要做这种解释？我为什么一定要相信规范这种东西，并由此寻找认识这种东西的前提条件？规范本体论要求说明规范是如何存在的，而不是这种存在如何可能被认识。这一点，恰是规范与自然事实之间重要的区别。对此，有人曾将基础规范与宇宙大爆炸（The Big Bang）做一对比，[22] 以显示凯尔森规范理论的这一缺陷。宇宙大爆炸是一些天文学家为了解释宇宙何以是目前的形态而对宇宙成因所做的推测。该理论相信，

---

[22] Tony Honré, "The Basic Norm of Society", in *Normativity and Norms*, in B. L. Paulson & S. L. Paulson, ed., *Normativity and Norms*, Oxford: Clarendon Press, 1998, p. 89.

虽然人们无法用现有的物理学规律来解释大爆炸发生的原因，更无法进一步探究大爆炸发生之前宇宙的形态，但必须认定这次爆炸的发生，因为唯有如此，现有的物理学规律才可能得到解释。与大爆炸理论相似的是，基础规范在法律体系中也起到这样的功能：即便无法解释基础规范效力产生的依据，也必须在一个有效力的规范体系内假定基础规范的存在。可是另外，基础规范又与大爆炸有所不同，大爆炸解释的是当前已存的物理事实，这些物理事实的存在并不依赖人们对它的看法，它的存在已经是客观的，人们仅仅需要解释它何以如此，而无须断定它是否存在。基础规范则不然，对于厘定法律概念的理论来说，认定规范的存在是理论的目标而不是理论的前提，恰好因为人们对规范是否存在产生了怀疑，才需要类似基础规范这样的理论工具来证明规范的确存在。如果基础规范的职能仅仅是解释和认识现有的法律规范，它就不能表明为何会存在现有的法律规范。

之所以会出现这样的情况，明显是因为物理规律的存在并不以对它的认识和掌握为前提（当然，这并未否认后者对前者可能的影响），因此我们可以抛开人对它的认识来谈论它的存在；规范则不然，作为人类社会的产生，它的存在有来源其本身之外的其他条件，这些条件恰好是有关法律概念的理论探索的目标，而凯尔森错误地将规范与其他事物封闭起来，仅仅从规范本身寻找规范存在的依据，实际他便只能解释已有的规范，而无法说明规范究竟如何产生。

如果凯尔森只能从对法律规范的认知中证成其存在，这种解释将显得十分无力。别的不论，如此一来，倘若人们像无政府主义者那样完全无视法律规范的存在，那么基础规范便丝毫不能使其相信规范的存在。申言之，由于将作为先天认识结构的基础规范仅仅作为法律人承认法律规范前提之下的法学意识（juristic thinking），这就是无法解释法律规范所具有的社会性和普遍性，也就无法解释法律如何可能作为普遍的社会规则而发挥作用。在从认识到存在的进程中，法律规范变成了法律科学家进行思维的理论工具，成为他们在法律实验室中构筑的空中楼阁。这些结果都是理想的法律概念理论所不能接受的。

当然，凯尔森完全可以争辩说，他本人从未意图建立一套关于规范的如何存在的本体论：[23] "纯粹法理论显然充分意识到不能如证明自然物质事实及其规律一般证明法律之存在，也不能提出令人信服的证明，反驳理论上的无政府主义者的态度，后者将法学家所谓之法律视为赤裸裸的强权，除此之外别无他物。"就此而论，纯粹法理论实为阐述针对法律规范的认知如何可能的认识论而非本体论，仅为此种认知提供了一种可能性（当然不是唯一的），自然无法对法律的概念做出理想的回答。

### （二）法律的约束力

无论是本体论还是认识论，如果凯尔森真的打算法律是规范作为其法律概念理论的话，他将遇到一个康德式的反诘，在康德认识论的领域内，他的理论似乎缺乏应对的措施。我们知道，康德的《纯粹理性批判》解决本体-认识论问题，《实践理性批判》则解决人的行动问题，抑或伦理学问题。简言之，人的先天认识结构保证了认识的必然性，对此前文已有详述。然而，对于人的行动来说，康德复活了在《纯粹理论评判》中晦暗不明的自由观念，使之作为推导道德律的基础，并依据人类的实践理性得出了人类行动的所谓绝对命令。[24] 问题就在于，在本体论或认识论的领域，凯尔森或许能够说明，如果规范规范存在，基础规范如何能够在康德认识论的帮助下解释对规范认知的可能性，但对于规范为何能够约束人的行动，基础规范并无助益。然而规范之所以不同于事实，不但在于其语词表达中的"应该"，还在于这种表达是在陈述某种义务或者规范对行动的约束。因此，对于法哲学来说，法律的概念似乎不应停留在法律是规范这一表述上，还应该说明法律这种规范究竟是如何可能对人们的行动产生的约束力的。实际上，略微思考一下学术史，

---

〔23〕 Hans Kelsen, *Introduction of the Problems of Legal Theory*, translated by B. L. Paulson & S. L. Paulson, Oxford: Clarendon Press, 1992, pp. 9, 33.

〔24〕 ［德］康德：《实践理性批判》，邓晓芒译，人民出版社2003年版，第39页。

就不难发现，不同的法律概念同时也能被视为解释法律约束力的不同方案。例如，传统理性主义自然法主张法律的约束力来自理性所通达的某种形而上学的存在，近代以来的法律实证主义则注意到意志（无论来自谁）乃至惩戒违法的制裁在解释法律约束力方面的核心作为，凯尔森之后的实证主义者哈特则利用社会规则这一更为复杂的理论工具，力图表明法律义务的来源。

凯尔森本人试图通过法律的效力这一说法弥补其理论的上述缺憾。"说一个规范有效力就是说我们假定它的存在，或者说——这是同一种东西——我们假定规范对于那些行为由它调整的人具有'约束力'（binding force）。""早已发现，一个规范的效力（意思是一个人应该按照规范的规定行事）不应被该规范的实效所干扰。"与此同时，凯尔森还解释了为何效力即可指法律规范的存在，又指法律规范的约束力。"立法行为既具有主观意义上的'应该'，又具有客观意义——有效规范的意义——因为宪法已经将此一客观意义授予立法行为。这种意义是宪法的行为，不仅具有主观意义上的'应该'，而且具有客观意义上的'应该'，这便是有约束力规范（binding norm）的特征，如果它是历史上第一部宪法，我们便要在自己的法律思维中假定我们应该依照宪法的要求行事。""说一个人的行为被一个客观有效的规范命令，就等于说这个人被迫（obligated）这么做。"

我不认为将效力等同于约束力能够保证规范本身的约束力，以至于认为任何有效力的规范都是有约束力的。实际上，近代以来的唯名论-经验主义传统反复强调，客观外部世界本身难以产生道德-法律意义上的约束力，纵然形而上学式的存在也是枉然。对象和对对象的判断都不会对人们的行动产生任何影响力。作为一种认识能力，"理性本身绝对不能产生任何行动，或者对意志产生影响。"同样，"理性也不能阻止意志的影响，或者就任何激情或情感相争执"[25]。因此，只要纯粹法理论仅限于本体论-认识论的维度，作为

---

〔25〕〔英〕休谟：《人性论》，关文运译，商务印书馆1997年版，第495页及以下。

新康德主义者的凯尔森就难以跨越理论与实践之间的这道鸿沟，抑或《纯粹理性批判》与《实践理性批判》之间的空隙。

（三）基础规范功能的缺陷

在凯尔森那里，基础规范之于纯粹法理论的基本功能在于为法律与事实和道德的双重排除提供依据，就法律与事实分离来看，因为如果法律的效力来源于基础规范，那么由于基础规范是规范，则法律便是纯粹的规范，排除了事实决定法律规范存在的可能性。当凯尔森将基础规范理解为作为"应然"范畴的先天认识结构时，正如因果范畴是事物之间因果关系的前提一样，考虑到应然的先天认识结构是认识规范的前提条件，基础规范的存在很容易将事实从法律规范中排除出去，即认定至少在认识论意义上法律作为规范的存在。然而，基础规范对道德的排除则并不如对事实的排除那样容易。原因在于，拥护法律与道德之间存在必然联系的自然法者也可以同时主张法律与事实分离，质言之，法律是规范这一命题本身并不当然具有排除道德的作用。这表明，凯尔森必须专门说明，基础规范如何能够排除道德对法律效力产生的决定性影响，非但双重排除的任务不能实现，纯粹法理论还将面临失去作为法律概念理论资格的危险。

对基础规范的此种担忧往往以质疑效力标准资格（criterion ofva-lidity）的形式体现出来。在论述承认规则理论时，哈特有意识地将自己的承认规则与凯尔森的基础规范作了对比，[26] 包含了这种批评意见。他认为：①承认规则的存在、内容效力标准都是一个事实问题，而基础规范则是被假设有效的。②承认规则无所谓有效无效的问题，因为它是被普遍接受的，而基础规范的效力问题却需要假定。③承认规则会随着事实的变化而变化，而基础规范的内容则总是具有同样的内容，例如"宪法或那些制定宪法的人应该得到遵守"。④基础规范会导致凯尔森认定不可能存在两个相互冲突的道德和法

---

[26] ［英］哈特：《法律的概念》（第 2 版），许家馨、李冠宜译，法律出版社 2006 年版，第 277 页及以下。

律规范体系，而凯尔森的这种认识是错的。承认规则不会犯这样的错误。

考虑到康德的认识论背景，上述批评中的①和②两条意见不能成立。而哈特之所以要提出③和④两条意见，在很大程度上是因为他的承认规则具有识别（recognize）何为实在法的功能。[27] 当他认定基础规范也要承担这一功能时，便会产生上述批评所指的缺陷：一个社会的法律总会因为某种原因（革命、政变）产生剧烈变化，在实在法的内容不发生变化的情况下，借由识别何为法律的法律之变化，实现法律体系的整体更新。如果基础规范总是重复法律 A（往往是宪法）是有效的，则不可能说明这种变化的发生。与此同时，如果基础规范不具备识别功能，法律与道德就不能得到别类地确定，在只存在一个有效力规范体系的情况下，无法出现两个相互冲突的道德和规范体系。

当然，这里或许需要首先指出的是，哈特将承认规则与基础规范完全对应起来，作为两种解决法律效力的两种方案，对于凯尔森来说未必公允。尽管两者在功能上的确具有相似之处，但它们在法体系中的效力等级并不相同，进而为法体系提供效力的方式也是不一样的。具体来说，哈特对法律的理解是初级规则和次级规则（义务规则）组成的二元结构。法律有效的问题将在这两个层次上分别展开，初级规则有效的原因是它符合次级规则中的承认规则，而承认规则本身作为一个事实却不存在是否有效的问题。同时，承认规则与义务规则都属于实在法，人们有义务遵守。然而，对于凯尔森来说，基础规范并不是实在法，它的任务恰是要解决整个实在法为什么有效的问题。因此，如果我们站在凯尔森的立场上来看，哈特所谓的承认规则是实在法体系的一部分，承认规则的内容并不仅仅是事实，而且完全可以由成文宪法予以明确规定，这样一来，承认规则本身依然可能存在是否有效力的问题的，基础规范解决的正是

---

〔27〕［英］哈特：《法律的概念》（第 2 版），许家馨、李冠宜译，法律出版社 2006 年版，第 94 页及以下。

这一问题。也就是说，哈特的承认规则在凯尔森的体系里只能算作是最高层次的实在法，当人们追问这种实在法的效力问题时，哈特的答案是：这种实在法是一个事实，它无所谓效力有无的问题；凯尔森的答案是：因为基础规范是有效的。由此，如果我们因为承认规范是可以变动的而基础规范内容单一且静止不变这一事实而认定前者优于后者的话，那实在是冤枉了凯尔森：基础规范绝不会妨碍相当于承认规范的层次实在法进行变动。

由此可知，尽管纯粹法理论为类似承认规则留下了余地，但作为认知规范的先天认识结构，的确很难具有识别功能。在纯粹法理论下的法律规范体系中，相当于识别规则的角色在很大程度上是由宪法层次的实在法承担的，然而，凯尔森本人似乎并没有将之明确。唯一可能的线索是凯尔森理论中的"安置标准"（setting criteria）[28]：当一个规则体系在事实上没有得到普遍遵守时，这个规则是无效的。[29] 具体来说，当一个政权因为革命、叛乱、国外占领而丧失对这个国家的实际控制，以至于它发布的法律已经无法得到普遍的遵守时，应该认为基础规范此时发生了变化，不在承认这个政权所发布法律的效力。安置标准或许能够在一定程度上解决法律的识别问题，但其本身是令人怀疑的。我们知道，凯尔森秉承新康德主义事实领域和价值领域绝对二分的观点，坚决反对从事实状态的实效中推出法律的效力。但在安置标准中，法律的实效似乎与法律的效力发生了极为密切的联系——实效的缺乏可以否定法律的效力，这种联系是如何可能的？这里的问题不在于要不要承认缺乏实效的法律可以具有效力，而是在于，这种密切联系如何与凯尔森严格区分事实与规范的立场相兼容？对此，凯尔森没有给予明确地说明。可以说，比起哈特明确提出用来识别何为法律的承认规则概念，安置标准的说法显得模糊和力不从心。

---

〔28〕 Robert Alexy, *The Argument from Injustice*, translated by B. L. Paulson & S. L. Paulson, Oxford: Clarendon Press, 2002, p. 105.

〔29〕 ［奥］凯尔森：《法与国家的一般理论》，沈宗灵译，中国大百科出版社 1996 年版，第 44、134~135 页。

不仅如此，即便可以由层级的宪法来承担识别功能，如何识别宪法本身却依然成为一个问题。对此，拉兹提出更为直接的批评意见，[30] 在他看来，从凯尔森的理论可以得出，一个法律体系中所有规范的效力都可以追溯至基础规范，基础规范保证了法律体系的同一性，因此，判断一条规范是否与另一条规范属于同一规范体系，就是要看两者其是否能够追溯至同一基础规范。就此而论，基础规范的这一地位让它不得不承担着至少是宪法层级的识别任务。但是，基础规范却很难完成这一任务。拉兹选取了一个例证来表明这一点：当一位精通法律的观察者要在一个陌生的国家确定某制定宪法与某习惯性宪法是否属于同一法律体系，他被告知应该参酌是否存在一个同时授权两者的基础规范，或是两个宪法由不同的基础规范授权。但是，在找寻基础规范的过程中，他又被告知，必须确定这些宪法被创制和适用事实，因为这些事实决定了基础规范的内容。然而他可能无功而返：只有借助基础规范才可能确定法律体系，而基础规范只有在法律体系的同一性得到确立后才可以获得确认。拉兹的结论是，基础规范并没有解决法律体系的识别和同一性的问题，凯尔森也没有提供其他的解决办法。

之所以出现这种情况，乃是因为"国内法律秩序的基础规范并不是法学设想的任意产物。基础规范的内容是由事实决定的。"[31] 就此而论，它的内容一定是对实在法效力的判断："X 是有效的，Y 是有效的"，因此它不得不像拉兹所说的那样承担至少宪法层级的识别功能基础规范，然而，事实决定了基础规范的内容，却决定不了它的效力。当事实本身不能为基础规范提供识别法律的依据时，基础规范便是盲目的，实际上只是在承认而非识别已存的法律体系。

基础规范识别功能失败的结果是，纯粹法理论只能将规范与事实区别开来，解决规范如何存在的问题，而无法将此种规范与彼种

---

〔30〕 ［英］约瑟夫·拉兹：《法律的权威》，朱峰译，法律出版社 2005 年版，第 111 页。

〔31〕 ［奥］凯尔森：《法与国家的一般理论》，沈宗灵译，中国大百科出版社 1996 年版，第 136 页。

规范进行区别。这固然表明，至少就规范的效力来源而论，凯尔森的理论实际上可以应用至包括道德规范在内各种规范体系。但同时意味着，人们在面对一大堆未知规范，可能会出现无法判定其究竟属于道德规范还是法律规范，是属于这一法律规范还是那一法律规范的情况。当然，从静态法的视角来看，凯尔森或许可以主张道德规范与法律规范在内容上的差别，即考察规范的内容是否包含制裁。但这显然仅仅是概念上总结，无法作为一种识别标准而体现在具体的法律规范中。无论如何，识别功能的模糊和缺失，不能不说是凯尔森法律概念理论的重大缺陷。

## 四、结语

纯粹法理论坚持法律是规范，并试图寻找到在自然世界中建构出规范世界的方法，这便是基础规范。当凯尔森将法律视为他所理解的规范时，基础规范便已然出现了。问题在于，这样处理的结果虽然保证了基础规范的地位，却使得法律规范及其体系仅仅在认识论上有意义，这使得规范成为几乎无法外界沟通的封闭体系和法律人构建出来的空中楼阁，从而降低了理论的说服力。

# 罗马家父权制度对民法法系
# 近现代私法的影响

李　静 *

　　所有法律关系的出发点及其归宿都是人，因此，人格制度是整个民法制度的基础。正是由于认识到了人格制度的基础性意义，德国民法典将这部分内容置于统辖整个法典的总则篇中。罗马法将人格制度与家庭婚姻制度合并为人法篇，是由于当时的罗马父权制度下，人的主体地位取决于其在家庭中的地位。尽管许多古代民族都曾建立父权制家庭，然而作为一种严格的法律权利，"家长权是罗马法独有的概念"[1]。正如查士丁尼《法学总论》中所宣称的，"我们对于子女所享有的权力是罗马公民所特有的，任何其他民族都没有像我们这种对子女的权力。"[2] 罗马家父权制度奠定了罗马私法的基础，决定了罗马各项私法制度的基本走向。罗马法上的所有权制度、他物权制度、继承制度、契约制度、侵权制度等，无不被打上了家父权制度的烙印。随着罗马社会的发展，家父权制度到查士丁尼时代已经几乎是徒具其表，然而它在各项罗马私法制度上的印记却挥之不去，并因此形成了民法法系诸项独特的私法制度的。严格的具有强烈支配统治色彩的父权制度基础上何以能够演化生成以确认、保护个人权利为基本走向的罗马私法，并最终形成近现代民法法系私法制度，这的确是令人费解的。本文力图通过分析罗马父权制度的特点，其在罗马私法中的地位，以及其对民法法系的影响来解开这一谜团。

---

　　* 天津商业大学法学院教授。

　　〔1〕 谢邦宇主编:《罗马法》，北京大学出版社 1990 年版，第 146 页。

　　〔2〕 ［古罗马］查士丁尼:《法学总论》，张企泰译，商务印书馆 1989 年版，第 19 页。

## 一、罗马家父权制度的特点

"我们所说的本义家庭是指这样一群人，他们均服从某一人的权力、品格或权威。"[3] 乌尔比安的定义经典展示了罗马早期父权制家庭的本质早期。最初的罗马法对人和物不做区分。家长对其权利支配下的一切人和物行使同样权利。后来逐渐分别称为所有权、家主权、夫权、买主权。"罗马法上的家，最初指家长权之下的一切人和物。"[4]

罗马法最初表达家长权的字眼是"mancipium"和"potestas"，两者都有支配的意思，前者表示以手对物的控制，后者则代表统治权。它表达了当时罗马公私权利不分，人与物不分的法律状态。这两个字眼，前者后来演变为罗马法上的所有权概念，后者则逐渐成为国家的专有权力——公权力。罗马家长权产生于公权力之前，当罗马的三个部落组建成国家后，微弱的公权力也不足于干涉家庭内部事务，因此，在整个市民法时代，家长权仍然长期作为一项独立的主权存在。这样，与其他古代民族家长权相比，罗马家长权具有如下特点：

（一）罗马法上的家长个人具有家庭中的唯一个体人格

根据梅因著名的从身份到契约的观点，早期的家长制应该是典型的身份等级制度，这的确符合一般社会家父权制度的特点。然而，考察罗马家父权制度，事实却并非如此。"早期的家父权是统一的，这种权利的对象除包括一切物外，还包括隶属于家父的自由人。"[5]这一结论来自于"mancipium"这一表述家父权的字眼，它的本意是要式买卖，也就是说家长权是一种针对要式买卖物的权利，当时的

---

〔3〕［意］彼得罗·彭梵得：《罗马法教科书》，黄风译，中国政法大学出版社1992年版，第114页。

〔4〕周枏：《罗马法原论》（上），商务印书馆2002年版，第141页。

〔5〕［意］朱塞佩·格罗索：《罗马法史》，黄风译，中国政法大学出版社1994年版，第13页。

要式买卖物包括奴隶和家子。根据这一推断，罗马家长权制度所确立的家长与家子的关系并非身份关系，而是主客体关系。在罗马家庭中，只有家父是权利主体，家子和奴隶以及其他的物一样为家长权客体。

首先，家长是唯一的财产权主体。在当时罗马社会的财产权是"在家庭首脑之间划分的，但却以农业利益为基础的所有权。"[6]根据罗马法上的谚语：家子所得悉归家父。"处于我们支配权之下的卑亲属以及我们的奴隶买得或者通过让渡所得到的东西，以及通过要式口约或者根据任何原因而取得的东西，均为我们所取得。实际上，那些处于我们支配权下的人不能拥有任何自己的东西。"[7] "如果这种人被设立为继承人，他只能根据我们的指示接受遗产继承。如果他根据我们的指示接受了遗产继承，遗产则为我们所取得，就像我们自己被设立为继承人一样。当然，我们也相应地通过他们取得遗赠。"[8]家子也被当然视为为家父所占有。同时，只有家长的财产处分行为才有效。家子，即使是成年家子也不能处分财产，除非获得家长的事后认可，否则无效。因此，罗马法上有"家子只能为家长取得利益"的原则。因为带来利益的行为可能由于家长的事后确认而生效，而产生损失的行为家长通常不会承认，因此无效。罗马法后来发展的特有产制度正是为了解决这种严格的家长财产权制度所带来的商品交换活动的不便。有学者认为特有产制度说明罗马法上家长唯一财产权受到限制，[9]笔者认为这是对罗马家父权制度本质与历史的误读，特有产制度是对家父权制度的变革，而不是家父权制度本身，而且正是特有产制度，它作为一种家父权制度的例外，最终导致家父权解体。从罗马法的继承制度中我们同样可以

〔6〕 见彼得罗·彭梵得，前引书，第7页。

〔7〕 [古罗马]盖尤斯：《法学阶梯》，黄风译，中国政法大学出版社1996年版，第108页。

〔8〕 见盖尤斯，前引书，第108页。

〔9〕 参见陈志："古代中国父权与古代西方父权的比较"，载《江苏警官学院学报》2005年第6期。

读出家长具有唯一财产权主体的地位。罗马法较早确立了遗嘱继承制度。市民法上就有各种遗嘱继承的方式，包括贵族大会遗嘱、出征遗嘱、要式买卖遗嘱等。遗嘱的权利只限于家长（自权人）。必须明确的一点是法律永远只承认一个人对自己所有的财产的遗嘱享有处分权利。遗嘱制度的存在说明罗马法上将家长视为唯一的家庭财产所有人，因此允许对其财产以自己的意志决定其身后的处分。

其次，家长是唯一的诉讼主体，由于家长对家子拥有生杀予夺的权利，因此，家子肯定不存在针对家长的诉权，至于对第三人的诉权，也就是当家子遭受第三人侵害时，仍然由家长享有诉权。"蒙受侵害的人，不仅指自身，而且指在自己权力下的子女蒙受侵害。"[10]只是后来大法官法为了保护家子的利益，视为家子已受家长的委托而给予家子以"准诉权"。但是大法官法只是对严格的市民法的一种衡平救济，而且家子胜诉时获得的赔偿金与罚金仍应归家长所有。家子不仅不能作为诉权主体，甚至不能作为被诉的主体。对于家子造成的对第三人伤害，罗马法上要求只能对家长提起，家长可以选择代替家子赔偿还是实行损害投偿，这就是罗马法上著名的交出加害人之诉。

再次，由于家长对家子拥有生杀予夺的权利，家子甚至连生命与自由权都控制在家长手中。《十二铜表法》规定："家属终身在家长权的支配下。家长得监禁之，殴打之，使做苦役，甚至出卖之或杀死之；纵使子孙担任了国家高级公职亦同。"[11]

最后，与罗马法相比较，奉行团体本位的中国古代家长制度和日耳曼家长制度所承认的是家庭的团体人格，而并非家长的个人人格。在这种团体人格中，包括家长在内没有谁的个人人格得到法律认可。中国古代一方面禁止家长之外的家庭成员未经同意随意处分家庭财产，另一方面又限制家长随意处分家庭财产的行为。根据《大明律》规定："凡同居卑幼不由尊长，私擅用本家财物者，二十

---

〔10〕 见查士丁尼，前引书，第201页。

〔11〕 周枏：《罗马法原论》（下册），商务印书馆2002年版，第1006页。

贯笞二十,每二十贯加一等。罪止杖一百。若同居尊长应分家财不均平者,罪亦如之。"[12] 这一规定对家属与家长提出了对等的要求,以实现对家庭共同财产的维护。在这里,家长也并未获得独立的财产主体地位。事实上"伦理社会,夫妇、父子,情如一体,财产是不分的"[13]。日耳曼法中家长也并非唯一财产所有人。日耳曼法中家子即使在服从父权期间也享有完全财产能力。日耳曼法中有一句法谚:"子之财产,如铁之固。"[14]特别是封建领地分封制度,造成家子可以因受封而获得独立的不动产权利。而且日耳曼法上家父权并非终身,通常男子结婚另过则脱离父权。"男子如于事实上能营独立之生计,即当然脱免父权,独立创设新家。……但少数地方亦有许与已达成年之子得向其父请求异财别居者。"[15]从继承法上也可以明显看到这一特点。无论是中国还是日耳曼法,最初都采取法定继承的方式,而且以后的遗嘱继承制度也并不发达。这是由于家庭财产被视为家庭共有,因此不允许家长个人对其进行临终处分。

（二）罗马家长权具有排他性

首先,罗马法上的家长权具有对外排他性,即排除外人,包括国家干预的属性。罗马法将对损害他人家子人身及名誉的行为的追诉权授予家长,以保护家长权不受他人伤害,同时,根据家长权不可放弃,家长权终身性原则,罗马法上还禁止解放家子（除非通过拟制出卖）、禁止对他人的收养。罗马法上还特别禁止公权力对家长权的干预,"国家权力不及于一家之内","官方的权利也不能越过一家的门槛。"[16] 正是这种家长权与国家公权力的紧张关系,最终导致了公权力向家长权宣战。帝政以后,家父权开始受到国家公法的限制,狄奥多西帝开始禁止出卖家子,康斯坦丁时代禁止家长行使生杀权,规定了针对杀害家子行为的杀亲罪,查士丁尼时代则

---

[12] 《大明律·户律·婚姻》,《卑幼私擅用财》。

[13] 梁漱溟:《中国文化要义》,学林出版社1987年版,第81页。

[14] 李宜琛:《日耳曼法概说》,中国政法大学出版社2003年版,第190页。

[15] 见李宜琛,前引书,第194页。

[16] 见谢邦宇,前引书,第146页。

禁止家长对损害他人利益的子女实行损害投偿。

其次，罗马家长权对内也具有排他性，这表现为家长权的吸收性。在罗马法上家长是指一个家庭的父系直系男性尊长，在家长权支配下的家属包括妻、子女、孙子女、儿媳、孙媳等，他们统称为家子或家女。家长权可以吸收夫权、父权等，换句话说，一个处于他人家长权之下的人是不可以对别人行使权利的，包括儿子对儿媳、孙子女的权利。他的权利被他的家长的权利吸收而处于暂停状态，只有当他的家长死亡，他才可以成为自权人家长，行使对他的家子的权利。在罗马法上，家长可以决定解除儿子的婚姻；决定将孙子女出卖；决定为儿子收养（收养他人为孙）等。"夫权并没有在父权外的独立空间"，[17] 家父权对家庭其他成员权力的吸收避免了家庭内部出现权力的层级性。

再次，罗马家庭制度不具有横向的权利连接。也就是说旁系亲属之间不产生家长权。与罗马法不同，中国古代家长权具有明显的层级性，一方面，家长权并不排斥君权。在家国同构的体系下，国君就是最高的家长，忠君就是尽孝。"旧日中国之政治构造，比国君为大宗子，称地方官为父母官，视一国如一大家庭，所以说，孝者所以事君，弟者所以事长"[18]，黑格尔对此也曾评价："中国纯粹建筑在这样一种道德的结合上，国家的特性便是客观的'家庭孝敬'。中国人把自己看作是属于他们家庭的，而同时又是国家的儿女。在家庭之内，他们不是人格，因为他们在里面生活的那个团体的单位，乃是血统关系和天然义务；在国家之内他们一样缺少独立的人格，因为国家内大家长的关系最为显著，皇帝犹如严父为政府的基础，治理国家的一切部门。"[19] 这样，家长权不仅对国家权力不形成排斥，反而还相互支撑，互为权力依据。"血缘关系在政治有机体内部

---

〔17〕 张力："从罗马法'家庭'概念的演变看亲权与监护的制度关系"，载《甘肃政法成人教育学院学报》2002 年第 9 期。

〔18〕 见梁漱溟，前引书，第 80 页。

〔19〕 ［德］黑格尔：《历史哲学》，王造时译，生活·读书·新知三联书店 1956 年版，第 165 页。

的流淌与脉动，从根本上保证了中国古代政治权力以君主的意志为核心的有序运行。家国一体的根基即在于通过血缘关系在政治生活领域中全面渗透，把政治关系网络变成以宗族、家族式管理为核心的血缘关系网络。"[20]

另一方面，在中国家长权缺乏对内的排他性。直系亲属上，祖对父、父对子、夫对妻分别行使不同的权利，建立起家庭内部的权力阶梯，形成层层服从的关系。同时中国家族制度下还存在着旁系亲属之间的权力关系，即所谓"兄弟相宗"、"大宗帅小宗"、"长兄率群季"。

最后，古代日耳曼民族分封制度所造成的社会性的身份等级阶梯也对家长权形成一定程度上的抵抗。

（三）古罗马家父权具有非伦理性特点

"在罗马法中，需要区分两种不同家庭和家庭法，一种同罗马家庭的权力和政治机制相关联，另一种则涉及现代意义上的自然家庭。"[21] 早期的罗马法所确认的罗马家庭关系更像是一个政治组合关系，而不是一个血缘团体。其一，从家庭的范围看，它并不以血缘为根据，被出养或被解放的家子、出嫁的女儿都不再与这个家庭有任何联系，他们不是法亲，即法律上承认的亲属，他们完全丧失了在这个家庭的一切权利义务关系。相反，收养以及缔结有夫权婚姻则是非血缘关系的人加入罗马家庭的重要方式。直到查士丁尼时期，为纠正这一弊端，才给予了丧失法亲关系的血缘亲属一定的继承权，这也标志着罗马家庭开始了向伦理家庭的转变。其二，从家长权内容看，它也不受到伦理的限制。"罗马法律制度是法律上十足的'一边倒'，根据法律，家长在家庭内至高无上，他只享有权利，而他承担的义务都在家庭之外。"[22] 如前所述的家长的损害投偿制

---

〔20〕 柳俊杰："'家国一体'与中国古代伦理政治分析"，载《内蒙古社会科学》（汉文版）2006 年第 6 期。

〔21〕 见彼得罗·彭梵得，前引书，第 113 页。

〔22〕 [美] 罗斯科·庞德：《普通法的精神》，唐前宏、廖湘文、高雪原译，法律出版社 2000 年版，第 18 页。

度，竟然允许家长在代子女进行赔偿和交出子女之间进行选择。此外，直至帝政时代罗马法才将强迫子与野兽格斗以及强迫女儿卖淫作为丧失家长权的惩罚性条件，说明在早期罗马法上这种完全违背伦理的行为是合法的。罗马早期曾存在过亲属会议制度，后来该组织让位于监察官，他们在习惯上可以对家长滥用权力的行为提出警告，然而，这只是一个习俗问题，不是法律问题。"在法律上，许多场合子女是被当作奴隶一样来对待的，关于奴隶和主人的种种规定，同样适用于子女或孙子女和对他们行使家长权的父亲或祖父尽管家庭内未必存在着虐待的情况。除此以外，家长在行使生杀权方面的行为是不会受到追究的。"[23] 这一论断精辟地指出了罗马家庭法关于人身关系的规定的极度偏向性，也明确指出了罗马家庭自然属性的缺位。在伦理上讲，罗马家庭制度缺乏亲情因素。

在伦理性问题上，中国家父权制度与之形成鲜明对比，中国家父权直接建立在伦理基础上，父子、兄弟等之间的关系完全以伦理来演绎，所谓父慈、子孝、兄友、弟恭，尽管这里对双方的要求并不对等，对卑幼者的要求更甚于尊长，但毕竟一方面存在着对尊长的限制，另一方面对卑幼的要求也更加温情，他们之间并不表现为赤裸裸的统治与暴力。与罗马法上的损害投偿形成鲜明对比，中国有"养不教、父之过"的伦理原则，作为对这一原则的实践，在我国许多朝代都存在着一种制度，对于家庭成员的共同犯罪，无论家长在其中扮演什么角色，都视家长为主犯，这样，家长对子女的管教就具有了明显的义务色彩，而不是权利了。这种权利与义务的混融正是中国特有的法的伦理性所致。

罗马家父权制度对整个罗马私法具有统辖性，它不仅对罗马人法以及与人法有密切关系的继承制度产生重要影响，而且对于财产法制度也有重要影响。这种影响一直延续到近现代民法法系。

---

〔23〕〔英〕巴里·尼古拉斯：《罗马法概论》，黄风译，法律出版社 2004 年版，第 220 页。

## 二、罗马家父权与绝对所有权原则

### （一）罗马法上所有权形成与演变

罗马人的所有权概念就是从家父权概念中演化而来的，罗马法上并没有给所有权下定义，它一般是指物的所有人对物的一般的绝对支配的权利。罗马人最早的指代所有权的词汇是"mancipium"，也就是家父权。在早期土地公有时代，私人所有权尚未出现，就已经出现了家父权，而人们正是通过家父权——一种绝对支配的权利，来认识逐渐出现的对自己所有的物的绝对支配行为，"所有权也属于家父早期的统一主权的组成部分，家父的这种权力，由于具有主权特点，恰恰体现着标的对主体的从属概念。"[24] 从家父权出发，罗马人保留了"mancipium"这一概念中的"主体对客体的关系"以及"绝对的支配性和不受干预的特性，"同时，一方面通过国家干预，"mancipium"中的对人的权利不断地被蚕食、剥离，另一方面家子特有产制度地不断扩展，改变了家父作为所有权唯一主体的原则，这样，所有权从家父权中独立出来的时机也就成熟起来了，它开始具有了单纯的"人对物的绝对支配"的性质，于是，"dominium"开始逐渐取代了"mancipium"。

### （二）罗马法上所有权对大陆法系近现代制度的影响

"dominium"被认为是现代民法法系所有权观念的源泉。民法法系的两大代表性法典——《法国民法典》和《德国民法典》的所有权制度都继承了罗马法关于所有权是一种人对物的绝对的不受干预的支配性权利的原则。《法国民法典》第 544 条规定："所有权指以完全绝对的方式享有处分物的权利，但法律或条例禁止的使用除外。"《德国民法典》第 903 条规定所有权是指："在不违反法律和第三人利益的范围内，物的所有人可以随意处分其物，并排除他人的任意干涉。"《日本民法典》也在第 206 条规定："所有者在法令的

---

[24] 见朱塞佩·格罗索，前引书，第 111 页。

限制内，有自由使用、收益、处分其所有物的权利。"上述各国民法典对于所有权的表述尽管不尽相同，但其共同之处在于，首先，在民法法系"所有权为对物的支配权，所有权理论作为保护对物的支配的法观念，把一定的社会关系不是作为人和人的关系，而是作为人支配物的关系，赋予其合理性、正当性"[25]。其次，所有权被赋予了三个特性：绝对性、排他性以及永续性。在这里，我们又看到了罗马家父权的影子，这些本来属于罗马家父权的特性在民法法系所有权制度上灵魂附体，或者可以说，绝对性与排他性才是罗马家父权的灵魂所在，正是这一灵魂驱使罗马法走向近现代维护个人权利与自治的私法。

与民法法系形成对照，在普通法上，包括所有权在内的所有的权利都被视为是人与人的关系，这种所有权制度建立在日耳曼人的土地分封制度基础上，由此形成的权利建立在人身依附关系之上，即人对土地的权利取决于其与封主的人身关系。而这种建立在人身基础上的所有权制度也就具有了与民法法系所有权制度不同的特点，普通法系没有民法法系的一物一权原则，所有权不具有排他性，这也成就了普通法系的信托制度，它能够容忍在一项财产上同时存在受托人和受益人的权利。

在传统中国法制中我们也很难发现类似民法法系的个人绝对所有权原则，在君权至上，家庭伦理至上的传统中国文化背景下，所谓"普天之下，莫非王土，率土之滨，莫非王臣"，从来不存在能够与公共权力，能够与家族利益相对抗的绝对私人所有权。

### 三、罗马家父权与亲权监护两元体制

民法法系特有的亲权与监护两元法律体系建立在古罗马家父权与监护权的分别。"在大陆法系，监护制度表面上并未实现对父母与

〔25〕 张文政："大陆法系所有权理论探源"，载《求是学刊》1997 年第 1 期。

子女亲权关系的替代，因为这一块无疑是家长权旧制最牢固的阵地。"[26] 在古罗马，监护制度的产生是为了使作为自权人的未适婚人（或妇女）不至于由于其在管理家财方面的无能，而导致家族财产的损失，从而损害继承人的利益。家父权与监护权的区别首先表现为家长权行使的对象是他权人，而监护权行使的对象是自权人。其次，家父权既是对人的权利，也是对物的权利，而且，主要是对人的权利。而最初的监护制度只是对财产监护。此后罗马社会的发展变化，促使家父权和监护制度逐渐褪去其原来的某些要素，一方面，监护制度"由于受到希腊哲学的影响，认为法律应该保护弱者"[27]，因而放弃了财产监护原则，成为一种社会公益性质的职务，它不再完全是私人的事情，出于保护被监护人的目的，罗马法上对监护人的选择以及在监护权的行使上设立了许多限制，而且受到公诉保护。另一方面，尽管随着罗马社会的发展，家长权的许多内容都发生了变化或逐渐消失，"在罗马——希腊时代，父权已经成为有节制的矫正权和规束权，——同我们今天的矫正权和规束权在限度方面并无大的区别"[28]，但直至查士丁尼时代，家长权始终作为罗马法上的特殊制度保留着。发展变化后监护与家父权之间在"为子女利益"这一问题上取得了一致，他们之间最大的区别在于前者受到更多的公力的监督与限制，而后者则始终是一种基于身份关系，以命令与服从为基本模式的权力。这也是至今民法法系亲权与监护的区别之所在。

在《德国民法典》中，亲权旧称"elter－licheGewalt"，直译"父母的权力"，1980年民法典修改后改称"eltrliche Sorge"，直译"父母的照顾"；法国民法中亲权旧称"Puissance Paternelle"，直译"家父权"，1987年修改时改为"autorite Parentalo"，直译"父母的职权"。术语的修改标志着民法法系亲权制度向着更多监督的方向发

---

[26] 见张力，前引文。

[27] 见周枏，前引书，第262页。

[28] 见彼得罗·彭梵德，前引书，第128页。

展，然而它并未实现与监护制度的合并，现代亲权制度与监护的区别在于：在人身方面，亲权包括教养权以及以教养为目的的有限惩戒权，这是监护权所没有的；在财产方面，父母可以直接代行子女的某些法律行为，而且对子女的财产享有用益权，他可以为了家庭的目的使用子女的个人财产。从罗马法上的绝对父权到限制的父权，再到大陆法系的亲权，展示了家庭法在冰冷的理性与血缘家庭的温情之间的挣扎，从矛盾冲突到协调融合的过程，今天的亲权制度恰当地反映了"家庭是具有法的意义的伦理性的爱"〔29〕这一家庭的本质属性。

## 四、罗马家父权与代理制度及法人有限责任制度

基于家父权制度下家长具有唯一的法律关系主体资格，罗马法上形成了家子只能为家长增加利益的原则，这样，当家子代替家长处理财产事务时，家子的行为可能由于家长不予追认而导致无效，由此导致家长只能事事亲力亲为，为改善这一局面，大法官设立"企业诉"，在该诉讼中，如果家长预先向第三人声明或于店铺外告知了授予家子的代理权限，则家长只需在该权限范围内承担债权，这成为现代代理制度之滥觞。

同时，以家子特有产制度为基础，大法官还设立了特有产和所得利益诉、分摊诉两种诉讼。两者都是用来解决在家子行为未经家长明示或默许同意的情况下家子行为的财产责任问题。特有产和所得利益诉确定了家子行为的责任以家长授予的特有产为限的原则，这是近代法人责任有限原则的开始。分摊诉则明确了家长作为特有产的债权人在家子特有产破产时享有一般债权人的权利，而不能近水楼台先得月，这是法人责任有限原则的具体化，进一步明确区分了出资人财产与企业财产之间的界限。

代理制度与法人制度经过中世纪罗马法学家的发展，最终成为

---

〔29〕 ［德］黑格尔：《法哲学原理》，范扬、张企泰译，商务印书馆1961年版，第177页。

民法法系代表性的法律制度，为后来的民法法系国家民商法制度所继承。在没有严格家长权制度的普通法系，由于没有家子行为能力的限制原则，因而也没有形成以行为为客体的代理制度，与代理制度相类似的制度是衡平法上的信托制度。然而该制度最初并非为解决无自主行为能力的问题，因为日耳曼法上家子的行为能力并不受到限制。信托制度的产生只是为规避财产转移的限制，这种限制是对财产的限制，而不是对行为的限制。现代民法法系的代理制度与信托制度的根本区别在于代理是以理性为基础，以当事人双方订立契约的方式来明确划定双方的权利义务关系，而信托制度则建立在信任基础上，以"善良家父"的行为标准来实现各方利益。

家父权制度的影响还广泛存在于侵权、继承、夫妻财产制度等。例如，罗马法上的家长代负责任和交出加害人的损害投偿制度直接影响了近现代大陆法系的准侵权行为。如《法国民法典》1384条第4款规定："父与母，只要其行使对子女的亲权，即应对与其一起居住的未成年子女造成的损害，连带承担责任。"《德国民法典》、《日本民法典》及我国的《民法通则》都有相应的规定。遗嘱继承中的特留份制度也来自于对罗马家父过度遗嘱自由的限制，在法律上规定夫妻财产关系的方式是罗马法对处于家女地位的妻的妆奁的保护，与之相比较，传统普通法没有遗嘱自由的限制，至于夫妻财产关系，团体本位下的夫妻一体制视夫妻为共同人格，因为法律上并不存在夫妻财产关系制度。

## 五、结语：罗马父权制度中的理性主义

最后，让我们对罗马家父权及其发展的历史脉络作一梳理，笔者认为理性主义是用来概括这一历史过程的再恰当不过的词语。作为起点的罗马法上的家父权制度，在其粗劣的、严苛的甚至是残酷的外表下面已经闪烁着理性主义的光辉，他的所有内容的出发点就是——将每一个人（法律上的人）都视为一个独立的理性个体。法律对待理性的个体，其应有的准则是尊重他们的意志自由，由他们

自己意志支配自己的利益关系，只要他们的意志不构成对同样的理性的他人意志的干涉。法律的使命不是形成这些理性的人之间的权利关系，这一使命交给了理性（契约）本身，法律只是让它们成为法律关系。这即查士丁尼在《法学总论》所表述的罗马法的基本原则："为人诚实，不损害别人，给予每个人他应得到的部分。"[30] 家父权制度的缺陷在于只是将这种理性人格赋予了有限的主体——家父，而不是全部家庭成员，以至于今天人们用"善良家父"指代理性的人。罗马法家父权到近现代民法法系民法的发展演变过程就是一个理性主义人格不断扩大的过程，直至今天，扩大到每一个民事主体，以至于有学者认为权利能力概念在今天已经失去了意义，而其中不变的是理性主义本身。上述民法法系的绝对所有权原则、代理制度等无不体现了这种理性主义。至于亲权制度，应该说它合理的考虑到了未成年子女的非理性状态以及对于家长的以爱为基础的理性的尊重。"爱是能够在未仔细权衡与比较他人和自己需要的情况下满足邻人的需要。"[31]

---

〔30〕 见查士丁尼，前引书，第5页。
〔31〕 徐国栋："商品经济的民法观源流考"，载《法学》2001年第10期。

# 论民国时期通奸罪男女不平等处罚
## 到平等处罚的转变

郑全红 *

中国传统法律，从秦汉到明清，历经几千年，经常改朝换代，但法律实质却未曾改弦更张。直到清末继受欧陆法系之后，中华法系开始解体，中国发生巨变，中国法制也迈入近代化的轨道。晚清修律开启了中国全面法制变迁的序幕，这场法制变迁就是由"男尊女卑"转向"男女平等"的契机，代表的就是女性之法律地位产生根本性变化的开端。

### 一、通奸罪男女平等处罚立法出台

在民国初期，迫于民国刚刚成立，法制并不完善，所以临时政府在民国元年（1912年）3月10日宣布暂时沿用《大清新刑律》中与民国国体并不抵触的各项条款，同年3月21日又明确所援用的《大清新刑律》，并非清末资政院通过的《大清新刑律》，而是第一次刑律草案。这样，通奸罪便沿袭下来。而随着民国时期人民群众思想的不断进步，通奸罪也随着人们的思想而不断发生改变，各种思潮对社会法律发生强有力的影响，法条的不断发展也意味着社会的不断完善。从民国成立到1935年，先后出现了三个正式有效的刑事实体法典：1912年的《中华民国暂行新刑律》（附补充条例）、1928年的《中华民国刑法》（附刑法实施条例）以及1935年的《中华民国刑法》（附实施细则）。下面我们对于通奸罪的法律规定沿着清末民国刑事立法的发展演变轨迹进行系统考察，由此观察通奸罪

---

* 天津商业大学法学院教授。

除罪化的历史脉络。

（一）《暂行新刑律》中对通奸罪男女不平等处罚的规定

从立法层面观察通奸罪的发展演变，我们需要追溯到清末民初起草的一个重要的法律文本——《暂行新刑律》。

1912年民国成立，法制未定，临时政府于是年3月10日明令宣示《钦定大清刑律》除与民国国体相抵触各条应失效力外，余均暂行沿用。3月21日，袁世凯据司法部呈请将清末制定之各项法律，以命令颁行，即咨请参议院议决，于4月30日，公布删修新刑律与国体抵触各章条及文字，并撤销暂行章程5条，改名称为《暂行新刑律》。12月20日公布《暂行新刑律》补充条例，其内容与清法部尚书廷杰所加之暂行章程5条大致相同，而加以扩充。

临时政府颁布的《暂行新刑律》在第23章奸非及重婚罪中，详细规范了通奸犯罪。其中第298条规定：和奸有夫之妇者，处四等以下有期徒刑或拘役，其相奸者亦同。第294条第3项规定：第298条之罪须本夫告诉乃论，但本夫事前纵容或事后得利而和解者，其告诉为无效。《暂行新刑律》通奸罪的规范，由于沿袭《大清新刑律草案》，所以规定没有变化，基本相同。关于通奸行为，仅处罚有夫奸，也就是说，有妇之夫与人通奸者，该奸妇与相奸之人，均须受到刑事处罚。本罪的犯人并无身份差等的限制，只要是有妇之夫，不分贵贱，均适用之。不过，值得特别指出的就是，本罪并不包含亲属相奸。关于亲属相奸，《暂行新刑律》另外又文具体规定。《暂行新刑律》第290条规定，本宗缌麻以上亲属相和奸者，处二等至四等有期徒刑。因此，《暂行新刑律》规范具一定亲属身份以外的有夫奸。关于妾与无夫妇女的无夫奸，未包括在本罪中。《暂行新刑律》将通奸设为告诉乃论罪，本夫事前纵容或事后得利而和解者，其告诉为无效。司法机关亦不审理。

民国初期，社会依然充满着道德的成分，崇尚贞节，袁世凯及其后的北洋政府又以礼教维系其统治，无夫奸遂增入了补充条例。民国三年（1914年），大总统袁世凯欲图以礼教治天下，用重典胁迫人心，于12月24日公布《暂行新刑律》补充条例，共计15条，其内容是对前清暂行章程 5 条的扩充。其有关通奸罪的规定，在第 6 条：和奸良家无夫妇女者，处五等有期徒刑或拘役，与其相奸者，亦同。前项之罪待相奸之尊亲属告诉始论之。但尊亲属事前纵容或事后得利而和解者，其告诉为无效。第 7 条：犯刑律第 289 条或前条第 1 项之罪，未经告诉权人告诉，虽因奸而构成其他犯罪时，乃论其罪。

此补充条例规范的是单纯无夫奸，即无夫妇女与人通奸时，即据此定罪量刑，无夫妇女包括未出嫁的女子、离婚的归宗女，丧夫的寡妇，以及妾。本罪亦设为告诉乃论罪，尊亲属事前纵容或事后得利而和解者，其告诉为无效。司法机关亦不审理。但有一点格外注意，妾与他人通奸，家长非妾之尊亲属，因此不得告诉妾的通奸行为。本罪与有夫奸不同，处罚侧重和奸无夫妇女的男性，无夫妇女的身份是相奸之人，刑罚为 1 年以下有期徒刑或拘役。

纵观《暂行新刑律》有关通奸犯罪的规定，与前清第一次刑律草案相比较，多出第 290 条血亲和奸罪。《暂行新刑律》补充条例对强奸罪、略诱罪加重处罚，强制亲属卖奸或为娼者，强卖（奸）或和卖（奸）其被扶助养育保护之人者，均分别处罚；增加无夫妇女和奸，处五等有期徒刑或拘役。

《暂行新刑律》文字虽一准于《大清新刑律》，但内涵却是不同。因为国体已由君主制转变为共和制，三纲之君为臣纲既不存在，父为子纲、夫为妇纲自然亦失去了其终极之依归。这时的法律更多地体现的则是男女间性的不平等：有夫之妇与人通奸要被科刑，而有妇之夫却是未必；男人对于自己的妻子与人通奸享有告诉权，女人却是没有，法律明显是不平等的。而这样的不平等却是为社会所接受、所认可的，因为女人仍从属于男子，不论是经济上，还是政治上。

（二）两次刑法修正草案中对通奸罪男女不平等处罚的规定

1. 第一次《修正刑法草案》

《暂行新刑律》既然是暂行，也就是说它是不得已而为之的权宜之计，而非长久之计，不能长久使用。因此，重新编撰刑法乃是当务之急。1914 年，大总统袁世凯明令章宗祥成立法律编查会，着手修订刑法，聘请冈田朝太郎参与协助修订《暂行新刑律》。新刑律修正 8 个月后，全篇告成。名为《修正刑法草案》。此案以《暂行新刑律》为基础，外观世变，内审国情，对于能够适用的条款通通保留，不符合时势者加以变通，总计修改了一半左右的法条，于 1915 年 2 月 17 日呈请袁世凯大总统，袁世凯命法制局照章审核后，提交参政院核议。但《修正刑法草案》还未议决公布，袁世凯复辟帝制失败，北洋军阀逐鹿中原，混战不断，忙于政争，无暇顾及立法事业，《修正刑法草案》暂被搁置。

《修正刑法草案》有关通奸罪的规范在第 304 条：有夫之妇通奸者，处四等有期徒刑，与知情相奸者，亦同。

第 307 条：奸通良家无夫之妇女者，处五等有期徒刑，并科或易科一百元以下罚金。

第 309 条：第 295 条至第 298 条、第 300 条、第 301 条、303 条至第 308 条之未遂犯，罚之。

第 310 条：第 295 条、第 298 条、第 301 条、第 302 条、304 条、第 306 条及第 307 条之罪，须告诉乃论。

第 311 条：犯第 297 条、第 299 条、第 300 条至 304 条之罪，宣告二等至四等有期徒刑者，并科无期褫夺公权。

以上有关通奸罪的规定，分为有夫奸和无夫奸。关于有夫奸，《修正刑法草案》规定行为主体是犯奸的妇女，而相奸人是必要共犯，一并处罚。亦设有告诉乃论的决定，但未规定告诉权人，同时规定了未遂犯。关于无夫奸，相较于《大清新刑律》和《暂行新刑律》把无夫奸以附则规定的办法，《修正刑法草案》则干脆列入正文，对于未嫁女子犯奸、寡妇与人私通，或妾与他人通奸等，都处有期徒刑 1 日以上 3 月未满。关于无夫奸的规定从立法上是倒退的，但显然是社会现实被迫使然。

2. 第二次《修正刑法草案》（《刑法第二次修正案》）

1918 年 7 月，北京段祺瑞政府设修订法律馆，修订法律馆特派董康、王宠惠为总裁，编成《刑法第二次修正案》，共 377 条，1919

年又加上一些文字上的修改，便为改定《刑法第二次修订案》，共 393 条。《刑法第二次修正案》先后历经两次修纂，但由于各种原因，终未成为正式刑法典。有关通奸罪的条文如下：

第 255 条：和奸未满 20 岁良家无夫之妇女者，处 6 月以下有期徒刑、拘役或 300 元以下罚金。其相奸者，亦同。

第 258 条：第 245 条至第 250 条及第 255 条之罪，须告诉乃论。第 255 条之罪被害人与犯人为婚姻者，非婚姻无效之裁判或撤销婚姻之裁判确定后，不得告诉。

第 259 条：犯本章之罪者，得依第 57 条及第 58 条之规定，褫夺公权。

第 262 条：夫之妇与人通奸者，处 2 年以下有期徒刑。其相奸者，亦同。

第 266 条：第 261 条及第 262 条之罪，须告诉乃论。第 262 条之罪，本夫纵容通奸者，不得告诉。

第 267 条：犯本章之罪者，得依第 57 条、第 58 条之规定，褫夺公权。

这次刑法修正案依然列有无夫奸明文。但将无夫奸的规范对象限定为 20 岁以下之女子。将奸非罪及重婚罪章改为妨害风化罪章与妨害婚姻及家庭罪章。

（三）《中华民国旧刑法》中对通奸罪的规定

《刑法第二次修正案》在中国历史上并未颁行，而《暂行新刑律》自民初施行以来，存在颇多诟病。因此，制定新的刑法是国民政府首要任务。1928 年国民政府司法部长王宠惠对《刑法第二次修正案》详加研究，认为大致妥善即略以增损，编成刑法草案。此草案经审查完毕后，提交国民党中央常务委员会与国民政府法制局审核，法制局对刑法草案做若干修正。即将草案发交司法部，并经复核通过，国民政府十七年（1928 年）3 月 10 日公布，同年 7 月 1 日施行。

《中华民国旧刑法》对于通奸的规范，沿袭第二次刑法修正草案，具体规定有如下几条：

第256条：有夫之妇，与人奸通者，处2年以下有期徒刑；其相奸者亦同。

第259条：第255条及第256条之罪，须告诉乃论；第256条之罪，本夫纵容奸通者，不得告诉。

第260条：犯本章之罪者，得依第57条、第58条之规定，褫夺公权。

《中华民国旧刑法》只处罚有夫奸，对于通奸罪，采男女不平等处罚原则。值得一提的是，不承认妾具有合法婚姻关系，因此妾与人通奸不成立通奸罪。对第二次刑法修正草案中无夫奸的规定予以删除。

（四）《中华民国新刑法》中对通奸罪男女平等处罚的规定

《中华民国旧刑法》是参考《暂行新刑律》及两次修正刑法草案制定出来的，但是由于成立仓促，条文繁复，施行后的效果并不理想。于是，国民政府于1931年12月组织刑法起草委员会，草拟刑法修正案，至1933年12月完成刑法修正案初稿。此项法律稿在不断的修改讨论后，于1935年1月公布，并规定于同年7月1日起生效。1935年《中华民国新刑法》最终用两个条文规定了通奸罪。

第239条：有配偶而与人通奸者，处1年以下有期徒刑，其相奸者亦同。

第245条：第238条、第239条之罪及第240条第2项之罪，须告诉乃论。第239条之罪配偶纵容或宽恕者，不得告诉。

新刑法中通奸罪的规定，从旧刑法男女不平等处罚原则，争议为男女平等不处罚，最后定型为男女平等处罚原则。

## 二、民国时期通奸罪的司法实践考察

黄宗智认为："民国时期，法制制度的变化主要在城市而不在农村，主要在其表达而不在实践。"[2] 但对于通奸罪的历史考察来说，由于清末民初法律的不完善以及其与社会实际的不符合，我们就不能仅仅关注清末民初通奸罪的法律表达，相反我们更应聚焦这一时期有关通奸罪的司法实践，因为清末民初大理院的解释例和判例也在一定程度上解决了法律缺失下对社会关系的处理以及法律的规定对客观情势发展的适应，只有对清末民初女子通奸罪司法实践的深入考察，我们才能对清末民初女通奸罪有一个全面的认识。

（一）对无夫奸的司法实践考察

中国传统社会出礼入刑，礼法合一，法律"一准乎礼"，对于男女交往，均要合乎礼的规定，法律不容忍任何逾矩之事。因此，对于无夫女子的性行为，由于违背了传统礼教，破坏了家族名誉，传统法律从汉唐至明清，均采取绝对禁止的态度，一旦发生，严惩不贷。清末变法修律，无夫奸之存废，是"礼法之争"的重要内容之一，论战的结果无夫奸虽不入刑律正文，但在《暂行章程》中仍有规范。民初南京临时政府废弃了《暂行章程》，沿用《清末刑律草案》，颁布《暂行新刑律》，关于通奸行为，仅处罚有夫奸，也就是说，有妇之夫与人通奸者，该奸妇与相奸之人，均须受到刑事处罚。但不处罚无夫奸。[3] 但袁世凯及其后的北洋政府又以礼教维系其统治，崇尚贞节，传统贞节观彰显，无夫奸遂增入了补充条例，此补充条例规范的是单纯无夫奸，即无夫妇女与人通奸时，即据此定罪量刑，无夫妇女包括未出嫁的女子、离婚的归宗女，丧夫的寡妇，以及妾。北洋政府统治时期无夫奸又恢复有罪。民国九年（1920年）上字第127号规定，在相奸人未嫁之前和奸行为与既嫁之后和

---

〔2〕 黄宗智：《民事审判与民间调解：清代的表达与实践》，中国社会科学出版社1998年版。

〔3〕 "民国肇造，满族推翻，国体共和，群情鼓舞，颁行新律，尊重女权，无夫之奸不闻有科罪之条。窃思我婿界虽系未亡之人，尽是多情之种，花前月下，顾形伤心，撩乱春怀，咬穿被角，此情此景，其谁能堪。守节则凄凉莫耐，再嫁则体面枚关，纵然暗结同心，难免治讥越礼。今幸删除苛律，复我自由，人尽可夫，偿其私愿，从此面首三千，蝎力张罗，山阴公主之豪杰，讵足专美于前耶。"这虽是嘲讽新律之词，但他却揭示了民国初期法律规定无夫妇女通奸不为罪的事实。

奸行为所侵害之法益既有不同，自应成立二罪。（在人未嫁前和奸与既嫁后和奸，应论二罪）无夫奸死灰复燃。

第一次《修正刑法草案》有关通奸罪的规定，分为有夫奸和无夫奸。关于有夫奸，《修正刑法草案》规定行为主体是犯奸的妇女，而相奸人是必要共犯，一并处罚。亦设有告诉乃论的决定，但未规定告诉权人。同时规定了未遂犯。关于无夫奸，相较于大清新刑律和暂行新刑律把无夫奸以附则规定的办法，《修正刑法草案》则干脆列入正文，对于未嫁女子犯奸、寡妇与人私通，或妾与他人通奸等，都处有期徒刑 1 日以上 3 月未满。关于无夫奸的规定从立法上是倒退的，但显然是社会现实被迫使然。

前文已述，《刑法第二次修正案》先后历经两次修纂，但由于各种原因，终未成为正式刑法典。有关通奸罪依然列有无夫奸明文。但将无夫奸的规范对象限定为 20 岁以下之女子。《刑法第二次修正案》在中国历史上并未颁行，而《暂行新刑律》自民初施行以来，存在颇多诟病。因此，制定新的刑法是国民政府首要任务。1928 年国民政府司法部长王宠惠对《刑法第二次修正案》详加研究，认为大致妥善即略以增损，编成刑法草案。此草案经审查完毕后，提交国民党中央常务委员会与国民政府法制局审核，法制局对刑法草案作了若干修正，即将草案发交司法部，并经复核通过，国民政府十七年（1928 年）3 月 10 日公布，同年 7 月 1 日施行。中华民国旧刑法不处罚无夫奸，只处罚有夫奸，对于通奸罪，采男女不平等处罚原则。值得一提的是，不承认妾具有合法婚姻关系，因此妾与人通奸不成立通奸罪。这样，在中国实行了两千余年的无夫奸，终于退出了历史舞台。无夫奸的废止，无疑是传统旧律与舶来法律博弈的结局，如果没有西方法律文化的传播与熏陶，是无法企及废止无夫奸的。

（二）对有夫奸的司法实践考察

关于有配偶的妇女犯和奸罪，传统旧律处罚重于有妇之夫。清末变法修律，基于四种理由仅规定有夫之妇通奸须受惩罚，即处罚有夫奸，不处罚有妇奸。这显然是男女不平等的法律，是不正确的立法。于是，国民政府于 1931 年 12 月组织刑法起草委员会，草拟刑法修正案，至 1933 年 12 月完成刑法修正案初稿。此项法律稿在不断的修改讨论后，于 1935 年 1 月公布，并规定于同年 7 月 1 日起生效。1935 年《中华民国新刑法》最终用两个条文规定了通奸罪。

第 239 条：有配偶而与人通奸者，处 1 年以下有期徒刑，其相奸者亦同。

第 245 条：第 238 条、第 239 条之罪及第 240 条第 2 项之罪，须告诉乃论。第 239 条之罪配偶纵容或宽恕者，不得告诉。

新刑法中通奸罪的规定，从旧刑法男女不平等处罚原则，争议为男女平等不处罚，最后定型为男女平等处罚原则。就男女平等而言，夫妇各自与人通奸均应同等处罚，是男女平等的体现，但夫妇若均不处罚，也是男女平等原则的实践，南京国民政府对于通奸罪从男女不平等处罚，到男女平等不处罚，最后到男女平等处罚。立法者为何放弃男女平等不处罚，而采取夫妇同罚？对此，俞承修分析认为，夫妇同罚源于家庭组织肇端于夫妇，夫妇因婚姻契约而结合，自应相互遵守其贞操义务，倘有通奸之事，不仅足以成为民法上离婚之原因，对于婚姻生活亦有所妨碍，故无论何方通奸，均应构成犯罪，因此采行夫妇同等处罚原则。

民国通奸罪问题比较常见的案例表明，民国时期对于有夫妇女与人通奸，奸妇和相奸人都要接受处罚。

（三）关于有妇奸的司法实践考察

传统中国从秦汉到隋唐再到明清，对于奸非罪的处理，除秦朝采取平等原则外，其余朝代均采取不平等处罚原则，对男女通奸者采取不平等处罚主义。这种情况一直持续到清末民国时期。清末民国时期社会发生了巨大的变化，男女平等理念传播，性观念发生变迁，恋爱自由、社交公开，妇女要实现解放，而妇女的解放必须以法律地位平等为基础，中国近代女子由此开始展开争取刑法平等运动，而通奸罪男女平等处罚是妇女争取法律平等的重要途径之一。因而民国时期争取通奸罪男女平等处罚就成为女权运动者努力斗争的一个重要目标。当时女子因通奸自杀而奸夫男子无罪的"朱淑德之死"事件成为民国时期争取刑法平等运动的导火线。

王维钧与刘荷生系夫妻，刘曾任教安徽淮西中学教员。已死之朱淑德系其学生。民国十八年（1929年）8月间朱淑德因刘荷生介绍，在山东济南小学充任教员。旋在王维钧家寄居，因是与王维钧有染。朱淑德既与王维钧发生关系，终以王维钧与刘荷生夫妻关系存在，顿悟前非，遂萌自杀之念。民国二十年（1931年）7月27日下午5时取出王维钧自置之勃朗宁手枪一支，在西屋内自击头部身死。[4]

此案江宁地方法院以朱淑德之死系自杀判决王维钧无罪。但朱淑德的死，在社会上引起强大反响。舆论普遍认为王维钧以有妇之夫与朱淑德通奸而致其自杀，虽然无须承担刑责，但在道德上对于朱淑德的死不能不负相当之责任。甚至有人大声疾呼，刑法应当另加处罚有妇之夫与人通奸及诈欺诱奸之条。[5] 五四运动前，传统中国对于通奸罪，是单科刑于女子的。因为有夫之妇与人通奸，容易导致血统混淆，足以扰乱宗族纯正，因此要严加惩处。而有妇之夫纵使生活放荡，如相奸者并非有夫之妇，即无紊乱血统之忧，所以刑法通常认为无处罚必要。这是赤裸裸的刑法不平等。妇女解放，要先行争取刑法平等。这场持续的争论成为中国传统通奸罪近代嬗变的导火索，朱淑德之死，成为争取女子刑法平等导火索，中国近代女子开始有组织有规模地争取刑法平等运动成为民国时期女权运动的重要组成部分。

传统中国法对于通奸罪处罚一直单科刑女子，但经过女界努力，《中华民国新刑法》第239条明确规定："有配偶而与人通奸者，处1年以下有期徒刑。其相奸者亦同。"通奸罪实行男女平等处罚，改变了通奸罪不平等处罚的传统，初步反映了男女平等的精神。实际上，在传统习惯中女子将通奸作为犯罪起诉丈夫是很少见的。1935

---

〔4〕 诸华军："通奸罪与民国社会"，四川大学2007年硕士学位论文。

〔5〕 吴锡章："刑法与国民感情矛盾问题之我见"，转引自诸华军："通奸罪与民国社会"，四川大学2007年硕士学位论文。

年 8 月 21 日，海门妇人杨金氏因丈夫与人通奸，向法院提起告诉。这在民国时期是一件破天荒的事情。这种案例是很鲜见的。但民国时期中国广大妇女争取刑法平等运动取得的成效也是不可低估的，是妇女解放史上浓重一笔，是值得我们反思借鉴的。

可见，经过女界努力，有妇奸从不处罚到处罚，这一嬗变彰显了男女平等的精神，是历史的进步。

在传统社会，法律上对妇女有很多歧视性的规定，甚至在民国成立之初，这种状况都未改观。但民国时期社会发生了巨大的变化，男女平等理念传播，性观念发生变迁，民国时期女子扛起反对性别歧视的大旗，开展了轰轰烈烈的争取刑法平等运动，最终，《中华民国新刑法》对于通奸罪的法律规定，规定男女平等处罚。当然这种对男女的平等处罚，基于传统习俗的根深蒂固，实际生活中女子对于男子的起诉是受到相当限制的。但通奸罪从男女不平等处罚到男女平等处罚对妇女解放是具有重要历史意义的。

## 参考文献

1. 黄宗智：《民事审判与民间调解：清代的表达与实践》，中国社会科学出版社 1998 年版。

2. （台）柯胜义："从法史学观点论我国刑法上之通奸罪"，台湾地区国防大学管理学院法律学研究所 1994 年硕士学位论文，第 127 页。

3. 诸华军："通奸罪与民国社会"，四川大学 2007 年硕士学位论文。

# 涉外民事案件审理中的几个问题

## ——以《涉外民事关系法律适用法》为视角

邹淑环 *

在我国人民法院的司法实践中，审理涉外民事案件与审理国内民事案件相比，可能会出现域外法律规范的适用、判决的域外承认与执行等情况，使得人民法院会遇到一些特殊问题。这些问题有的是在实施《中华人民共和国涉外民事关系法律适用法》（以下简称《法律适用法》）中产生的，如外国法的查明；有的是在实施《民事诉讼法》中产生的，如一事两诉问题。本文立足于我国《法律适用法》的现行规定，探讨人民法院在审理涉外民事案件时，将会遇到的几个问题及其解决对策。

## 一、"涉外性"的认定和识别冲突的解决

当事人向法院提起诉讼，法院首先就必须判定其请求是不是一个法律问题，进而对有关的事实进行定性，以判断是一个什么性质的法律问题，这是法院审理任何案件都不可逾越的必经程序。但在审理涉外民事案件时，当法院确定当事人的请求是法律问题之后，要进一步解决两个特殊问题：一个是要确定案件是否含具有涉外因素，另一个是识别冲突。解决这两个问题的关键是要有明确的判定标准。

（一）判断案件是否含有"涉外因素"

判断一个案件是否含有"涉外因素"是人民法院启动涉外民事案件审判模式的按钮。关于"涉外因素"的界定标准，《最高人民

---

* 天津商业大学法学院副教授。

法院关于适用〈中华人民共和国涉外民事关系法律适用法〉若干问题的解释（一）》［以下简称《法律适用法解释（一）》］第 1 条规定："民事关系具有下列情形之一的，人民法院可以认定为涉外民事关系：①当事人一方或双方是外国公民、外国法人或者其他组织、无国籍人；②当事人一方或双方的经常居所地在中华人民共和国领域外；③标的物在中华人民共和国领域外；④产生、变更或者消灭民事关系的法律事实发生在中华人民共和国领域外；⑤可以认定为涉外民事关系的其他情形。"这种根据主体、客体和内容"三要素说"确立的判断标准，实践中需要注意的是第 4 项。因为该项规定具有一定的隐蔽性。另外，第 5 项规定是"兜底"条款，具有补缺作用，用以克服"三要素说"的遗漏，给司法实践留下回旋余地。但本文认为，要尽量避免该款的适用，减少涉外案件的数量，尽可能多地认定为非涉外案件，避免后续审判实践中诸如法律查明等麻烦。需要指出的是，根据我国《票据法》的规定，涉外票据的判断是根据票据行为，即出票、背书、承兑、保证、付款等行为中，既有发生在中国境内又有发生在中国境外的票据为涉外票据。而《票据法》要优于《法律适用法》适用，因而应以《票据法》的规定判断何为涉外票据。

（二）识别冲突的解决

人民法院受理案件时，需要依据一定的法律观念，对有关的事实构成作出"定性"或"分类"，将其归入一定的法律范畴，即识别。识别是人类思维活动的普遍现象，审理国内案件时也要经过这一过程，表现为：事实→分类或定性→法律适用→法律后果。但法院在审理涉外民事案件时会遇到识别冲突，即我国法律与案件有关的外国法律对同一事实构成作出的分类可能不同，采用不同国家的法律观念判断案件的性质会导致不同的认识结果，影响法律适用，进而影响判决的结果，这就出现了识别冲突。为解决这一问题，我国《法律适用法》在法院地法说、准据法说、分析法学与比较法说等解决识别冲突的学说之中选用了最为常用的法院地说。该法规定："涉外民事关系的定性，适用法院地法律。"由于法官熟悉自己国家的法律概念，以法院地实体法为准进行识别，使得这一过程简单明确、迅速、准确率高。但也存在着"只依法院地法进行识别，有时会导致按其性质本应适用外国法而得不到适用；反之，本不应适用外国法却得到适用的结果"、"在法院地法中如果没有关于被识别对象的法律制度时，更会出现麻烦"等诸如此类的担心。〔1〕在正常、诚实识别的情况下，第一个担心是多余的；第二个担心是难免、但是可以解决的。由于国际私法与实体法不同，其调整的事实本身具有广泛的国际性，其内容与含义往往更为广泛，因而依法院地的国际私法进行识别，即"新法院地法说"在一定程度上解决了第二个担心。如《法律适用法》第 34 条关于"遗产管理"的规定，其内涵比实体法上要宽泛。如果以"新法院地法说"识别仍有遗漏，本文建议人民法院兼顾有关国家的法律制度去识别。

## 二、调整方法的确定

这是一个人民法院在审理国内民事案件时无须思考的问题。

国际私法对涉外民事关系的调整有两种方法，其一，直接调整方法。即用国际统一实体法或者国内直接适用的法，调整当事人之间的权利和义务关系。其二，间接调整方法。该方法先通过冲突规范的援引，找到不同性质的涉外民事关系应适用何国（或法域）的实体法，然后按照该实体法，即该案的准据法，判断纠纷的是非曲直。在没有区际法律冲突的情况下，国内民事案件的审理只用直接调整方法。而审理涉外民事案件时，法院决定涉外民事案件性质之后，就面临着采用哪种调整方法的问题：如果发现对此案件的调整应适用实体法性质的国际条约或国际惯例，或者发现案件属于《法律适用法》第 4 条及其《法律适用法解释（一）》第 10 条规定情形之一的，即涉及劳动者权益保护的、涉及食品或公共卫生安全的、

---

〔1〕 韩德培主编：《国际私法》，高等教育出版社、北京大学出版社 2014 年版，第 128～129 页。

涉及环境安全的、涉及外汇管制等金融安全的、涉及反垄断、反倾销的以及法院应当认定为强制性规定的，就采取第一种方法，直接适用相关的实体法。否则适用《法律适用法》中的冲突规则，对案件进行间接调整。

直接调整和间接调整作为解决涉外民商事案件两种基本方法，相互依存。间接调整是调整涉外民商事关系的特有方法。但其自身存在缺陷：①增加了寻找准据法的环节，使得解决涉外民事争议的过程更加复杂；②由于当事人难以预知解决纠纷将适用的实体法，使得其对自己行为后果的预见性减弱，不利于涉外民事关系的稳定；③助长了当事人挑选法院的现象。直接调整在适用法律方面具有明确性，但是存在以下问题：其一，直接调整方法适用领域比较有限，只有存在国际统一实体法或者国内直接适用的法时才能用这种方法。目前国际统一实体法主要存在于商事领域；而在继承、婚姻等具有人身属性的法律制度方面，由于宗教、传统、生活习俗等因素影响，国家之间很难缔结国际统一实体法条约。作为新崛起的国内直接适用的法，各主权国家只能以道德上的理由或者是公共利益为根据制定强制性的规则，其数量有限，否则将破坏涉外民事关系法律适用法的基础；通过国际条约对涉外民事关系进行直接调整的方法，受国际条约自身特点限制。一个实体法公约通常只适用于某种法律关系的某些方面，而在其他方面，仍得采用间接调整方法。其二，即使在已经制定并适用统一实体法规范的那部分涉外民事领域，冲突规范仍起作用，因为国际条约只约束缔约国，在民商事领域找不到一个国际条约被世界上所有国家都接受。那么，在一个条约的缔约国和非缔约国之间，还得用间接调整方法。其三，在国际条约的保留事项上，即使是缔约国之间仍然得用间接调整方法。所以直接调整和间接调整这两种方法相辅相成，直接、间接并存；但司法实践中不可并用，应该先采用直接调整方法，只有在直接调整方法不能适用的情况下才用间接的调整方法。

### 三、冲突规范的适用问题

在间接调整中，重要的一步就是正确适用冲突规范。根据《法律适用法》中的相关规定，本文认为人民法院在适用冲突规范这个环节中应注意：

（一）冲突规范的适用顺序

关于冲突规范的适用，《法律适用法》确定了先后顺序，即"涉外民事关系适用的法律，依照本法确定。其他法律对涉外民事关系法律适用另有特别规定的，依照其规定。本法和其他法律对涉外民事关系法律适用没有规定的，适用与该涉外民事关系有最密切联系的法律。"其《法律适用法解释（一）》进一步规定："涉外民事关系法律适用法与其他法律对同一涉外民事关系法律适用规定不一致的，适用涉外民事关系法律适用法的规定，但《中华人民共和国票据法》、《中华人民共和国海商法》、《中华人民共和国民用航空法》等商事领域法律的特别规定以及知识产权领域法律的特别规定除外。涉外民事关系法律适用法对涉外民事关系的法律适用没有规定而其他法律有规定的，适用其他法律的规定。"据此可见，冲突规范的适用顺序依次是：特别规定的冲突规范—法律适用法—最密切联系的法律。实践中必须按照这样的顺序从中选出要用的冲突规范，进而寻找准据法。

（二）"有利于"原则的实施

《法律适用法》比较彻底地贯彻了内、外法平等原则，采用了灵活性比较大的冲突规范。特别是在一些诸如婚姻家庭关系上，允许法院以"有利于"为限制性原则，从多个连结点中进行选择，如该法第29条规定："扶养，适用一方当事人经常居所地法律、国籍国法律或者主要财产所在地法律中有利于保护被扶养人权益的法律。"法院在适用类似规则时，需要对允许选择的多个连结点指定的法律进行比较，由法官自由裁量，从可以适用的多个法律中，以"有利于"为原则进行选择。需要指出的是：一般情况下，内国法对保护本国人比较有利，但不是绝对的。因而"有利于"的法律不一定是内国法，法官一定严格按照规定"有利于"的对象选择法律，不能使此原则成为"有利于"适用我国实体法的工具。这样从理论上讲是没有问题的，但实践中存在一个难以避免的前提，即法官必须事先知晓允许适用的几个法律的具体规定。只有知道了相关几个法律的具体规定，才能比较出来哪个法律"有利于"法定对象。那么，问题随之产生：适用"有利于"原则进行选择时，加大了外国法查明方面的工作量，案件的审判期间可能被拖长。要解决这一矛盾，本文认为应该从实际情况出发，在"有利于"原则指导下，考虑尽快解决纠纷，法院在预知的相关法律中尽快做出选择。为达到"有利于"的目的，当事人应该积极主动查明相关的外国法，给法官提供多个选择。《法律适用法解释（一）》也明示了当事人提供外国法是查明外国法的一个途径。

（三）"最密切联系"的判断

《法律适用法》将最密切联系作为补缺原则的同时，还将其作为一般的系属加以使用，如第39条规定："有价证券，适用有价证券权利实现地法律或者其他与该有价证券有最密切联系的法律。"对于"最密切联系"的判断，本文认为法官要从连结点的"量"和"质"两个方面相结合去分析，即所谓"质的分析"是指法官在选择适用法律时，应当根据各种连结点的相对重要程度，来确定与案件有最密切联系的国家的法律加以适用。"量的分析"要求法官将与所涉案件有关的各种连结点列举出来，与质的分析相互结合判断哪个国家或地区为最密切联系地。需要强调的是：连结点的收集既包括与我国的连结点，也包括与外国的连结点，不能顾此失彼。[2] 不要陷入以"最密切"为借口，导致出现本国实体法无限制扩大适用的局面。

（四）当事人改变连结点时的处理

冲突规范的连结点有静态的，即一旦形成，固定不变，如婚姻

---

〔2〕 邹淑环："《涉外民事关系法律适用法》视野下的最密切联系原则"，载《天津商业大学学报》2013年第4期，第72页。

缔结地；还有动态的连结点，即可变的连结点，如国籍、住所、经常居所地等。当事人事实上的连结点发生变化，如法律规定人格权的内容，适用权利人经常居所地法律。而权利人经常居所地发生变化了，那么适用哪个经常居所地指定的准据法呢？在连结点发生变更时，各国立法与实践并未形成一致的解决办法，一般根据涉外民事关系的不同性质，从有利于案件的公正合理解决出发，或采取可变原则，即可以适用当事人变更后的连结点指引的准据法；或采取不可变原则，即准据法不因连结点的变更而改变。《法律适用法》对这种动态冲突出现后的处理方法没有明示规定，本文建议：在连结点发生改变的情况下，是否采用新连结点指引的准据法，应综合各方面的情况，从有助于问题的公正、合理解决出发，确定应采取的方法即可。

（五）冲突规范指向多法域国家时的处理

当人民法院根据我国冲突规范的规定指向一个存在多法域国家时，有时会遇到具体的连结点的确定问题。如根据我国冲突规范中的"国籍"这一连结点，指向适用 A 国法。而 A 国是一个多法域国家，没有统一的适用民商事方面的实体法，而是各个法域有自己的民商事方面的法规，我国法院如何处理？根据我国《法律适用法》的规定，当出现涉外民事关系适用外国法律，而该国不同区域实施不同法律的，法院应适用与该涉外民事关系有最密切联系区域的法律。据此可知，当出现该类情况时，原来冲突规范连结点指明的只是一个方向，即适用哪个国家的法律，而具体适用的法规需要借助最密切联系来确定。

# 四、外国法的确定问题

人民法院在对涉外民事关系进行间接调整时，找到应该适用的法律也就找到了处理问题的依据。如前所述，根据《法律适用法》中冲突规则的指引，用以明确案件中权利义务关系法律我们称之为准据法。成为准据法的可以是国际条约、国际惯例、外国法和法院地国的实体法。在这几个可能成为准据法的对象中，无疑外国法的确定最为困难。

《法律适用法》第 10 条规定："涉外民事关系适用的外国法律，由人民法院、仲裁机构或者行政机关查明。当事人选择适用外国法律的，应当提供该国法律。不能查明外国法律或者该法律没有规定的，适用中华人民共和国法律。"其《法律适用法解释（一）》第 17 条规定："人民法院通过由当事人提供、已对中华人民共和国生效的国际条约规定的途径、中外法律专家提供等合理途径仍不能获得外国法律的，可以认定为不能查明外国法律。根据《法律适用法》第 10 条第 1 款的规定，当事人应当提供外国法律，其在人民法院指定的合理期限内无正当理由未提供该外国法律的，可以认定为不能查明外国法律。"《法律适用法解释（一）》第 18 条进一步规定："人民法院应当听取各方当事人对应当适用的外国法律的内容及其理解与适用的意见，当事人对该外国法律的内容及其理解与适用均无异议的，人民法院可以予以确认；当事人有异议的，由人民法院审查认定。"从现行规定中可见：

第一，《法律适用法》原则上把外国法视同为和我国法一样，是法律而非事实，人民法院、仲裁机构或者行政机关负有查明外国法的责任；但当事人选择适用外国法律的，应当提供该国法律。这种原则上由法院等的机构依职权查明、在特定情况下当事人也负有协助义务的做法具有合理性，体现了内国法和外国法地位平等的理念。但是其《法律适用法解释（一）》规定的具体途径包括当事人提供、已对中华人民共和国生效的国际条约规定的途径、中外法律专家提供等。从司法实践看，当事人提供外国法和通过中外法律专家提供外国法的途径使用较多，[3] 这实际上对《法律适用法》的原则规定有所修订。或者可以解释为《法律适用法》第 10 条的规定只是确定了查明责任承担的主体，而不是具体的查明途径。

---

　　〔3〕　万鄂湘主编：《中华人民共和国涉外民事关系法律适用法条文理解与适用》，中国法制出版社 2011 年版，第 79 页。

第二，确定外国法环节可以细化为"查找"和"确认"两个步骤。"查找"的目的是找到，要求找到的法规应该是现行的、有效的。"确认"是对找到的外国法内容的理解与适用的态度。对此，人民法院应当听取各方当事人对应当适用的外国法律的内容及其理解与适用的意见，双方当事人对该外国法律的内容及其理解与适用均无异议的，人民法院可以予以确认；否则由人民法院确认。显而易见，在确认环节中还存在着一个对外国法内容的解释问题。对于外国法内容解释需要注意的是，应该遵从该外国法所规定的解释规则和对概念或制度的特定界定，不能按照我们自己的主观认识，也不能按照我国司法实践中的通常认识去解释，否则可能会南辕北辙。

第三，当事人的作用。在查明外国法的环节上当事人的任务包括：①提供外国法。这项任务在当事人选择法律时是绝对的，在其他情况下当事人也负有这项任务。②对外国法律内容及其理解与适用可以提出自己的意见。对此，法院应尊重当事人的意见，只有双方当事人意见不一时，法院承担认定责任。可见，从某种角度上讲，当事人在承担确定外国法内容方面担负有第一位的职责。

第四，补救措施问题。按照我国的相关规定，当外国法的内容无法确定时或者该外国法无相应规定时，适用我国法律。这种规定有利于加快审理涉外民事案件，许多国家也采用相同的方法。但需要注意的是：一定是以勤勉的态度进行查明后仍然不能确定外国法的内容，方可适用我国法，以防将确定外国法内容人为设置成扩大法院地法适用的工具。需要明确的是，外国法的内容无法确定的情况包括：①人民法院等适用法律机构通过法定的合理途径不能获得外国法律；②当事人应当提供外国法律，其在法院指定的合理期限内无正当理由未提供该外国法律。

### 五、外国法的不适用或错误适用问题

在审理涉外民事案件时适用外国法是不可避免的，当外国法通过法院等适用法律的机构或当事人查明且对其内容确认后，余下的

事情的就是适用了。人民法院在外国法的适用中还会有"插曲"出现：

（一）查到的外国法不充分

这种外国法查到了但适用中发现不充分如何处理？对此，我国司法实践中有案例显示，可以以准据法所属法域法律的基本原则作补充，典型案例是深圳农行诉香港雄丰公司、深圳雄丰集团公司抵押借款合同纠纷一案。[4] 这种做法的好处在于：一是保证案件的审理不因查到的外国法不充分而延误；二是保证了案件的审理的质量，因为准据法所属法域法律的基本原则是其具体规定的基石。从此可见，查到的外国法不充分时的补救措施与外国法无法查明的补救措施是不同的。

（二）国内公共秩序的维护问题

法院维护本国的公共秩序是其一项基本任务。从《法律适用法》的角度讲，这个任务主要通过两种方式完成的：一是确定我国某些法律为强制性规定，直接适用于涉外民事案件，保证在法律划定的领域内本国法的绝对适用性。这些法律为涉及劳动者权益保护的、食品或公共卫生安全的、环境安全的、外汇管制等金融安全的、反垄断、反倾销的等法院应当认定为强制性规定的其他情形。这是一种比较高级的立法方式，是国家对涉外民商事关系进行管理和监督的具体体现。当立法者清楚地看到自己本国的某一些领域不允许外域法适用时，事先采取的主动防御措施，在法律所规定的特定范围内，直接适用本国的相关法律，保护本国的公共秩序。但如上所述，人民法院适用这种强制性规定的范围不易过大。二是通过消极的公共秩序保留。法院审理涉外民事案件时，依法律适用规范的指引应适用某一外国实体法为准据法时，如果该外国法的适用与我国的公共秩序相抵触，可以排除该外国法的适用，出现了不适用外国法的情形。即通过对外国法的防范、否定，排除外国法的适用，达到维

---

〔4〕 参见詹思敏、侯向磊："域外法查明的若干基本问题探讨"，载《中国海商法年刊》2003年第14卷，第284页。

护本国该秩序的目的。

（三）错误适用外国法问题

正确适用法律是法院的职责，但是即使人民法院适用自己本国法时也不能保证绝对无误，况且涉外民商事案件法律适用复杂，法官对外国法的熟知程度比对本国法要低，适用外国法中出现差池难以避免。根据《中国法院审理涉外民商事案件法律适用实证分析》一文的作者何易统计，在 1978~1999 年我国法院审理 62 宗有关法律适用的案件中，适用法律错误的占 9.3%。[5] 外国法的错误适用通常有两种情形：一是适用冲突规范的错误。表现为法院根据冲突规范本应适用某外国法却是用了法院地实体法，或本应适用法院地实体法却适用了外国法，或本应适用甲外国法却是用了乙外国法。二是适用外国法的错误。或表现为对作为准据法的外国法内容做了错误的解释，或表现为本应适用该外国法中的甲法却用了乙法，或表现为本应引用某一外国甲法中 A 条款却用了 B 条款。由于这两类错误的性质不同，在国外也存在不同的解决方法。第一类错误实质上是适用内国冲突规范的错误，为了维护本国法律的尊严，各国均允许当事人依法上诉加以纠正。对第二类错误，由于各国的诉讼制度不同，存在着允许和不允许当事人依法上诉加以纠正两种不同做法。我国《法律适用法》对解决错误适用外国法问题没有明文规定，但根据我国的审判制度，无论哪种错误，都允许当事人依法上诉予以纠正的。

涉外民商事案件的审理与国内民商事案件的审理相比，多一些环节，存在一些特殊问题。人民法院应该采取积极、谨慎的态度，周全地处理之。从《法律适用法》的角度看，关键是要处理好对涉外民事关系间接调整的各个环节，在法律规定的范围内，体现该法"合理解决涉外民事争议、维护当事人的合法权益"的宗旨，保障国际民事交往有序、健康地发展。

---

〔5〕何易："中国法院审理涉外民商事案件法律适用实证分析"，载《中国涉外商事海事审判指导与研究》2001 年第 1 期。

## 参考文献

1. 韩德培主编：《国际私法》，高等教育出版社、北京大学出版社 2014 年版。

2. 李双元、欧福永主编：《国际私法》，北京大学出版社 2015 年版。

3. 万鄂湘主编：《中华人民共和国涉外民事关系法律适用法条文理解与适用》，中国法制出版社 2011 年版。

4. 齐湘泉：《〈涉外民事关系法律适用法〉原理与精要》，法律出版社 2011 年版。

5. 冯霞：《国际私法原理与案例》，北京大学出版社 2017 年版。

6. 詹思敏、侯向磊："域外法查明的若干基本问题探讨"，载《中国海商法年刊》2003 年第 14 卷。

# 中国古代刑案中的"情理"

## ——以类型思维为视角

吕姝洁 *

## 导　言

法律是人们相处的规则，它源于事理，以事理为准则，内容通常要合情合理，不能在情理之外另作设置。所有的事情都具有客观必然性或彼此间具有内在联系，"大凡事理必有当然之极，苟用其极，则古今中西初无二致"。在法律的适用过程中，法律与天理、人情紧密联系，三者的内在关系也备受关注。早在先秦时期，先贤们对天理、人情、国法的理解，形成了一种事实上的制度，一直支配着传统社会人们交往时的行为方式。孔子在鲁国当司寇时，也是以情理为先，息讼戒争，"有父子讼者，孔子拘之。三月不到，其父请止，孔子舍之。"到宋明清以来，"情理"一词在司法上运用渐广。

"情理"作为利益衡量或价值判断的基准而出现于司法官员的视野之中，将情理的彰显与法律目的的实现结合起来考虑。司法官员用法律进行裁判，在规范与事实之间来回推论，在具体案件事实与"事物本质"之间往返流转，一方面维护法律实施的一致性，另一方面考虑"明刑以弼"的法律目的。当案件事实所呈现出的情理因素不触及法律规范保护的根本利益时，司法官员更愿意用情理去解释法律或用情理裁判，试图用类型的开放性弥补抽象概念思维的不足。这一点与考夫曼的主张有相似之处。考夫曼认为，法律概念的适用应根据以法律规范为基础的类型来加以确定，法官在适用法律时应

---

* 天津商业大学法学院讲师。

探求隐藏在法律规范背后的类型并做出解释，而不应拘泥于抽象概念的表面文字。司法官员在解释的时候，应尽量使

法律规范具体化于每一种特殊情况。在中国传统社会，以"情理"指引法律发现，通过"情理"认定"事物本质"，最终根据"情理"作出裁判。

"事物的本质"产生于其自身的标准和内在秩序，认定"事物本质"的前提便是认识事物自身的标准和秩序。特定社会环境中，事物有它特定的标准与秩序。在中国传统社会刑事裁判中，司法官员虽严格按律令裁判，但在律令的选择上，以当时社会认可的标准或秩序来选定，或在法律没有明确规定的条件下，直接用社会认可的标准进行裁判。这里的标准或秩序，就是"情理"，即"天理"与"人情"。对于探求立法本意与维护社会秩序来说，作用非同一般。本文从以下几个方面，分析司法官员如何用"情理"界定"事物本质"，如何用"情理"弥补"国法"的不足。

## 一、"国法"局限性的客观要求

中国传统社会将"天理、人情、国法"等量齐观，在实际运用过程中又有所区别。国法将复杂的社会生活事实，以简单明确的方式加以抽象、归类，确定其要保护的社会关系，同时赋予相同法律事实以相同的法律效果。这种方式，为法律规范划定了一个范围，如果简单地适用法律，势必突显法律的僵化。这时需要应用"情"、"理"对法律进行解释，以弥补"国法"的僵化。

中国传统社会较为注重依律断罪，各朝法典也大多明确规定，"断罪"应当"具引律例"，对"断罪"不当者，处以刑罚。云梦秦简记载，司法官员断狱失轻失重者，处以"失刑罪"，秦始皇三十四年（公元前213年）将"治狱吏不直者"，发落去"筑长城及南越地"。汉武帝时，推崇儒家引经断狱，使类推比附流行一时，冲击了援法断罪的"法治"原则。到唐朝，《唐律疏议·断狱》规定："诸

断罪者皆须具引律、令、格、式正文，违者笞三十。"[1] 清朝颁行的《大清律》对唐律的上述规定作了新的补充："凡（官司）断罪皆须具引律例。违者（如不具引），笞三十……其特旨断罪，临时处治不为定律者，不得引比为律。若辄断决，致（断）罪有出入者，以故失论。"[2] 可见，"律"一直以来都是司法官员裁判案件的重要依据，历史上更是不乏严格执行法律，依法断案的司法官员。西晋时三公曹尚书刘颂曾向惠帝上书认为律条断罪，"皆得以法律令正文"司法官员对不同位阶的法律进行甄别，在法律正文没有规定时，按照名例来判决。当正文、名例都没有规定时，不得断罪。当然法律有争议时，可以有异议，但异议的范围既定为"法曹郎令史"。[3]

在案件的审理过程中，司法官员努力使法律规范与具体的生活事实相互对应，但法律与事实往往难以完全对应，法律只是规定了当为与不当为，而事实是多样的，仅以三段论无法当然得出裁判结果。而且构成法律规范的语言载体天然的不确定性，使得再具体的法律规范也不可避免地存在着一定的模糊空间。如清代关于杀伤父母，《大清律》的规定，凡谋杀父母，无论伤或未伤，也不论首从，都应当斩。已杀者，皆凌迟处死。法律规定了主观上故意杀害父母，应当处以凌迟；却并未规定非故意（过失）致父母死亡的情形应当如何处理。司法官员审理此类案件时，面对法律的空白，需要思考如何作出合法又合理的判决。

饶锦盛因母刘氏借欠饶锦玉钱文未还，被饶锦玉索讨，争殴失跌，抱忿起意服毒诈赖。饶锦盛劝告其母，但其母仍坚持服毒自尽。

---

[1] （唐）长孙无忌等：《唐律疏议》，岳纯之点校，上海古籍出版社2013年版，第476页。

[2] （清）沈之奇撰：《大清律辑注》，李俊、怀效峰点校，法律出版社2000年版，第1040页。

[3] （清）沈之奇撰：《大清律辑注》，李俊、怀效峰点校，法律出版社2000年版，第659页。"凡谋杀祖父母、父母及期亲尊长、外祖父母、夫、夫之祖父母、父母，已行不问已伤、未伤者，预谋之子孙，不分首从皆斩；已杀者，皆凌迟处死。……已杀者，依故杀法。依故杀法者，谓各依斗殴条内，内尊长故杀卑幼律问罪。""凡子孙谋祖父母、父母案内，如有旁人同谋助逆加功者，拟绞立决。"

饶锦盛被逼无奈，拟先听从其母为其取砒霜，再行劝阻，不期刘氏即时吞服，以致毒发毙命。[4]

司法官员在审理的过程中，意识到仍按《大清律》关于"谋杀祖父母、父母"条的规定处以凌迟，处罚明显较重，与统治者所主张的"仁"不符。虽然，每一个法律判决均以一个规范为前提，即为已足。但不因此意味着：规范早已完整地在自身中包含了法律判决，以至于后者只须从前者中发掘、演绎即可得出。"国法"的局限性向司法官员提出了一个难题，是适用僵化的法律还是寻找更合理的救济途径。这就对司法官员提出了较高的要求，他们不仅要知悉法律，还要深谙统治者所欲保护的伦理和社会秩序，从而实现"情罪相符"的司法目标。在此，他们需要从案件事实所蕴含的固有事理出发，以道德自律或对其心中伦理目标的恪守，作出在伦理意义上具有一致性和确定性的裁判，实现统治者所期望的法律形式公平与个案实质公平理想结合的司法目标，最终符合"天理"、"人情"。

在中国传统社会中，人们认为"天理、国法、人情"是相通的，是三位一体的。法不外乎人情，情理法兼顾，才是真正的法律。司法官员只有合理应用"情、理、法"，掌握"情、理、法"的程度和分寸，才是好的司法官员。他们在裁判的过程中，必须做到不违反法律，不破坏上司的美意，不逆人民的感情，同时对得起自己的良心。在"情"、"理"和"法"三者中，"情"与"理"是统治者所追求的社会秩序，国法所肯定的亦是情理所提倡的，情理所追求的也是国法所欲肯定的。但国法的含义是概括性的，从其本身常常无法直接得出法律裁判。它的抽象性、概括性与个案情况的具体性、多样性，不能一概适用三段论的逻辑推理，即使适用三段论推理，得出的结果未必都能让人信服。情理作为统治者所追求的社会秩序与价值，其抽象的特点，在统治者认可的范围内弥补了法律的不足。出于对统一、稳定的法律秩序的追求，司法官员在审理案件的过程中，以情理为指导对法律作出相对一致的解释以保障社会秩序的稳

---

[4]（清）祝庆祺等编：《刑案汇览》（四），北京古籍出版社2004年版，第204页。

定性和确定性,实现"情法两平"。而且在泛道德主义的社会氛围之下,司法官员长时期受到严格的伦理教育,他们已经形成了较为固定的思维模式和价值取向。

在"饶锦盛杀母"一案中,饶锦盛并非有心致其母死亡。但他间接谋害了刘氏,属"伦纪攸关"之情形,自应按律处罚。司法官员查到嘉庆二十二年(1817年)"蔡允光耸母自缢"一案,该案中,蔡允光耸母自缢,但"拼命图赖,只系空言,问拟斩决,已当其罪,若即处以极刑,近日他省逆伦之案尚有逼母自尽,并给凶器,从旁加功者,又将何罪?蔡允光业经正法,着毋庸议。嗣后此等案件,亦应详核情节,不得漫无区别,概从重典等因。"〔5〕在案件的审理中,司法官员首先意识到,致死其母"伦纪攸关",是严重的破坏伦理秩序的行为,无论主观是故意还是过失,都系法律应当惩治的行为。同时司法官员也意识到,比饶锦盛情节严重的行为处以极刑,饶锦盛主观并非故意,处以极刑难免不公。在决定如何适用法律的过程中,司法官员以案件事实为基础,从当时社会所保护的伦理秩序出发,认为应当引用《大清律》"谋杀父母"条,但毕竟情节不同。如果处以相同的刑罚,与统治者所主张的"仁爱"也是不符的,应当区别对待,故裁判如下:

"黎长元因祖母黎董氏嗔冉添玉索欠,起意服毒图赖,该犯怂恿致死,该抚将黎长元拟以凌迟,声明止系空言怂恿,与下手加功实犯恶逆者有间,恭候钦定。奉旨:黎长元着改为斩立决等因。钦此。各在案。兹饶锦盛因伊母起意服毒,向劝不允,逼令寻取砒末。该犯被逼无奈,冀图暂顺母意,取砒交给,致母吞服毙命,既据该抚声明并非有心致死,核其情节,取砒由于被逼,并非实犯加功,与蔡允光等案之空言怂恿,并非逼母自尽事异情同,可否量予末减,改为斩立决之处,恭候钦定。"〔6〕

经查阅《刑案汇览》,清代刑事案件的判词引用已审结案件,论

---

〔5〕 (清)祝庆祺等编:《刑案汇览》(四),北京古籍出版社2004年版,第206页。

〔6〕 (清)祝庆祺等编:《刑案汇览》(四),北京古籍出版社2004年版,第206页。

证裁判案件的比例较高。可以肯定的是，主审官员之所以在判词中引用已审结案件来证明判决的合法、合理性，也是看到被引用案件与本案存在相似性。司法官员审理案件，也必先查清案件事实，根据案件事实寻找应当适用的国法。法律没有规定时，分析案件破坏或侵犯的社会关系，参照同类已审结案件进行裁判。在判词中，往往将引用的案件与现有案件的案情进行比照分析，论证裁判的合理性，以弥补国法的不足。

## 二、"情理"在界定事物本质上具有合理性

法律规范中的行为模式大多过于具体而失去弹性，同一类案件的不同表现形态在实践中无法相应表达，从而也导致了中国的传统社会律例越繁，法的适用性却无法相应表达。"情理"在一定程度上协调、帮助法律更加灵活应用。但"情理"作为界定"事物本质"的标准其并不是法源，在适用的过程中，不能当然的代替法律。但个案情况千差万别，司法官员在裁判的过程中，必定寻找类似的连结点。即"基于一种类推"，对法律规范进行必要的解释，将其应用于具体案件。在法律解释的过程中，"情理"以其特定的内涵，以及被社会认可的程度，最为恰当的充当法律与个案对应的桥梁，将普遍与特殊、共性与特例关联起来。"情理"将"事物本质"类型化，指引司法者寻找最佳的法律规范，将"含有情理"意味的法律规范应用于具体案件。

考夫曼也提到，"事物本质不只是填补法律的方法，亦不是如法律规范般的法源，而是一种催化剂，在每个立法与法律发现行为中必要的催化剂，以便能够使法律理念或者法律规范与生活事实，当为与存在，产生一种关联。"[7] 中国传统社会的法律实践活动，均以合情合理、入情入理、通情达理作为司法的理想境界，以期"揆

---

〔7〕［德］亚图·考夫曼：《类推与事物本质》，吴从周译，学林文化事业有限公司2003年版，第135页。

之以情，衡之以理"。现实的法律本身"并一定就是作为是非本身的'天道天理'的直接具体体现，更非等于'天道天理'本身。相反，其合法性本身有赖于在天道天理的烛照下的大众实践的辨别与选择，而是非之心人皆有之，天道天理的神秘性乃是向所有人敞开的。"[8]传统社会的"事物的本质"主要有两种类型，即天理和人情。

（一）天理：究天人之际的天道观

"理"与中国古代社会的天道观的思维方式有着密切的联系，"天视自我民视"。早在先秦时期，先哲就热衷于天人关系的探寻，甚至有一种职业"巫"，他们作为通天达地的先知者和人们行为的预言者与指导者而存在。到了董仲舒，恰到好处地将"天人感应"的神学先验学说和"敬鬼神而远之"、"不语怪力乱神"的世俗经验学说巧妙地结合起来，以前者为标准装饰政治统治的合法性基础。两宋时期，这种天道观被进一步哲理化和思辨化。"理"成了创造和主宰自然界、人类社会的最高精神本体，"盖天下有万事不易之常理，又有权一时之变者。如君君、臣臣、父父、子子，此常理也；有不得处，即是变也。然毕竟还是那常理底是。"[9]"理"实质上是作为中国古代伦理思想核心的"三纲五常"的抽象化而存在的，用天地尊卑来论证君臣、父子、夫妇之间的主从关系，正如朱熹所言，"法者，天下之理。"凡违背三纲五常便是"反天之道"，皇帝的所作所为，必须承天之意。明清时期，随着纲常不断法律化和科学技术的进步，天理作为充满神秘色彩的权威性逐渐淡化，但天理的法律体现却进一步加强，天理愈来愈法律化。

司裁判过程中的"理"，是指裁判所应遵循的、对同类事物普遍适用的道理。司法官员适用法律时，对法律本身的理解，或者解释，以"天人之际"为原则，探寻国法的含义。而"在法律解释中动辄寻求'天人之际'的关系性状，实在是中国古代统治者包装其统治

---

〔8〕（宋）黎靖德编：《朱子语类》（卷五八），王星贤点校，中华书局1986年版，第42页。

〔9〕（宋）黎靖德编：《朱子语类》（卷五八），王星贤点校，中华书局1986年版，第1365页。

的需要。不过一旦以此为包装，则其就不仅仅具有包装作用，而且对于获得人们对一个政权的支持，也会起到一定积极作用——所谓'天理'，不仅仅平民要守之，王侯将相亦复如之。"[10] 按照当时的标准，"天理"不仅被统治者视为最高准则，官员甚至百姓也认可"天理"所构建的社会秩序。司法官员的裁判结果，与"天理"不符，既不能顺民意，也违背统治者的意为。两造所认可、接受的裁判必须符合"天理"。"翁逼妇缢"[11] 一案中，老翁企图强奸媳妇，媳妇用手抓伤了他的脸，才免遭奸污。该案中，有人认为抓伤公公的脸是不孝，但李松园认为，她这么做的原因是为免遭公公奸污，并非不孝，应当立牌表扬，此乃事物之常理。"道者，古今共由之理，如父之慈，子之孝，……德，便是得此道于身。"[12] 可见，违背"理"便无法得道，必定"失德"，就不能得到国法的保护。

（二）人情：寻社会秩序的伦理观

"情"与"人情"有关，以血缘伦理亲情为基础，具体表现为亲族之间根据伦理原则而形成的权利义务关系。它不局限于家庭内部，扩大适用于国家事务，成为一种社会关系。最初对"情"的强调，也是从司法领域开始的。出于对断狱的要求，以"人情"指导司法，只有合乎人情，维护伦常，才足以实现公道，实现司法的目的。在司法实践中，"人情"包含了在一定德价值观支配下，人们对于自己及他人行为方式的一种期待。传统社会的法律也与血缘、伦理、亲情为内涵的人情具有同质内涵，与人情互补，成为中国古代的重要规范体系。"所谓'人情'，是指人类基本的情与义，概莫人类的基本情感及其情境表达，而非乡愿口眼中接受请托的私恩情

---

〔10〕 谢晖：《中国古典法律解释的哲学向度》，中国政法大学出版社 2005 年版，第 110 页。

〔11〕 陈重业主编：《〈折狱龟鉴补〉译注》，北京大学出版社 2006 年版，第 275 页。"寿光李松园光司寇封，由翰林改刑部。时有翁强污其妇，妇抓伤翁面，得免。畏其再逼，遂自尽。众谓伤翁不孝，不宜旌。公谓：'妇此时惟恐不免耳。是无妨于孝，仍宜旌。'钱文敏公维城从其言。由是遂知名。"

〔12〕 （宋）黎靖德编：《朱子语类》（卷五八），王星贤点校，中华书局 1986 年版，第 231 页。

谊,更非等同于'拉关系走后',亦非一般俗常所谓'情面'。毋宁,举凡礼义廉耻忠孝仁爱和平,举凡自由平等博爱宽容,举凡善良风俗、常理常情,普世流通,颠扑不破,放之四海而皆准,悉为人类的基本情义。"[13]

"人情"与"国法"通常具有一致性,"人情"所欲谴责的往往也是"国法"所欲追究的,二者相辅相成。"法意、人情,实同一体。徇人情而违法意,不可也;守法意而拂人情,亦不可也。权衡于二者之间,使上不违于法意,下不拂于人情,则通行而无弊矣。"[14]《宋史·刑法志》载:"凡岁饥,强民相率持杖劫人仓廪,法应弃市,每具狱上闻,辄贷其死。真宗时,蔡州民三百一十八人有罪,皆当死,知州张荣、推官江嗣宗议取为首者杖脊,余悉论杖罪。帝下诏褒之。遣使巡抚诸道,因谕之日:'平民艰食,强取根粮以图活命尔,可从盗法科之。'天圣初,有司尝奏盗劫米伤主,仁宗日:'饥劫米可哀,盗伤主可疾。虽然,无知迫于食不足耳。'"与此同时,将"情"与断狱作一种确定的联系,要求断狱者"尽情"察狱。[15]

正是因为"人情"的因素,传统社会司法官员必须考虑和斟酌的因素,远远多于现代的法官,他们要考虑"杀人者与被杀人者的身份关系——家族、良贱或官民。……仔细辨析杀人的主观动机和(或)行为方式;……了解杀人者是否属于'亲老单丁'或'留养承祀'的情况,甚至还要考虑被杀者是否具有同样的情形"[16]。最

---

〔13〕 许章润:《汉语法学论纲》,广西师范大学出版社 2014 年版,第 60 页。

〔14〕 徐忠明:《明镜高悬——中国法律文化的多维观照》,广西师范大学出版社 2014 年版,第 448 页。

〔15〕 霍存福:"中国传统法文化的文化性状与文化追寻——情理法的发生、发展及其命运",载《法制与社会发展》2001 年第 3 期。"察必以情"或"用情讯之",在形式上似乎是单调的,因为它只是"尽己情",但"己情"在遇到具体、复杂、丰富的现实案件时,就衍出许多变化来,因而使"情"的讲究依准于客观案件的具体情状,从而显出丰富性。因此,以情断狱实际包含着复杂、丰富、多样。

〔16〕 徐忠明:《明镜高悬——中国法律文化的多维观照》,广西师范大学出版社 2014 年版,第 30 页。

终的判决要让人们接受，那也就必须与人情协调。《齐书》记载的"害母绝种"一案中，"时雁门人有害母者"，朝廷高官上奏将他车裂，宽恕他的两个儿子。邢虬认为，"君亲无将，将而必诛"，现在谋反的人在处刑时连他的叔、伯、兄弟等都要被杀掉，而这种杀死自己母亲的人，不能让他延续祖宗香火，这种做法不能鼓励忠孝之道，保留三纲之义。北魏宣武帝同意了邢虬的说法。传统社会对案件做出裁判时，不仅是考虑案件的实情，还要探究案件背后的伦理关系，以及判决后可能会产生的社会效果，可谓"思虑再三"而做出裁判，以求得"公平正义"。

### 三、"情理"是实现正当性的条件

在充满泛道德化气息的中国传统社会，伴随着法律伦理化的进程，在司法实践过程中，司法官员既要知法，更要知"法义"、"深其类"，尽可能使裁判结果符合"情理"。当然，把情理因素引入司法判决时，并非一蹴而就，在引入的过程通常会出现一些问题。但将情理引入司法判决中，又势在必行，它是让两造接受判决的重要因素。另外，"公权机构无论如何通过情理变通法律，都应当遵循法律的基本原则和规定，否则，只能收到比没有法律还要糟糕的实际后果。"[17] 情理通常是统治者所追求的社会秩序，也是统治者所欲重点保护的社会秩序。当法无明文规定或法律规则与传统伦理道德产生明显背离时，情理在一定程度上就成为法官确立裁判依据的法律渊源。而在审理案件的过程中，情理又成为一种事实判断的基准。情理在事实判断过程中起到其他方法不可替代的作用，它既可用于判断案件客观事实是否存在，又能据以判断事实发生时的主观状态，以确认行为人在行为过程中是故意或还是过失，是否合于伦理道德等。

---

〔17〕 谢晖：《中国古典法律解释的哲学向度》，中国政法大学出版社 2005 年版，第 125页。

（一）实现裁判结果的合法合理

中国传统社会司法官员的裁判过程偏重具体事实。在刑事案件中，保护利益的重要性对司法官员提出了难题，并不单是法律没有规定时如何裁判的问题，还有法律虽有规定，在司法官员或君主看来，与情理并不相符，需借情理以正君主权威。

关于谋杀父母罪，沈之奇在其律后注中注明："谋杀之罪，凡人已重，若以子孙而谋杀祖父母、父母，及以卑幼而谋杀期亲尊长，……则伦常之变，罪大恶极，十恶内所谓恶逆也。但谋而已行，不问已伤、未伤，凡预谋之子孙、卑幼、外孙、妻妾，不分首从皆斩。已杀者，皆凌迟处死。"阐明谋杀父母系"伦常之变，罪大恶极"，乃"十恶内所谓恶逆也"，所以应当较常人加重处罚，处以凌迟。但在"饶锦盛杀母"一案中，存在"过失致母死"的减刑情节，且"凡称加者，就本罪上加重。称减者，就本罪上减轻"[18]。司法官员在"凌迟"的基础上，处以"斩立决"。在立法方面，《大清律》深受儒家思想的影响，对于违反伦理道德的行为处罚较重。卑幼谋杀故杀尊长，都给予凌迟处死的最高刑罚，这说明清律用最严格的法律维护着封建等级身份制度，强调礼在社会当中重要的地位。在司法实践中，当法律缺位或不明确时，司法官员根据"情理"作出"自由裁量"，维护伦理纲常。以体现"情理"作为法律为基础，在法律所允许的范围结合"情理"裁判，这样的裁判结果也必定合法合理。

（二）符合追求"实用理性"的目的

任何时代的法律都存在着法律制定者所赋予的特定目的，因此，任何时代的法官皆负有通过法律实施以贯彻、实现法律目的之责。对于司法官员而言，理解、确定规范所蕴藏的法律目的并不能仅仅限于整体性的目的，还应包括从个别法条制定时的目的中去理解法律目的。中国传统文化特别是其政治法律文化的重要追求，就是期

---

〔18〕（清）沈之奇撰：《大清律辑注》，李俊、怀效峰点校，法律出版社 2000 年版，第 104 页。

望寻求到关于社会政治问题的一揽子解决方案和整体性完善诉求。在这方面，宋儒张载的一段豪言壮语可谓典型："为天地立心，为生民立道，为去圣继绝学，为万世开太平！"〔19〕法律作为古典社会进行治理的最重要的器具，它所要贯彻的依然是这种一揽子解决方案的理念。因此，在传统社会注重"具体问题具体分析"，强调"原情定罪、因事制刑"的实质合理的习惯思维。希望通过个案正义，向民众彰显公平、正义的"仁义仁道"精神，并唤起民众对于其统治政权的信任。

而"情理"，它提升了司法官员应用法律的高度，使他们努力冲出法律条文表面的束缚。将类似于现代的一系列法律原则和原理，诸如故意过失、动机善恶、正当防卫等问题，都被包容进来。这些基本原则，顺应了儒家化的司法官员的知识结构、价值观念。司法官员借助"情理"的内涵，分析案件事实，作出他们认为最合法合理的判决。这时的判决不仅承载着司法官员对案件的合法性分析和价值判决，更体现了当时社会所期望的裁判结果。但基于"情理"作出的判决，最终符合统治者与两造的期望，满足民众对司法裁决的正义诉求。

（三）迎合传统社会的伦理道德要求

司法官员对行为人主观状态的判断，除了分析案情事实等客观因素之外，更注重以传统的伦理道德为依据分析并判断行为主体的动机，并以动机作为判决其有罪与否及罪刑轻重的最后根据。当事关伦理的案件事实并没有相应规则给予充分的法律保障时，法官往往从维系伦理秩序出发，从案件事实中去发现并创制规则，并重新赋予案件事实以法律意义。因司法官员长期所受到严格的、共同的伦理教育背景，他们形成了较为固定的思维模式和价值趋向，其在适用法律时也会形成特定的思维方式，使他们裁判依据的选择和裁判结果的作出具有一种伦理意义上的一致性和确定性。基层司法官员在先入为主地以情理判断案情，以情理推断结果，并以此为前提

---

〔19〕（宋）张载：《张载集》，中华书局1978年版，第376页。

来寻找裁判依据的过程中，并非通过对于律意的情理性阐发来论证其所发现的裁判依据的合理性，而是从案件事实的处理入手，要么对案件事实进行技巧性的描述来做文章，要么不惜裁剪案件事实以寻找与之相适。

## 参考文献

1. 李光灿：《评〈寄簃文存〉》，群众出版社 1985 年版。

2. （唐）长孙无忌等：《唐律疏议》，岳纯之点校，上海古籍出版社 2013 年版。

3. （清）沈之奇撰：《大清律辑注》，李俊、怀效峰点校，法律出版社 2000 年版。

4. （清）祝庆祺等编：《刑案汇览》（四），北京古籍出版社 2004 年版。

5. ［德］亚图·考夫曼：《类推与事物本质》，吴从周译，学林文化事业有限公司 2003 年版。

6. 许章润：《汉语法学论纲》，广西师范大学出版社 2014 年版。

7. （宋）黎靖德编：《朱子语类》（卷五八），王星贤点校，中华书局 1986 年版。

8. 谢晖：《中国古典法律解释的哲学向度》，中国政法大学出版社 2005 年版。

9. （宋）幔亭曾孙：《名公书判清明集》（下），中华书局 1987 年版。

10. 徐忠明：《明镜高悬——中国法律文化的多维观照》，广西师范大学出版社 2014 年版。

11. （宋）张载：《张载集》，中华书局 1978 年版。

12. 徐忠明：《案例、故事与明清时期的司法文化》，法律出版社 2006 年版。

# 研究生园地

# 从双重维度解读五四宪法至
# 八二宪法的转变

陈　林 *

新中国宪法史的巨轮曾运载过四部宪法，它们各自承担着不同的历史任务。其中以五四宪法与八二宪法功绩卓著，并实现了新中国宪法在性质与功能上的双重转变。而七五宪法的出发点是巩固"文化大革命"的成果，它深深地烙上了"极左"错误思想的印记，导致宪法沦为政治口号和工具。同时，七八宪法是为纠正"文革"的错误应运而生的，特定的历史任务使其带有先天性的缺陷。因此七五宪法、七八宪法两部宪法虽称之为宪法，实则不能发挥宪法应有的效能，违背了宪法的根本宗旨和基本的宪政精神。故为简便起见，在本文中对该二者不予论述。

## 一、五四宪法朝八二宪法变迁的原因

宪法存在着动态的变迁运动，其内因在于宪法背后自由、正义等特殊价值的推动，使之不断修缮。再者宪法的宏观性、纲领性，使其无法包罗万象，因之必须不断完善其内容上的缺失。五四宪法本身的过渡性和阶段性，以及侧重工具价值，而忽视规范价值的特征，使其在完成特定历史任务后，就需要及时的自我改造，否则将被取而代之。其外因，则为宪政主体和宪政环境的影响。不同时期的党和国家领导阶层在宪政理念上的不同取舍，牵动了中国宪法的发展。而英国宪法学者惠尔在《现代宪法》中指出人民的宪法思想及对宪法的态度也是推动宪法发展变迁的社会力量。随着社会的不

---

＊ 天津商业大学法学院 2015 级宪法与行政法学研究生。

断进步，人民的法律意识上升，对宪法的了解和重视程度提高，使宪法变迁成了一种需要。加之，新中国成立以来的短短三十几年间，我国经历了"文化大革命"和改革开放等重大历史事件，社会经济、政治等宪政环境日新月异，使原先的宪法已不适应社会现状，其变迁成为必然。[1] 以上因素促使了五四宪法朝八二宪法的必然变迁。同时，1982年修宪是直接以五四宪法为基础，二者之间具有明显的逻辑关联性。因此仅从五四宪法与八二宪法来对比探讨新中国宪法双重维度上的转型具有可行性。

## 二、五四宪法至八二宪法的性质应变

（一）五四宪法新民主主义品性的重估

1. 五四宪法被定为社会主义宪法的缘由

通说认为，五四宪法是新中国首部社会主义性质的宪法，但经过考究，通说也许不符合历史实际，必须加以澄清。为什么五四宪法被称之为社会主义宪法，此中是有着特殊的历史国情原因。1952年刘少奇曾遵行毛主席的嘱托，向斯大林表明中国现阶段将继续适用《共同纲领》，待实现向社会主义的转型后，再制定社会主义性质的宪法。但斯大林认为，《共同纲领》并非是全国人大通过的，政协也非人民意志的选择，为避除敌人从政府不是人民选举的和国家没有宪法这两点上攻击、质疑新中国的政权，立马制定新宪法并举办全国性的选举为妥，至少使之在形式上合法。[2] 而考虑到当时新中国的外交政策是朝社会主义阵营倾斜的，同时，为了寻求新中国平稳安定发展的力量支援和良好环境，中共中央决定改变初心，采纳斯大林的提议，制定新宪法。

同时，斯大林则否定了要制定的宪法是社会主义性质的，认为

---

〔1〕 李同："建国以来宪法文本变迁的宪政解析"，河北师范大学2009年硕士学位论文。

〔2〕 刘山鹰："新民主主义，国际主义，社会主义：重估1954年宪法"，载《探索》2011年第6期。

它只是现阶段的宪法,[3] 仅是对《共同纲领》实行合法性包装的粗制宪法。但五四宪法最终以社会主义性质的宪法问世,则是取决于毛泽东的作用。因为毛泽东决定加速"向社会主义过渡"的进程,国家开始设计并开展社会主义改造。此时毛泽东心之所向的宪法,已经不再是把《共同纲领》变成粗制的宪法,而是一部称之为社会主义的宪法。但毛泽东也曾对五四宪法做出"不完全社会主义宪法"的评价,可见其社会主义性质是值得商榷的。

2. 对五四宪法新民主主义性质的再定

（1）五四宪法自身隐现的性质特征。细观五四年宪法的部分内容,其具有某种特殊的品性,例如关于我国的国体是"人民民主国家"的规定,这相较于八二宪法的"人民民主专政"的表达,恰好少了"专政"二字。而人民民主专政可以解释成无产阶级专政。[4]且按马克思的理论,新民主主义的"民"同时包含无产阶级和资产阶级在内。故而,在过渡时期,在缺少无产阶级专政的五四宪法中,其"民"的范围即宪法的适用对象是模糊的,在包括和排除资产阶级之间游离。加之,五四宪法中对富农采取逐步限制和消灭的政策,也使得除工人和农民阶级之外其他阶级是否为革命对象,是否为人民的范畴、是否属民主的对象都不笃定明确。但可以肯定的是,五四宪法中含有民主资产阶级自愿接受改造的意志,而这些意志只能由新民主主义的宪法来承载和反映。[5]

同时,毛泽东曾提及:"什么是社会主义,主要看所有制嘛。"[6]五四宪法明文规定,生产资料所有制的主要类型中包含资本家所有,且"主要"二字意指除条文列明的四种基本所有制形式外,还存有

---

〔3〕 中共中央文献研究室、中央档案馆编:《建国以来刘少奇文稿》（第4册）,中央文献出版社 2005 年版,第 535 页。

〔4〕 王群:"中国特色社会主义民主观演变——基于'五四宪法'与'八二宪法'之比较",载《中共山西省直机关党校学报》2017 年第 3 期。

〔5〕 胡士贵:"只有新民主主义法才反映民族资产阶级的某些意志——与候宗源同志商榷",载《新疆社会科学》1984 年第 2 期。

〔6〕 韩大元编著:《1954 年宪法与新中国宪政》,湖南人民出版社 2004 年版,第 776 页。

其他形式的可能。[7] 国家的经济基础并不完全是社会主义所有制。五四宪法对私有制实现取代与保护并举的表现，具有强烈的安抚民族资产阶级、民主党派的倾向。他们还可以观望，并保有部分宪法权利。正是由于五四宪法的有关规定和其既定性质不相协调，使它处于难以发挥宪法效力的窘境。因此，五四宪法本身显现出的性质并不全然符合社会主义的宪法。

但有一种观点认为，把五四宪法中的公民权利诠释为个体的主观权利并不恰当。刘少奇曾指出，民族资产阶级的所有权是有条件的受保护，即资本家愿意接受社会主义改造，遵守法律，被塑造为自食其力的公民，否则他们将会被剥夺权利，丧失公民资格。[8] 此时他们的所有权被抹除了主观权利的资格，成为共同体与其同化群体的集体权。要继续保有权利，必须成为某个共同体的一员。而这如同卢梭所提出的"公意"，在"公意"之下少数者的存在被泯灭，社会契约下的任意共同行动均由"公意"支配。这种共同体的行动结构是"公意"承担者与少数意见持有者之间的纵向关系。因此民族资本家当然属于人民范畴，拥有宪法上的所有权。这与宪法的社会主义性质并不矛盾，只是对制宪时刻的事实反映，而非将来追求的目标。[9] 基于他们的此消彼长，构成矛盾只是暂时的。所以五四宪法中民主资产阶级的内容，并不阻碍其成为社会主义宪法。

就以上观点可推知，在其所说的共同体中，成员被分割成了公民与非公民两部分，且由非公民升级成公民的条件又具有抽象性，难以衡量。根据五四宪法里的"公民权利平等"，反证出公民与非公民的不等。若如上述观点所言，民族资本家属于人民，而《共同纲领》曾表述，人民享有完全的公民资格。"公民"和"人民"实则同义，差别仅为一个是法律身份，一个是政治身份。故而民族资本家按

---

〔7〕 周慧敏："当代中国宪法文本变迁的宪政解读"，山东大学 2015 年硕士学位论文。

〔8〕 《刘少奇选集》（下卷），人民出版社 1985 年版，第 152 页。

〔9〕 周林刚："宪法概念的变革——从《共同纲领》到'五四宪法'"，载《法制与社会发展》2013 年第 6 期。

理拥有完整的公民权利，可实际上他们的权利却被现有条款所禁锢或排除。[10] 于是出现了一种难以自圆其说的裂痕，其观点不攻自破。

（2）社会类型所决定的五四宪法之根本属性。依五四宪法身处的社会性质看，同样无法赋予其社会主义的性质。古语云，法随世转时移，应时俱变，即宪法性质应与所处的社会性质相契合，法的性质是由社会类型决定的。五四宪法规定我国是人民民主国家，而人民民主国家即是以对生产资料所有制实行社会主义过渡，实现向社会主义转变为主要使命的新民主主义国家。因此，新中国成立后至三大改造完结前，中国社会均属新民主主义社会。而与此种社会相符合的宪法也只能是新民主主义宪法。

同时，在生产力水平仍然停留在小农经济阶段，工业化没有实现的基础上，直接铸造社会主义大厦，本质上就是对于社会主义的曲解，是不成熟的认识和急于求成的心态之表现。在新民主主义的社会形态中，社会主义宪法欠缺生根发芽的土壤，若硬性通行也只能结出一个函矢相攻的异类。因此，五四宪法只是拿未来的社会主义宪法的外壳，套在其新民主主义宪法的躯干上。它实则是对过渡时期的政策、理论与总路线等政治主张进行背书的新民主主义宪法。

（二）八二宪法实现了宪法性质的社会主义变迁

就新民主主义宪法的发展方向来说，它是为实现社会主义宪法而奋斗的。五四宪法的出发点是使过渡时期总路线宪法化，以规范过渡活动的，其本质是"过渡"的权宜之计。而随着1956年"过渡"即社会主义改造的完成，中国踏入了社会主义社会，五四宪法不再适应社会现实需要，便失去了效力。一直到1975年，将近二十年的时间，中国实际上处于无宪法的状态。且此后的七五宪法和七八宪法也背弃了五四宪法的初衷，法律性严重欠缺，未能发挥宪法的作用，中国宪法历经了长时间的荒弃。直到邓小平上台执政，拨乱反正，肃清"文革"的历史残留，平定迷信苏联模式造成的混乱，

---

〔10〕 许安标、刘松山：《中华人民共和国宪法通释》，中国法制出版社2004年版，第112~113页。

推展改革开放，重新重视法治、人民权利与自由，使当时的社会性质开始向中国特色社会主义方向续航。并催化了八二宪法的诞生，促使了我国宪法性质的一场深刻转变。

八二宪法在国家性质上添设了"专政"的表述，带有剥削属性的民族资产阶级此时已经消灭，我国进入社会主义社会。同时还确立了社会主义生产资料公有制，一直延续至七八宪法的，对生产资料所有制"主要"的表述，已不复存在。因之在社会主义的社会环境中制定的，且本身凸显特色社会主义个性的八二宪法，是完全的社会主义宪法，实现了新中国宪法的转性。

### 三、五四宪法到八二宪法功能的转变

#### （一）革命功能的五四宪法

新中国成立伊始，国家正加速向社会主义社会过渡，过渡时期总路线的出台全面启动了社会主义革命。而在此时颁行的五四宪法，给"革命"提供了宪法上的依据和保障，并确认和巩固了革命成果。因此，五四宪法是保证完成社会主义革命的宪法，是革命宪法。这也决定了五四宪法具有强烈的工具主义色彩，即以实现政权合法性为目的。这种功能品性，使其可以被称为一种"指南"。它正如指南一样是促成某种结果实现的引导规则和方式，且并不稳定，需要不断地观察和适应现实情况，并被现实情况所修正。而欲实现的目的是指南的前提，相较于指南更加优先和根本。

在五四宪法里还安置了一种与其无法相容的卡里斯玛型权威。[11] 正如五四宪法上"最高国务会议"的设计，它规定由国家主席承当会议主席举行会议。而毛泽东与刘少奇两人都曾主持过最高国务会议，可效果和威望，却大相径庭。毛泽东召开此会议时，充分凸显

---

〔11〕 关于"卡里斯玛"，是由德国马克斯·韦伯从早期基督教观念中引入政治社会学的概念，认为有一类人的人格特征具有超自然、超人的力量或品质，具有吸引追随者的能力，并被追随者看作领袖。而"卡里斯玛型权威"即是一种附着于个人人格的权威，也将随人格的死亡而消逝。

了其"最高性",但实则会议只具有对重大问题交议和建议的"虚权"。[12] 同时,事实证明在起草五四宪法的时候,毛泽东必然是国家主席的不二选择,最高国务会议便是为其量身定做的。可见,最高国务会议的至高性并非源于其自身,而是与毛主席的个人权威紧密相连的。因之五四宪法的规范性则难以规避地被这种"权威"否定。

同时,五四宪法上对制宪时刻社会现状的经验描述的条文,使五四宪法附着于历史事件。这削减了宪法的规范性,使之不再规范事实行动,反倒由事实掌握它的去留。虽然五四宪法保有法律的外表,但其内在规范性都受到了损坏。这是无产阶级革命在法律领域遗留的病灶。在这个意义上说,五四宪法无须正式的修正或废止程序,便可在革命的进程中自动淡出历史舞台。

(二)改革功能的八二宪法

邓小平在拨乱反正、改革开放的历史巨变下,领导制定了八二宪法,旨在以支持或者引导改革,维护改革所需的秩序,并确认和巩固改革成果,为改革"保驾护航",并在各种思潮的激烈交锋中,坚持四项基本原则入宪,奠定了宪政体制的根基,塑造了宪政体制的基本格局。但八二宪法在承袭原有体制的基础上,又对其进行了大幅度的变动,[13] 开创了全新的宪法篇章。它充满改革精神,在制定之初实为一部改革宪法。八二宪法既是对五四宪法的部分回归,这体现在它对五四宪法的基本原则、主要制度,以及结构体系的坚守和参照。同时八二宪法又创新地确立了经济建设与改革开放的国策,将"以阶级斗争为纲"的错误路线彻底摒弃。并对"人治"治国弊端深刻反思,孕育出了新的宪法观。同时关注法制和民主,调整了篇章结构中"基本权利义务"章的位置,端正了宪法逻辑。[14] 但改革宪法在使改革过程及成果宪法化的同时,也在自我改革,所

---

〔12〕 许崇德:《中华人民共和国宪法史》,福建人民出版社 2005 年版,第 328 页。

〔13〕 夏勇:"中国宪法改革的几个基本理论问题",载《中国社会科学》2003 年第 2 期。

〔14〕 周林刚:"八二宪法与新宪法观的生成",载《华东政法大学学报》2012 年第 6 期。

以某种程度的违宪改革是被允许的。八二宪法与国家特定时期的具体政策密切相关，在最初的制宪过程中，主要凸显了政策选择和政治性的功效，对法律性的要素不够注重。[15] 同时基于一定程度上"信条"式的表述，也衍生了违宪意识，导致"违宪"与"维宪"在八二宪法中互弈对抗的局面。虽然不再被事实决定存废，具有了宪法的权威命令性。可宪法中还存有一些短期性、阶段性的具体政策，仍缺少某种永恒性。[16] 一言以蔽之，八二宪法在制定初期虽有明显的宪政功能，可还未达到宪政宪法的水平，是面向未来的，是改革的。但这传递出新中国宪法下一步追求的讯息，即继续推动改革宪法的发展，促使其向"宪政宪法"的历史转化。

（三）向宪政功能转化的八二宪法

1999年对八二宪法的第四次修正时明确：中国将长期处于社会主义初级阶段，而该阶段的基本路线包含坚持改革开放，因此改革在相当长的时间里只有进行时没有完成时。但是在八二宪法几十年的施行中，重大的改革任务已大致完成，国家对发展宪政的需求开始涌现。且经过四次宪法修正，已经形成了良好的宪政宪法基础，人民对宪政宪法的认识也不断深化，因此八二宪法已经开始走入宪政宪法的路径。

宪政为一种政治形态，它以民主、法治及限权为基本元素，强调实施的宪法与人权的保障。[17] 八二宪法的创制过程，实际上就是一次较为全面的宪政改革。它将一些重要的宪政原则系统地融合进宪法中。明确宪法至上、违宪必究；规定"一切权力属于人民"，确认公民广泛的基本权利；完善代议民主制；施行党政分开，限定领导人的任期，增加司法独立，推行国家机关的相互制约配合机制；

〔15〕 宦吉娥："1954年宪法与1982年宪法实效差异的文本视角解读"，载《甘肃政治学院学报》2008年第5期。

〔16〕 关于宪法时间之永恒性，参见〔美〕雅法：《自由的新生》，谭安奎译，华东师范大学出版社2008年版。

〔17〕 中国大百科全书总编辑委员会《法学》编辑委员会：《中国大百科全书》（法学卷），中国大百科全书出版社2006年版，第547页。

除此以外，还将军队系统地纳入了宪法。

在八二宪法三十多年的实施历程中，基于宪法与国家的经济、政治、社会生活的适应情况，又做出了四次必要修正与完善，促使国家权力关系与秩序实现了重大变革。呈现出国家权力逐步向社会放权，逐级向地方分流，逐渐向多元分散的三大变迁。

第一，在相当程度上瓦解了国家全面垄断的"集权型"权力秩序模式，克减了国家权力对社会的操控和渗透。最佳的证明乃是肯定了私营经济，以及社会主义市场经济的积极意义，[18] 社会拓展为相对自由的经济主体，为依法治国和宪政实践创造经济基础，并规范了国家权力，建造有限政府。

第二，打破了以政党为轴心的"绝对型"权力秩序结构。社会主义国家里有一个极具特色的执政党的领导权，它凌驾于立法、行政、司法三种权力之上，并最终使所有权力从属并统归于它。[19] 邓小平曾切中时弊地提到，"权力不能过分集中"，否则将使法律法制、民主民权惨遭戕害。而八二宪法中确立了党在法下的原则，坚持党政分开，司法独立等。且宪法的第三次修正，将"依法治国"方略写入宪法，使权力更好地被控制在了法律的围墙内。同时，宪法修正案使国家主席、人大及其常委会职权更加明确化，有效的改善和规诫了国家权力集中的状况，强化了宪政目的本位的价值取向，淡化了工具主义色彩。

第四，在八二宪法的施行中，中央和地方遵照"政治集中结合经济相对自决"的原则，[20] 充分激发地方的主体性和创造性，不断贯彻完善了的民主区域自治制度与特别行政区的别致设计，使国家权力由中央层级地向地方分权，确保了国家权力在政治体制内的各个单元达到均衡。

---

〔18〕 江国华、张倩："权力的分解、位移与下沉——写在 1982 年《宪法》实施三十周年之际"，载《法学杂志》2012 年第 7 期。

〔19〕 张明军："从宪法到法治：法治中国建设的政治逻辑——从毛泽东《新民主主义的宪政》谈起"，载《学术月刊》2015 年第 5 期。

〔20〕 刘承礼："理解当代中国的中央与地方关系"，载《当代经济科学》2008 年第 5 期。

除此以外，宪法修正案添设了对人权、公民继承权及私有财产权的尊重与保障，扩充了公民权利的内容，提升了公民的权利意识，为宪政基本理念的深入奠定了基础。还增加了："政治文明"的概念，和"三个文明协调发展"，使得八二宪法的宪政功效更加完善。至此国家中宪法与宪政共在，法律与法治同存。国家和社会的各个方面，都跨进了法律的轨道。

## 四、结语

五四宪法到八二宪法是新中国宪法由新民主主义革命宪法到社会主义宪政宪法的转变，经历了从作为工具到肯定价值的过程。两者同样是好宪法，却由于性质与功能的差异，导致了截然不同的命运，五四宪法具有过渡性和阶段性，必然要被社会主义宪法取代，它是革命的，在实现国家安定、社会稳定后，也必然会被宪政宪法替换，可谓性格、能力决定命运。

当然，我国宪法在违宪审查和宪法的自我保护机制等方面尚存缺漏。在违宪审查机构、制裁救济的方式等方面，仍是需要深入探索的。而有的学者将国民代表机关对宪法的监督认定为中国式的违宪审查，[21] 因此我国在这个方面并非空白。但这种模式对人大自我监督的逻辑矛盾，却难以解释。所以当前，我国在利用现有的宪法监督体制的同时，应该运用高级的政治智慧和精巧的体制构建，为宪法提供最强有力的实效保障机制。在现行宪法不断深入探索宪政道路的时期，唯有科学地完善其制度体系，不断回应现实社会变革之需，方可成就自身，华丽地向宪政宪法彻底蜕变。

## 参考文献

1. 中共中央文献研究室、中央档案馆编：《建国以来刘少奇文稿》（第4册），中央文献出版社 2005 年版。

---

〔21〕 童之伟："八二宪法与宪政"，载《炎黄春秋》2013 年第 12 期。

2. 《刘少奇选集》（下卷），人民出版社 1985 年版。

3. 韩大元编著：《1954 年宪法与新中国宪政》，湖南人民出版社 2004 年版。

4. 许安标、刘松山：《中华人民共和国宪法通释》，中国法制出版社 2004 年版。

5. 许崇德：《中华人民共和国宪法史》，福建人民出版社 2005 年版。

6. 中国大百科全书总编辑委员会《法学》编辑委员会：《中国大百科全书》（法学卷），中国大百科全书出版社 2006 年版。

7. 周林刚："八二宪法与新宪法观的生成"，载《华东政法大学学报》2012 年第 6 期。

8. 周林刚："宪法概念的变革——从《共同纲领》到'五四宪法'"，载《法制与社会发展》2013 年第 6 期。

9. 夏勇："中国宪法改革的几个基本理论问题"，载《中国社会科学》2003 年第 2 期。

10. 张明军："从宪法到法治：法治中国建设的政治逻辑——从毛泽东《新民主主义的宪政》谈起"，载《学术月刊》2015 年第 5 期。

11. 江国华、张倩："权力的分解、位移与下沉——写在 1982 年《宪法》实施三十周年之际"，载《法学杂志》2012 年第 7 期。

12. 宦吉娥："1954 年宪法与 1982 年宪法实效差异的文本视角解读"，载《甘肃政治学院学报》2008 年第 5 期。

13. 王群："中国特色社会主义民主观演变——基于'五四宪法'与'八二宪法'之比较"，载《中共山西省直机关党校学报》2017 年第 3 期。

14. 胡士贵："只有新民主主义法才反映民族资产阶级的某些意志——与候宗源同志商榷"，载《新疆社会科学》1984 年第 2 期。

15. 刘山鹰："新民主主义，国际主义，社会主义：重估 1954 年宪法"，载《探索》2011 年第 6 期。

16. 刘承礼："理解当代中国的中央与地方关系"，载《当代经济科学》2008 年第 5 期。

17. 童之伟："八二宪法与宪政"，载《炎黄春秋》2013 年第 12 期。

18. 夏兵："论一九五四年宪法规范结构和特征——基于民主法制教育的视角"，武汉工程大学 2010 年硕士学位论文。

19. 周慧敏："当代中国宪法文本变迁的宪政解读"，山东大学 2015 年硕士学位论文。

20. 李同："建国以来宪法文本变迁的宪政解析"，河北师范大学 2009 年硕士学位论文。

# 论"外观主义"在民商法制度设计中
# 价值理念的异同

丁 璐[*]

## 引 言

无论是在民法领域或是商法领域（似乎不加以区分），我们都不难见到"外观主义"的身影，这确实是私法领域中必不可少的原则之一。"外观主义就是以交易双方当事人的真实行为外观作为判定标准，对双方的行为所产生的法律效果进行评判。"[1] 因为民商法同属私法领域，又都存在关于"外观主义"原则相关制度的设计，同时也很少有人去探究这其中的法律价值差异。这也就在一定程度上体现了"外观主义"在两个领域内价值理念的统一性。但是，近年来也不乏一些学者主张"外观主义"在民商法领域适用中的价值差异;[2] 同样，我们也能从各国的民商事立法体例中窥探一二，反观我国的相关立法规定，也只在商法的教材中才能找到明确规定的"外观主义"原则这一定义，而民法领域的几大原则却没有将其涵盖在内，即便是不久前发布的《民法总则》依旧没有将"外观主义"原则纳入进来。那么，"外观主义"这一原则在同为私法领域的民商法中的适用，究竟有没有价值上的差异呢？这就是本文主要跟大家探讨的内容了。

---

* 天津商业大学法学院 2015 级法律硕士研究生。

〔1〕（台）张国健：《商事法论》，三民书局 1981 年版，第 73 页。

〔2〕 郭维嘉："论民商法中的外观主义之差异"，载《法制博览》2013 年第 4 期。

— 248 —

## 一、"外观主义"

前面介绍了"外观主义"的内涵，但是仅仅以此去探寻其在民商法中的价值差异还远远不够，要想进行深入一步的探究，还需要具体到某个制度当中，从其构成要件，法律效果等方面入手全面分析"外观主义"的适用规则。

（一）"外观主义"的构成要件

首先，"外观主义"当中的第一要件，笔者认为应当是客观要件，也就是必须有能看得见的外观的存在。当然，外观的形式既是法定又是模糊的：一方面，说它是法定的，因为我们有明示的表示，推断的行为或单纯的容忍等；另一方面，"外观主义"又是模糊的，因为对于什么样的明示表示、什么样的推断行为、什么样的单纯容忍能构成外观，我们是不能全部从既定法中找到答案的，需要进一步的解释和判断，那么这里至少还是需要一个客观的标准。且不往下深入分析，但至少我们需要有一个客观的要件，这是前提。

其次，第二个要件应当是外观需要具备可归责性。也就是依据法律的价值判断，特定的人承担责任的合理性要素。一般的归责原理是："当我们判定一个人需要承担责任的时候，往往会基于他自身的故意或者过失行为导致了他人的损害（限于过失责任）。"[3] 而在"外观主义"项下的归责原理往往是一种不得已而为之的做法，它与过错相关而又不等同于过错。

最后，这种善意不知情是可以被推定的。那么何为不善意呢，"在当时真实的法律情境非常明朗的前提下，第三人已经知悉这一真实法律状况或者说是因为自身重大的过失才导致不知悉这一真实法律状况时，就推定为不是善意的。"[4] 在整个交易过程当中，第三人不仅要基于对对方的信赖做出某种法律行为，还应该有义务对外

---

〔3〕 吴国喆："权利表象及其私法处置规则"，中国政法大学 2006 年博士学位论文。

〔4〕 李长兵："德国商法中的权利外观责任及其借鉴"，载《甘肃政法学院学报》2012 年第 6 期。

观结构有所了解和熟悉，否则就不能构成一种真实信赖。最后这两种行为之间还必须存在基本的因果关系。换句话说，如果第三人在外观状态呈现之前就已经做出了相应的法律行为，或者是不论外观状态是怎样都会做出此种行为，则可以认定缺乏因果关系，进而排除权利外观责任的适用。

（二）"外观主义"法律效果

"外观主义这一私法原则的法律效果反映的是法律对于行为人以及第三人依据某一个外观事实而做出的相应行为的肯定评价。"[5]该项制度不仅保护了交易的安全和第三人的信赖利益，而且同时会促使行为人在采取一切行动时，充分地考虑到对第三人的注意义务。也唯有如此，才能有助于促使人与人之间更加容易建立对彼此的信赖，也使得社会在良好的人际关系下更加和谐稳定，而这种结局与法律调整社会生活的目的也是相契合的。

（三）"外观主义"在民法、商法中的体现

"外观主义"这一原则在民法领域的制度设计并不难想象，如表见代理、占有推定、善意取得（如不动产房屋的物权登记就具备很强的公示公信力），等等。直至2017年，期待已久的《民法总则》第61条[6]、第65条[7]以及第85条[8]的相关规定也都对"外观主义"有所涉及，充分考虑到对善意第三人合法权益的保护。尤其是第85条有关营利法人的权力机构在作出决议撤销后，如何处理与

---

〔5〕 彭思怡："民商合一视角下外观主义的困境与出路"，华东政法大学2012年硕士学位论文。

〔6〕 参见《民法总则》第61条："依照法律或者法人章程的规定，代表法人从事民事活动的负责人，为法人的法定代表人。法定代表人以法人名义从事的民事活动，其法律后果由法人承受。法人章程或者法人权力机构对法定代表人代表权的限制，不得对抗善意相对人。"

〔7〕 参见《民法总则》第65条："法人的实际情况与登记的事项不一致的，不得对抗善意相对人。"

〔8〕 参见《民法总则》第85条："营利法人的权力机构、执行机构作出决议的会议召集程序、表决方式违反法律、行政法规、法人章程，或者决议内容违反法人章程的，营利法人的出资人可以请求人民法院撤销该决议，但是营利法人依据该决议与善意相对人形成的民事法律关系不受影响。"

善意相对人形成的民事法律关系问题，这一规定与 9 月 1 号实施的《公司法解释（四）》中第 6 条[9]关于公司决议对外效力问题实现了无缝对接，秉承了"外观主义"原则的精髓。

民法之外，"外观主义"这一理念与商法领域注重维护交易安全的宗旨也同样相契合，因此，"外观主义"自然也成为商法中众多制度的基石，并且一度升级为商事领域中的一大原则。例如，商事登记中的"外观主义"、拟制发起人、表见代表、表见合伙、公司瑕疵设立中的"外观主义"等，更不用说在票据法当中的体现，票据天然的无因性和独立性正是"外观主义"的真实写照。更加值得一提的是《公司法解释（四）》的出台，在对公司决议效力方面的完善中，相比草案新增的第 6 条，将对善意第三人的权益保护纳入进来，更是基于"外观主义"原则的考虑，符合商事立法精神。

## 二、商事登记与不动产物权登记中的"外观主义"

对于《公司法解释（三）》当中第 26 条关于股权转让参照适用《物权法》第 106 条善意取得规定的做法，虽然得到大部分学者的支持，但仍然有许多学者对这一参照适用的合理性持质疑的态度，主张各不相同。由于股权性质的特殊性，有些学者认为股权的人身属性这一特点是参照适用善意取得制度的基本障碍，与物权变动不可等同，因此不能轻易适用；[10] 有些学者则认为股权是他物权，可以类比物权（不动产物权），因此可以同等适用善意取得制度，更重要的是，这样一来，不仅可以达到保护市场交易安全的目的，同时也减少了交易相对人所花费的调查成本和时间成本。

2014 年商黎娜在其发表的《企业登记与不动产登记法律制度比较研究》一文中则从两个登记制度设计的价值取向、实现途径、效

---

〔9〕《公司法解释（四）》第 6 条："股东会或者股东大会、董事会决议被人民法院判决确认无效或者撤销的，公司依据该决议与善意相对人形成的民事法律关系不受影响。"

〔10〕 郭富青："论股权善意取得的依据与法律适用"，载《甘肃政法学院学报》2013 年第 4 期。

力、监督管理等方面进行了比较分析，其中对于二者的价值取向得出的结论是商事登记偏向于效率与自由；[11] 也有学者指出此"参照适用"基于信赖保护之思想，应在信赖责任的框架下予以展开，再加入信赖责任中可归责性要件的因素。[12] 这一观点也是笔者所赞同的。余佳楠在 2015 年发表的《关于以权利外观为视角分析的股权善意取得》这篇文章中还主张过参照不动产登记制度来完善商事登记制度，[13] 笔者认为这一想法值得肯定，但是对其具体措施的可行性持怀疑态度。因此，本文也试图从中追寻商事登记和不动产登记的外观在民法商法中的法律价值取向及其原因，进而对"参照适用"的合理性作出分析。

（一）案例分析[14]

甲某、吴某、丁某 3 人在 2003 年达成了一份协议，约定共同出资成立"乙公司"进行商事活动，协议当中明确约定吴某占 50% 的股份，甲某占 35% 的股份，丁某则占 15% 的股份。2005 年 10 月 25 日，甲某、方某等 3 人又与吴某、丁某签订了另一份协议，分别受让吴某 50% 的股权和丁某 15% 的股权，并及时办理了相关的工商变更登记。紧随其后，又与夏某等 3 人达成协议，约定将在乙公司 90% 的股份转让给夏某等 3 人。夏某查询了工商登记后，办理了工商变更登记，如此一来，夏某等人持有乙公司 90% 的股份，而甲某、方某等 3 人持有 10% 的股份。直到一年之后，吴某、丁某才发现甲某等人向夏某等人转让股权的事实，并且认为甲某与方某等 3 人是伪造了自己的签名非法获取相应股权并将其对外转让，因此当即向法院提起了诉讼，请求法院确认这份股权转让协议无效。

---

〔11〕 商黎娜："企业登记与不动产登记法律制度比较研究"，宁波大学 2014 年硕士学位论文。

〔12〕 石一峰："非权利人转让股权的处置规则"，载《法商研究》2016 年第 1 期。

〔13〕 余佳楠："我国有限公司股权善意取得制度的缺陷与建构基于权利外观原理的视角"，载《清华法学》2015 年第 4 期。

〔14〕 参见北大法宝："崔海龙等与无锡市荣耀置业有限公司等股权转让纠纷上诉案"，载 http://vip.chinalawinfo.com/New Law2002/SLC/SLC.asp? Db = chl&Gid = 143213，最后访问日期：2017 年 7 月 1 日。

法院判决及理由：一审法院判决认为，甲某与吴某、丁某之间股权转让行为确实是无效的（因为伪造了股权转让合同），并且其处分原属于吴某、丁某的股权之行为属于无权处分，但是股权转让合同视为合法有效，夏某等人以善意第三人身份可以取得90%的股权，理由如下：首先，工商登记具备公示公信力，基于外观信赖，也已经支付合理对价，且孙某等人查阅了登记，尽到了注意义务；其次，善意取得的对象也可以包括股权，且夏某等人也对甲某等人的无权处分行为毫不知情，完全符合善意取得的构成要件。因此，参照《物权法》第106条的善意取得制度似乎未尝不可。

（二）参照适用问题探讨

通过以上案例，可推定，本案中对于股权善意取得的认定是基于工商登记为权利外观加以无权处分的行为。那么，以工商登记作为股权的权利外观，这是否能符合物权公示性的要求呢？

首先，笔者觉得二者存在根本性的差异：物权变动采取的是债权主义模式，不动产物权的转让只有登记才会真正发生效力，同时具有物权归属的公示效力；而股权转让协议中，采取的是意思主义，与公示方式相分离，因为进行工商登记存在滞后的弊端，公司往往不能及时进行变更。由此，我们不可否认这是一项根本性的差异。

其次，不动产登记簿的法律效力是相当强的，并非一般意义上的不可具象的一种公众信赖，[15] 因而真实性有足够保障，登记时的审核要求也相对比较严格；然而工商登记，一方面从内容上说没有具备"推定正确"的功能，另一方面公信力较差，登记审查过程形式化严重。

再次，权利变动的参与主体也是不同的，工商登记的变更申请，是需要由公司提出，这样一来使得公司可以在一定程度上控制善意取得；而在不动产的变更登记中，可以由双方当事人自己去办理。

本案中，股权转让的善意取得的基本模式可以总结为先有了工

---

〔15〕 余佳楠："我国有限公司股权善意取得制度的缺陷与建构——基于权利外观原理的视角"，载《清华法学》2015年第4期。

商登记的外观表象，基于这一表象从而推定股权的归属，最后成立善意取得。[16] 但是基于上述阐释，对于不动产登记与商事登记的外观在公信力上产生的差异，许多学者认为股权善意取得不应完全参照不动产物权善意取得制度。那么，工商登记是否存在善意取得外观的意义，如何完善？针对这些问题，笔者认为还是应该要从不动产登记与工商登记的外观所呈现的不同价值理念来分析。

（三）民商法中"外观主义"价值理念差异

提起法的价值，大家都不陌生，也就是我们所说的自由、效率、正义等，总体来说，法律制度的设计和运用应当要时刻关注和体现法律的价值所在，不能脱离，亦不可偏颇。但是这些不同的价值理念却往往相互冲突，导致不同领域的制度设计各自又有所侧重，因此，对于这些价值的理论分析就显得尤为必要，它是法律设计过程中权衡利弊的重要参考因素。

1. 效率与安全价值的权衡

《物权法》当中的不动产登记，其主要目的是规范公民财产利益的归属，保证财产的安全，维护社会的和谐正义。通过登记这一方式利用公权力的介入手段从而达到保护物权人的目的是非常明智的。因为财产权对于公民来说就是赖以生存的物质面包，对不动产登记制度的设计和完善会为人们在社会经济生活中的活动提供一种保证和信任基础。同时，不动产登记制度的设计也有利于维护社会的和谐稳定，不动产的交易安全得以保障，因为交易相对人可以通过查询不动产的状态、权利归属等，在透明化的信息环境下进行交易，最终达到安全交易的目的。显然，"外观主义"在不动产登记制度中的的价值取向应当更偏向于保护交易安全。这便是我们在设计这项制度时的价值考量。

再来看商事登记，不可否认的是，安全价值也同样是商事登记需要考量的重要价值之一，安全的交易环境是交易的保障。但是不同的地方就在于，就安全和效率两者而言，商事登记往往会更加偏

---

〔16〕 王云志："论股权善意取得的认定标准"，中国政法大学 2012 年硕士学位论文。

向于后者。也就是说，政府在对市场经济进行必要的监管的同时，深知切不可为了一味地追求安全而忽视了效率的重要作用。否则，市场的运转将会陷入无尽的羁绊，从而导致交易的效率低下，社会运转缓慢。同时，企业、商人的本来目的就是营利，这就在一定程度上需要公权力的必要容忍，让经营者在合法合理的范围内谋求利益最大化的可能。所以，"外观主义"在企业商事登记中的价值追求应该更加倾向于效率。

2. 自由与正义价值的权衡

不动产登记的实质则是对权利人合法权益的保护，使得交易信息更加透明化，具备公示公信力，从而维护整个社会的公平正义。另一方面也会对违法乱纪现象起到遏制的作用。因此，国家在对于不动产登记制度的设计中不能为了一时的自由而作为"旁观者"不进行干预，最终使得整个社会的公平正义丧失。

然而商事交易过程中尤为重要的问题就是对于成本的考量，当然不否认正义的重要性，只是公行为的干预往往不可避免地会增加市场交易的成本，设置交易障碍。因此，商事交易更加需要一个相对宽松的交易环境，自由的交易方式，平等的交易权利，这样才符合自由市场经济的需求。也只有这样，才能更加有利于调动公民的创业积极性、挖掘企业的动力。因此，商事登记制度的设计中就不能仅仅考虑正义，秉持"自由与正义并重"既要保证交易的公平，也不能忽视交易的自由。

3. 静态安全与动态安全的权衡

民法所调整的内容总是会围绕人们基本的生活关系，是长久的相对静止的生活写照。保护公民的固有利益不被外界侵害，也不允许破坏他人固有的利益。而商法所调整的商事活动却恰恰是基于基本的商事交易，人与人之间保持动态的联系才使得市场经济能够更加活跃，才能保证商事主体利益。因民法关系与商法关系的不同，所以"外观主义"在民法和商法中的体现存在细微差异："外观主义"在民法上维护的是"享有的安全"或"所有的安全"；"外观主义"在商法中维护的是"交易安全"。

作为不动产登记的房屋一般也是生存所必需的、相对静止的，即便是不动产买卖，也不会像一般货物交换那样频繁。所以，不动产物权登记的"外观主义"所要保护的主要是享有的安全。而商事登记中股权变动大多基于股东利益考量，股权转让如果必须采取变更登记为生效要件可能会影响效率进而让利益受损，因此，转让股权与变更登记中间的时间差可以理解，因此商法中的"外观主义"更地要侧重对交易安全的保护。

4. 伦理性价值要求权衡

在民法的基本原则中我们还提到过诚实信用、公序良俗，这是民法制度设计过程中对伦理的要求，这与民事活动的相对人大多是熟人相关，需要对伦理道德有一定程度的遵守。相比而言，商法中涉及的很少，更多的是营利性目的，交易双方往往互不相识，对真实性的要求反而不高，这一点也与商事活动领域涉及更多的是财产关系而不是人身关系密不可分，因此需要"外观主义"原则的辅助以便更加简单快捷地进行交易。

所以说，作为物权当中不动产登记的真实性要求更高，也更体现诚实信用、公序良俗原则的伦理价值理念，而商事登记中虽然也要追求真实性，但其真实性往往难以达到，尤其是公司法改革之后，降低门槛，取消了验资程序等措施后，使得商事主体资格的获得更为简单，商事登记的公信力明显不足，这使得商人在交易中需要更强的判断力，国家在监管中的角色更加重要。

## 三、《公司法解释（四）》与《民法总则》中的"外观主义"

随着《公司法解释（四）》的出台，围绕着公司决议效力的问题一直被热议，该解释主要从三个方面完善了决议效力瑕疵诉讼的法律适用规则。其中，决议无效或被撤销的对外效力，也就是第6条对善意相对人的保护规定又是"外观主义"的一大体现。当公司发生内部纠纷与外部纠纷的冲突时，该如何处理？要处理这个问题，我们可以先回顾一下之前通过的《民法总则》第61、85条等规定，其实就已经基本确立了要对善意不知情的第三人进行保护的规则。因此，随之出台的《公司法解释（四）》第6条明确规定，被判决无效或者撤销的决议，公司如果依据此决议与善意相对人形成的民事法律关系是不受影响的，只要这个行为本身没有无效事由。因为这本身就是两个独立的法律关系，由该条款实际上我们可以推知，在商事活动中，公司相对方与公司缔结协议时，无须过度探究公司意思的真实性，除非其明知公司意思表示不真实。

关于公司决议与善意相对人形成的法律关系问题不仅在我国适用"外观主义"，同时，美国纽约州、印第安纳州和肯塔基州都有成文法明确规定，如果公司依据内部决议与善意相对人已经签订了合同，即使公司决议后来被宣布无效或被撤销，公司与善意相对人形成的法律关系是不受影响的。

本着法律条文精简的原则，《公司法解释（四）》删除了很多重复、没有必要的条文，却增加了第6条关于善意相对人的规定，再一次体现了"外观主义"原则在商事活动当中的重要地位。同时，第6条规定与《民法总则》中的相关规定具有高度统一性，本着维护交易秩序和交易安全的原则，符合私法领域中"外观主义"的精神实质。

## 四、结语

通过商事登记与不动产物权登记中"外观主义"不同价值理念的分析，我们可以得出这样一个结论：不动产物权的登记更加侧重维护社会的和谐稳定，不得侵犯他人的固有利益，因此这一登记制度的价值取向往往会更加偏向于安全价值和正义价值；不一样的是，商事领域制度的构建是要服务于市场经济的运作、企业的运转和商人的营利目的，因此，商事登记制度的基本价值就应当更侧重市场交易的效率和遵从自由的选择（当然交易公正也是我们所追求的）。有些学者希望通过不动产物权登记制度的相关规定来完善商事登记，因此提出了在商事登记中引入异议登记这一规定，笔者认为这一提议恰恰忽视了民商法制度设计中的价值追求。因为不动产异议登记有助于维护社会稳定，但是在商事登记中引入异议登记会与商事交易行为效率和追求利益最大化的目标相违背，因此不太合理，这正是"外观主义"在民法与商法中不同价值理念的体现。同时，基于商法的价值理念还是要保护商人的营利性与市场交易的运转力度，直接适用善意取得，只将关注的焦点投向善意第三人的可救济性而不考虑其他规则因素是不恰当的。[17]

当然，即便"外观主义"的价值理念在民商法领域中的侧重不同，但是在维护交易秩序和交易安全这一方面却又达成高度一致，符合"外观主义"的精神实质。这一点在《公司法解释（四）》第6条规定与《民法总则》第85的规定中得到验证。因此，我们可以得出这样的结论：民商法都属于私法领域，本身并没有明显界限，并且在各自领域中都有关于"外观主义"原则的制度设计，在这些制度设计中，既存在统一性，也不可忽视价值理念的差异性。

---

〔17〕 陆振婕："中国有限责任公司股权的非典型善意取得"，载《法制博览》2015年第24期。

# 网络直播平台的监管问题研究

桂栗丽 *

## 一、引言

随着"互联网+"与分享经济时代的到来，互联网技术的快速发展、网络直播作为一种新的媒体传播技术引起了众多的关注。互联网直播，是以视频、音频、图文等形式通过互联网向公众持续发布实时信息的活动。[1] 网络直播平台作为网络直播技术的载体，是互联网直播服务提供者。据统计，中国网络直播平台数量在 2015 年已经达到 200 多家，[2] 网络直播平台中的内容也呈现专业化、多样化的态势。网络直播平台的兴起，从原先单一的游戏直播，到以社交平台为依托的全民直播，现在逐步衍生到市场中各个领域，涵盖媒体、电商、旅游、教育等各个方面与直播的融合。传统行业与新兴技术的结合，对市场监管提供了新的挑战。分享经济下的新兴行业与传统行业的监管，在监管主体、范围、程度等方面均有所差别，在网络直播平台乱象渐增、监管主体繁多、权责交叉涉及的法规庞杂的背景之下，针对网络直播平台市场中出现的乱象及成因，亟须从监管理论着手，对分享经济下网络直播平台的监管模式进行探索，

---

* 天津商业大学法学院 2015 级经济法学研究生。

〔1〕 参见《互联网直播服务管理规定》（以下简称《规定》）第 2 条第 2 款："本规定所称互联网直播，是指基于互联网，以视频、音频、图文等形式向公众持续发布实时信息的活动；本规定所称互联网直播服务提供者，是指提供互联网直播平台服务的主体；本规定所称互联网直播服务使用者，包括互联网直播发布者和用户。"

〔2〕 艾媒咨询："2016 年中国在线直播行业专题研究"，载 http://www.yixieshi.com/31625.html，最后访问日期：2016 年 11 月 22 日。

提出切实可行的方案，以便促进网络直播行业更好的发展。

## 二、网络直播平台的界定

（一）网络直播的相关概念

网络直播是一种将图像、声音、视频等表现形式通过一定的技术转换成数字信号，进行实时传播的流媒体技术手段，它能够使观众通过网络观看到直播方正在播出的现场状态。[3]

对于网络直播而言，符合分享经济的四个要素：一是公众，参与主体为公众即人人受益的经济模式；二是闲置，分享对象为闲置物品或碎片化的时间；三是平台，以平台为技术支撑，运用互联网、智能终端、移动支付、大数据等技术；四是收入，直播者与平台都能在分享过程中获得收益。网络直播也同样属于分享经济，与传统直播有多处不同，只要用户能够通过身份认证，播放合法内容都能成为资源的分享者，通过直播利用碎片化的时间将自己所擅长的资源与公众分享知识、技能；等等。能够从普通人身上即可获得感兴趣、有价值的内容。通过网络直播平台用户还可以在第一时间用弹幕的方式与资源分享者互动交流，从而使分享者本身也能快速了解到其资源的价值所在。但网络直播极强的互动性使得监管难度大大增加。

（二）网络直播平台的性质和分类

网络直播平台中含有上千个虚拟直播间，主播可在其中进行实时表演创作，在虚拟直播间中支持主播与用户之间基于直播的互动打赏，[4] 这种平台的载体[5]通常是指提供直播服务的网站、电脑

---

〔3〕 雷作声："从战旗 TV 看游戏直播类网站的运营之道"，山西大学 2015 年硕士学位论文。

〔4〕 易观、YYLIVE 联合发布："全民移动互联时代，娱乐直播的迁徙与变革——中国娱乐直播行业白皮书 2016"，载 http://www. useit. com. cn/thread-13381-1-1. html，最后访问日期：2016 年 9 月 13 日。

〔5〕 此"载体"与上文"载体"内涵不同。网络直播技术的载体是网络直播平台，网络直播平台是一种虚拟的平台，其实物化表现为：网页、客户端软件和手机 APP。

客户端以及手机软件。

1. 网络直播平台性质

关于直播平台的性质，《互联网直播服务管理规定》（后文简称《规定》）中将平台界定为服务主体。据此定义，此时平台属于网络直播服务提供者。笔者认为平台作为第三方主体，其连接了主播与观众两方，网络直播平台提供的是一种依托网络技术的互联网直播服务。因此，网络直播平台的性质是网络直播服务提供者，主播与观众是网络直播服务的使用者。

2. 网络直播平台的类型

目前在学理界并未对直播平台的分类达成一致，本文对网络直播平台进行如下划分：

第一种划分方式是根据网络直播中播放的内容来划分。网络播放的内容有：游戏，电影，电视，新闻，等等。于是有游戏、电影、电视、新闻等多种分类。

第二种划分方式是根据网络播放的类型来划分。网络播放的类型主要有视频、文字、语音三种方式。所以根据这种划分方式，可以将网络直播平台分为三种：文字直播平台[6]，音乐直播平台[7]，视频直播平台[8]。

第三种划分方式是根据网络播放形式来划分。网络播放的形式有：直播，录播两种方式。根据这种划分方式，市面上的网络直播平台方式就被分为了两种：网络录播平台和网络直播平台。网络录播平台也就是我们所说的视频网站，在网络录播平台中也包括一部分延时转播的网络直播节目。

---

[6] 其中文字直播平台，这类直播平台主要用来直播体育赛事，在手机网络并不发达的时代，文字直播是一种很好的传递赛事信息的方式。

[7] 音乐直播平台主要有：豆瓣 FM、荔枝 FM、蜻蜓 FM、喜马拉雅 FM 等，这些平台通过网络技术的方式，将广播和个人自制广播，在平台上实时与他人互动播放。

[8] 视频直播平台，主播通过视频方式与观众进行互动，获取打赏，这也是目前出现问题最为集中的一种网络直播平台。

### 三、网络直播平台市场中乱象及原因分析

据笔者调查资料显示，目前网络直播平台的盈利方式主要分为四种：打赏分成、网络广告、电商结合、优秀主播的 IP（即知识产权）价值。[9] 这四种盈利方式为网络直播平台带来巨大收益的同时，也出现了大量扰乱网络直播市场秩序的行为。笔者将现行网络直播市场中出现的众多乱象归纳为三个方面：打赏经济催生的直播内容乱象、数据造假引发业内不正当竞争、虚假广告侵害消费者权益。

（一）打赏经济催生直播乱象

打赏是随移动支付兴起的一种自由付费模式。在新兴的网络直播行业中，观看者给主播刷礼物被称为打赏，打赏所用礼物一般偏向于带有现金性质。在网络直播平台中观众给主播的打赏，收益是平台与主播三七分成。由于主播思想道德水平不一，直播内容来源也有所差异，一般而言电视节目类型的网络直播出现严重违法违规问题的情况较少；而自制内容类型的网络直播，又可以细分分为表演类网络直播和实况录像直播，因为内容前审制度不够完善，成了违法违规的重灾区。

笔者归纳原因有以下两方面：一方面，平台在内容审核与发布直播的信息普及程度不够，使得主播群体对相关法律法规了解程度低；[10] 另一方面，由于有高收益打赏的吸引，有的主播逐利心过强，不顾法律贸然进行涉黄、故意制造事故、侵犯他人隐私等违法违规的表演。

除了由打赏高收益引发的乱象外，在打赏人员中还会出现打赏

---

〔9〕 易观、YYLIVE 联合发布："全民移动互联时代，娱乐直播的迁徙与变革——中国娱乐直播行业白皮书 2016"，载 http://www.useit.com.cn/thread-13381-1-1.html，最后访问日期：2016 年 9 月 13 日。

〔10〕 李俊慧："被监管下的网络直播将如何发展？"，载 http://www.chinaz.com/news/2016/1107/608016.shtm，最后访问日期：2017 年 1 月 7 日。

人员与实名认证人员不符，如未成年人利用父母手机打赏主播；再如利用打赏进行洗钱等犯罪活动。随着官方关于网络直播的几个文件出台，[11] 此类情形有所好转，但由于技术更新速度快，人力财力不均衡，导致监管不力，违规现象仍有发生。

（二）数据造假引发业内不正当竞争

在网络直播平台中数据造假现象层出不穷。例如进入直播间时每个房间的机器人用户，利用系统设置发出固定的文字，常常与直播内容不相符。如数据造假一个极端的例子："2016 年 9 月，国内某电子竞技战队的队员，进行游戏直播时房间观看人数竟然超过了 13 亿。"[12] 这种通过夸大数据，虚造人气的手段，从某种程度上破坏了网络直播行业的竞争秩序，因为数据和流量是网络直播公司重要的评价标准，观众数量、点击率和礼物数量都是评判平台发展的重要指标。《反不正当竞争法》中对不正当竞争的定义是，经营者进行了损害其他经营者的合法权益，扰乱社会经济秩序的行为。[13] 大规模的数据造假现象，已经构成不正当竞争，是对网络直播行业市场秩序的破坏。

在网络直播行业中，网络直播平台之所以进行数据造假，原因笔者归纳了两点：一是利用观众的从众心理，吸引人气及流量，以获得更多的打赏及收益；二是在与同行的竞争中，利用不公平的手段，使自己处于竞争优势地位。而这种行为就违反了我国《反不正当竞争法》中自愿、平等、公平、诚实、信用的原则，同时也违背了公认的商业道德。[14]

---

〔11〕 国家互联网信息办公室于 2016 年 11 月 4 日发布《互联网直播服务管理规定》，文化部（已撤销）于 2016 年 12 月 2 日发布《网络表演经营活动管理办法》。

〔12〕 南七道、梁坚："造假 13 亿数据，每月烧钱几千万，直播泡沫何时破？"，载 http://www.yixieshi.com/39084.html，最后访问日期：2017 年 10 月 17 日。

〔13〕《中华人民共和国反不正当竞争法》第 2 条第 2 款："本法所称的不正当竞争，是指经营者违反本法规定，损害其他经营者的合法权益，扰乱社会经济秩序的行为。"

〔14〕《中华人民共和国反不正当竞争法》中第 2 条第 1 款的规定："经营者在生产经营活动中应当遵循自愿、平等、公平、诚信的原则，遵守法律和商业道德。"

### （三）虚假广告侵害消费者权益

网络主播的收入除观众"打赏"外，广告收入也是其重要的收入来源之一。网络直播平台中的广告主要形式有广告赞助、在虚拟礼物中植入广告以及主播进行的产品或电商推广、代言获得的收入。网红进行广告代言的赞助费极高，一条广告的报价甚至超过10万。根据粉丝量的不同，价格也有高低之分。[15] 但在主播们插播的广告中，虚假广告的内容占很大比例，从网络兼职、假烟假酒到赌博网站的宣传内容，从3折充话费、低价苹果手机到高仿耐克、阿迪的折扣内容……都是在网络直播间内最为常见的几类虚假广告。

不管网络直播平台中广告形式是赞助商提供的广告，还是在虚拟打赏物品中植入的广告或者是主播代言的广告，只要广告本身带有虚假宣传、夸大效果或者是虚假的成分造成了对观众的误导，都应当受到我国《广告法》的规制。然而《互联网广告管理暂行办法》出台后，平台中低俗、色情、虚假广告的热度并未减少，仍然对网络直播平台的观众及消费者的权益造成了侵害。

上述三类问题是网络直播平台中乱象的部分体现，网络直播市场出现的多种乱象反映了网络直播市场调节机制的失灵，这也恰恰反映了市场调节机制的局限性即市场缺陷。漆多俊教授认为，造成市场缺陷的原因有三种：市场障碍，非理性调节，市场调节的被动性和滞后性。[16] 在网络直播平台市场中，由于网络直播服务提供者的逐利本性，使得网络直播市场的市场调节成为一种非理性调节，逐利本能大于对规则的遵守，因此很多平台在直播内容上走在法律的边缘，以此吸引观众，获得流量收益；利用主播高人气宣传虚假广告，获得收益。另外在网络直播行业中数据造假的行为是对竞争秩序的破坏，这一行为也制造了市场障碍。

---

〔15〕 数据咨询中心 CBNData："2016 年中国电商红人大数据报告"，载 http://www.199it.com/archives/474935.html，最后访问日期：2017 年 10 月 7 日。

〔16〕 漆多俊：《经济法基础理论》，法律出版社 2008 年版，第 12~13 页。

## 四、网络直播平台市场监管的困境分析

在网络直播平台乱象难平，加之现有监管主体繁多、权责交叉以及涉及的法规庞杂的背景之下，监管难点不仅体现在监管的法律依据层面，技术障碍也是监管难度大的一个重要原因。

（一）网络直播平台定位复杂，监管程度难把握

对于新兴行业，从鼓励发展的角度，应当遵循适度监管。但网络直播平台是一种新的信息交流平台，与传统的新闻媒体、新兴的自媒体均有所不同，它涵盖的范围十分广泛，内容从新闻事实到娱乐八卦都能够通过平台交流，并且具有最强的时效性与互动性。如果监管不到位，会产生舆情危机。对于网络直播平台而言，拥有高端的技术，但对于平台的准入资格，主播的入职门槛却相对较低。这种不平衡的发展，使得大量资金涌入网络直播平台后，平台数量大增。在发展初期因为缺少了制度的约束，乱象则层出不穷。

由于网络直播技术发展过快以及法律的滞后性，在 2016 年中旬，政府各部门都对网络直播服务进行了规定，致使一时间网络直播平台的监管依据从空白到繁杂。2016 年 7 月起，多项部门规章渐次出台，仅 2016 年 1 月就发布了六部与网络直播相关的部门规章，[17] 涉及的部门主要有：文化部、国家互联网信息办公室、国家新闻出版广电总局、国家工商行政管理总局。这还不算散布在宪法、刑法、民法以及相关司法解释等众多法律条文中关于信息传播的规定。

对于网络直播这种由创新技术催生的新兴行业，在监管过程中，

---

〔17〕 2016 年 7 月文化部发布的《关于加强网络表演管理工作的通知》，2016 年 8 月国家互联网信息办公室发布的《移动互联网应用程序信息服务管理规定》，2016 年 9 月国家新闻出版广电总局发布的《关于加强网络视听节目直播服务管理有关问题的通知》，2016 年 12 月连续发布三个部门规章：分别是由国家互联网信息办公室发布的《互联网直播服务管理规定》、国家工商行政管理总局发布的《广告发布登记管理规定》与文化部发布的《网络表演经营活动管理办法》等近十条相关通知、规定。间接相关的还有《互联网管理条例》等多项法律法规。

既不能一刀切地关停所有网络直播平台，要在鼓励创新发展的同时对直播平台及主播作出限制，也不能完全放任行业自由发展，因此对监管适度的把握操作有一定困难。

（二）网络直播平台跨行业涉及面广，与传统监管理念相左

与传统服务业单一的服务模式不同，网络直播服务融合了多种技术，也与多种行业进行了结合，体现了网络化、跨区域、跨行业的特征。在传统行业中，我国政府过于重视事前监管，有时甚至会把监管与行政许可混淆。对于涉及面单一的传统行业，事前监管往往效果较好。但是如果对网络直播新兴行业，必要的事前监管措施，有利于保证网络直播市场主体的资质，可以避免后续提供网络直播服务过程中对消费者的权益造成损害。但是如果只采用事前监管的方式，则会耗费大量的精力，在行政审批上耗费时间，反而不利于网络直播行业的发展。

（三）网络直播平台技术革新迅速，监管措施实效低

如下图所示，以娱乐直播平台为例，平台在提供网络直播服务时，会涉及多种技术，涉及多个主体。监管技术难度大主要体现为两点：一是因为互联网虚拟、互动与广域的特性，致使监管难度加大；二是由于网络直播方式分散、隐蔽的特性，直播主体的多样与混杂，直播内容数量繁多，也使得普通技术手段难以实时监控，对监控技术的要求极高。

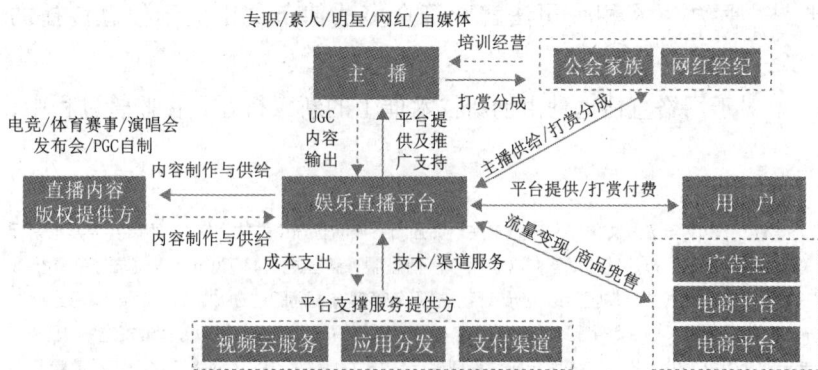

**网络直播平台的产业链**

2016 年底的《规定》中明确写入了先审后发的监督机制，从多角度对网络直播平台行了监管，包括主播资质、直播内容、弹幕的要求等。随着规定的出台，多数的网络直播平台都进行了整改，并派有专人对网络直播的内容进行了审核。就操作角度而言，对直播内容的审核是一项非常浩大的工程，一个网络直播平台内有几千个直播间，在同时播放的情况下，审核员最多同时注意一个页面的内容。监管效率较低，监管力度不够。

（四）网络直播平台商业模式多样，多方监管权责不清

基于网络直播互动性强，时效性强的优点，使得多种商业模式与网络直播平台结合，涉及的市场主体非常广泛，加之平台运营技术涉及多个领域的复杂性，这也使得网络直播平台监管主体众多。但多头管理的弊端也会出现，各部门之间相互推诿掣肘，使得监管部门执行力下降。

据统计，目前负责网络直播监管的机构数量多达八个，涉及网信办、新闻出版、广电、文化、公安、宣传、信息化、工商部门。按照传统媒体管理的思路，各自管理。新闻出版部门负责监管涉及新闻图文直播的内容，广电部门负责监管涉及新闻视频直播的内容、文化部门负责监管涉及网络表演直播的内容，公安和宣传部门负责监管涉及国家安全和意识形态的内容，网信办、信息化和工商等部门负责监管涉及网络平台运营、网络增值服务和广告等内容。这将使得监管部门愈发庞杂。

当前形势下，由于新媒体业务的逐步深度融合，明确区分责任范围难度较大。若仍按照传统的监管方案，单一部门监管各自范围内的内容，维持原有监管架构，不仅难以适应当前技术合作发展的形势，而且众多部门的多头管理，还会造成行政资源浪费、权责不清、推诿扯皮等诸多问题。[18]

---

〔18〕 陆高峰：“治理网络直播亟需创新思路”，载《青年记者》2016 年第 33 期。

### 五、完善我国网络直播平台监管的思考

（一）确立预防"两种失灵"的监管顺位

网络直播市场出现的众多乱象反映了网络直播市场调节机制的失灵。在网络直播"市场失灵"的情况下，政府介入进行监管。但由于网络直播平台涉及的范围比较广，监管部门众多，造成了多头管理的现象。而多头管理的弊端，则使监管效率低下，一定程度上出现了"政府失灵"的状况。

在网络直播市场中贯彻落实经济法中"适度干预"的原则，避免出现"政府失灵"与"市场失灵"的"双向失灵"被动局面。刘俊海教授从三个层面提出了设想：从政府层面来说，首先要抓紧完善法律体系。良法是善治前提，要通过法治建设大力弘扬公平与效率并举、更加注重公平的理念，诚信与创新并举、更加注重诚信的理念，规范与发展并举、更加注重规范的理念。另外，要完善行政监管体系。当市场博弈的机制失灵或被企业滥用时，监管者就应挺身而出，激浊扬清，促进公平交易，鼓励自由竞争；当企业慎独自律、市场理性自治时，监管者就应减少干预。从行业层面来说，行业自律就是最大的自我保护。[19] 笔者建议，应将企业慎独、行业自律放在监管的首位，用市场去调节市场，充分发挥社会协同治理作用，鼓励和引导行业组织力量参与治理，让行业组织自行制定网络直播信息的内容标准，利用直播行业组织加强直播平台自律；用户和其他行政机关的监督排在第二，媒体等社会舆论的监督为辅助手段，不能让媒体舆论导向左右了市场的发展。

（二）建立多部门统一的监管主体并规范监管内容

1. 多部门联合成立专门的监督管理机构

加强跨部门协同监管。对涉及网络直播监管的部门，如公安、网信办、文化部、广电局、工信部等部门间的统筹合作，明确各自

---

〔19〕 杜海涛："守信自律 多赢共享"，载《人民日报》2015年3月27日，第6版。

的职责分工，尽力弥补监管空白；加强部门合作联动，开展不定期专项检查，扩大对网络直播违法违规行为的打击范围。

2. 实行分级准入制度，规范监管内容

对网络直播平台备案管理制度进行规范，并对网络直播职业进行分级准入。建立黑名单与白名单制度，对于违规、受到处罚的主播应当将其列入黑名单，在其他任何平台不得有复出的机会。与黑名单相对的，设置健康直播行业白名单，引导网络直播行业安全、合法运营，营造积极向上、符合社会主流价值观的平台氛围和法治氛围，保护版权，促进直播内容合法化。

（三）明晰网络直播平台市场主体权利义务的界限

完善相关规定，明确内容标准。对于新兴事物，不一定要求以立法的方式通过，而是通过软法的制定，对网络直播平台中的行为进行限制。《规定》中已经明确禁止了互联网直播服务提供者从事的活动，但这些活动所指的具体行为，以及与不同行为之间的界定仍不明晰，下一步需完善相关立法，进一步明确内容标准，逐步消除灰色地带，对网络直播市场中扰乱竞争秩序的行为进行处罚，并进一步明晰网络直播服务提供者的注意义务，从而真正做到执法监管有的放矢。

（四）强化网络直播平台的技术驱动型监管机制

1. 实施技术驱动型监管，强化技术基础设施建设

网络技术的不断发展，使得技术成为了法学研究领域不能绕开的重点，技术驱动型监管是利用技术赋权与维权的一种方式，是指监管机构在对互联网行业进行监管时，不仅应关注网络直播平台的技术基础设施，设立相应的技术指标对企业进行指引；同时在对行为进行监管时，也应及时采纳行业内最先进的技术进行监管，以此降低监管成本，提高监管效率。以创新的方式完善技术手段，推动企业利用自身技术优势，[20] 结合大数据、人工智能、云计算等先进

---

〔20〕 刘丽文："进一步完善我国网络直播监管的建议"，载 http://www.cctime.com/html/2017-5-3/1284941.htm，最后访问日期：2017 年 10 月 3 日。

技术提升管理能力，尽可能做到对网络直播内容全面监管。

2. 加强平台信息安全建设，完备公众举报渠道

对平台注册信息及审核材料做好保密工作，保护用户数据资料安全。主要可以从两方面入手：其一，进一步发挥社会公众的监督作用，对用户有效举报投诉予以表彰奖励；其二，要求网络直播平台的服务提供商对现有投诉举报入口进行优化，使举报建议渠道更加完善便捷。

## 六、结语

目前我国的网络直播平台正从井喷式发展逐渐走向规范，网络直播逐步衍生到市场中各个领域，涵盖媒体、电商、旅游、教育等多个方面。在对网络直播平台进行监管时，既要清除阻碍网络直播市场健康发展的"毒瘤"即众多扰乱网络直播市场秩序的行为，又要防范政府对直播这类新兴行业干预过多，阻碍了新事物的发展。现亟须建立制度完善、行业自律、联合监管、技术创新多位一体的解决模式，以促进我国网络直播行业健康、有序发展。

# 论占有的私力救济

李　峰 *

## 引　言

霍布斯宣称：一个没有强大政府控制的社会必然会走向"一切人反对一切人的战争"，没有法律，生活将"孤独、贫困、卑污、残忍而短寿"。[1] 民法是一部权利法，法无禁止即自由。《中华人民共和国民法总则》（以下简称《民法总则》）开宗明义地把"权利保护原则"作为民法的一项基本原则规定在第 3 条，这充分表明在当下的中国，民事权利神圣不可侵犯。回顾我国的法制道路，可以说是曲折和漫长的。就"依法治国"这一治国方略来说，是在 1997 年中共十五大提出的，而其法律地位的确认是在 1999 年九届人大二次会议，真正落实于 2014 年中共十八届中央委员会第四次全体会议上。包括央视推出的政论专题片《法治中国》，无一不彰显出现代文明社会法治的重要作用。而建设法治社会的一个重要体现就是各种矛盾纠纷都要依靠法律的规定、法定的程序来解决，因此，野蛮的私力救济方式越来越被现代文明社会所摒弃，这也导致了私力救济在理论上的不成熟，甚至缺位。但在民法中，由于占有独特的法律性质和社会功能，占有人须享有一定的私力救济权。

---

\* 天津商业大学法学院 2015 级民商法学研究生。

〔1〕 ［英］霍布斯：《利维坦》，黎思复、黎廷弼译，商务印书馆 1985 年版，第 95 页。

## 一、占有私力救济的必要性

（一）占有的性质决定了占有人须有权行使一定的私力救济

对于占有性质的规定，由于历史文化背景以及立法体例的不同，不同国家和地区对占有性质的规定也有很大差异。如日本、韩国将占有定性为一种权利，德国、瑞士规定占有为一项事实。我国仿照德国、瑞士的立法例，将占有定性为一项事实并非权利，规定占有是人对物的管领和控制的事实，当然这种事实并非简单的自然事实，是受法律保护的，具有法律上的意义，与落叶之飘零、黄昏时之散步等不具有任何法律意义者，有明显不同。[2] 我国《物权法》第245条规定了对占有的保护，但并未强调须为有权占有，因此，根据民法的"法无禁止即自由"的理念以及理论界的通说观点，无论占有是否具有权源，在我国皆受物权法保护（当然保护程度有所差异）。因此对于无权占有人甚至是有瑕疵的占有人来说，比如小偷甲对于盗窃之物来说，当有另一非本权人破坏其现有的对物的管领和控制的事实状态时，如果不允许其以自身的私力排除对自己占有状态的破坏，而只允许以报警或起诉的方式来寻求公力救济的解决方式时，一方面甲需要证明对赃物的原来的占有状态有很大的难度，另一方面由于自己是瑕疵占有，甚至是非法占有，因此可能由于惧怕法律的制裁从而选择放弃寻求公力救济。如果这样，人人都可以对他人无权占有之物剥而夺之，这样就会发生霍布斯所担忧的"一切人对一切人的战争"，导致社会乱象丛生，严重影响社会秩序。因此只有赋予占有人以私力救济权，才能确保占有能够获得更好的救济，也更能实现有瑕疵的占有获得一定程度的保护（但很难得到终局保护）。

（二）占有制度的社会功能决定了占有人须享有一定的私力救济权

如同不动产登记制度的公示、公信效力一样，占有制度设立的

---

〔2〕 谢在全：《民法物权论》（下册），中国政法大学出版社2011年版，第1141页。

目的主要在于维持占有这一事实状态的公信力，以确保现有社会秩序的和平与安定。秩序一般代表着以市民社会的整体利益，当以权利为基础的公平正义与社会现有秩序相冲突时，为维护社会整体利益，民法所做的肯定是保护社会秩序而舍弃正义，正如伊田所说：不公正胜于无秩序。[3] 此乃民法利益衡量的结果，从根本上来讲，占有保护的是其背后所形成的社会秩序。当占有的事实状态受到他人的破坏或有受到破坏的危险时，对于原来管领控制该物的人而言，可视为对该占有事实秩序的破坏，但相对于破坏该秩序的人而言，可视为新的占有事实状态所形成的秩序的建立，此时对占有的保护必须迅速且毫不迟延。但此时若原占有人只能依靠公力救济手段来排除对现有秩序的破坏，由于公力救济的滞后性，对于破坏该占有事实秩序的人而言，也许新的占有秩序已经建立，这样就难以维持原来的秩序状态。从另一方面讲，也是对破坏原占有事实秩序的不法行为的一种肯定，显然违背了对占有保护的初衷。因此，在新的占有事实秩序确定之前，必须赋予占有人以自身私力排除他人破坏自己对物的管领和控制的事实状态，这样才符合占有制度设置的初衷。

（三）单单依靠公力救济难以建立和谐、稳定的社会秩序，需要私力救济手段来发挥其辅助和补充功能

在提倡法治社会的今天，从以前的野蛮、血腥的私力救济发展到现在的公力救济为主，不得不说是历史的进步和发展，与公力救济相比，私力救济被视为不文明，容易出现以强欺弱的行为，但这并不意味着我们要完全摒弃私力救济这一解决矛盾的手段，因为公力救济并非万能，建设法治社会是一个繁杂的工程，面对日益复杂的社会现状，单单依靠公力救济难以建立和谐、稳定的社会秩序，需要私力救济手段来发挥其辅助和补充功能。虽然占有人可以寻求公力救济，但仅对占有人造成一时性的或短暂性的情形，通过诉讼

---

〔3〕 伊田："论'不公正胜于无秩序'"，载梁慧星主编：《民商法论丛》（第19卷），金桥文化出版公司2001年版，第323～329页。

程序进行维权可能意味着成本过高；由于公力救济程序的前置性决定了公力救济为一种事后救济，而面对一些稍纵即逝的权利或利益，如占有，公力救济无从快速且毫不迟延的予以保护，法谚云：迟到的正义为非正义。因此，对占有的保护，在某种程度上私力救济远胜于公力救济。

## 二、占有私力救济权的不可替代性

我国《民法总则》第 181 条[4]、第 182 条[5]与《侵权责任法》第 30 条[6]、第 31 条[7]都分别规定了正当防卫制度与紧急避险制度，且《侵权责任法》与《民法总则》关于两个制度规定的内容一致，可以说《侵权责任法》是对《民法总则》关于正当防卫制度与紧急避险制度的具体贯彻适用。这次《民法总则》并未规定民事自助制度，这不得不说是一个遗憾，因此也有很多学者期待在编纂民法典的分则部分侵权责任篇的时候，将自助行为制度纳入其中。但在理论以及司法实践中，已经承认自助行为的合法性。由于已经存在正当防卫、紧急避险、自助行为等自力救济手段，因此很多学者认为没有必要另行规定占有的私力救济权。通过理论界与其他国家的立法例可知，占有的私力救济权进行细化可分为占有防御权与占有取回权（下文将详细赘述）。谢在全认为占有私力救济权中的占有防御权是正当防卫的特别情形，占有取回权则为自助行为的特别形

---

〔4〕《民法总则》第 181 条：因正当防卫造成损害的，不承担民事责任。正当防卫超过必要的限度，造成不应有的损害的，正当防卫人应当承担适当的民事责任。

〔5〕《民法总则》第 182 条：因紧急避险造成损害的，由引起险情发生的人承担民事责任。危险由自然原因引起的，紧急避险人不承担民事责任，可以给予适当补偿。紧急避险采取措施不当或者超过必要的限度，造成不应有的损害的，紧急避险人应当承担适当的民事责任。

〔6〕《侵权责任法》第 30 条：因正当防卫造成损害的，不承担责任。正当防卫超过必要的限度，造成不应有的损害的，正当防卫人应当承担适当的责任。

〔7〕《侵权责任法》第 31 条：因紧急避险造成损害的，由引起险情发生的人承担责任。如果危险是由自然原因引起的，紧急避险人不承担责任或者给予适当补偿。紧急避险采取措施不当或者超过必要的限度，造成不应有的损害的，紧急避险人应当承担适当的责任。

式。[8] 吴香香认为占有防御权为正当防卫的特别情形并无异议，但占有取回权与自助行为本质上有明显区别。倪龙燕、李俊青学者认为占有防御权和占有取回权与正当防卫没有本质上的区别，可以将其看作正当防卫的特殊形式，没有再专门规定占有私力救济的必要。[9] 从以上学者们的观点可以看出，关于专门规定占有私力救济权的必要性，理论界并不统一，笔者认为究其原因是没有对自助行为、正当防卫、占有自力救济权的本质进行研究、区分所致。

笔者认为占有私力救济权与自助行为、正当防卫有本质上的区别。

（一）自助行为与占有私立救济权

首先，自助行为是对请求权的保护。而占有的私力救济权保护的是占有背后的社会秩序，是占有所体现出来的公信力。并且占有本身是一种事实，对占有物具有支配的性质。因此，从保护的对象来说，两者在本质上有所差异。其次，两者在行使的时间上有很大区别。由于行使自助行为的前提是已经产生请求权，因此权利人在行使自助行为时，需已经完全丧失对物的管领和控制能力，比如在某地看到自己被偷的自行车，此时自行车已被他人非法占有，自己已经完全失去对自行车的占有，情况紧急，此时可以行使自助行为来对被偷自行车进行控制，比如趁不注意可以自行推走，但事后必须立刻以报警或起诉方式寻求公力救济。而占有的私力救济权是通过自身私力来对破坏自己占有的行为进行自力制止，从而达到维护社会秩序、促进交易安全的目的，所以只要存在破坏自己对物的管领、控制的事实状态的危险就可以行使私力救济权，比如占有人看到有小偷拿着盗窃工具正在偷自己的自行车，此时对自行车的占有仅仅有被破坏的危险，但占有人可以以占有的私力救济权来排除小偷对自己占有状态的破坏，从而驱赶小偷。更有甚者，如果小偷已

---

〔8〕 谢在全：《民法物权论》（下），中国政法大学出版社 2011 年版，第 1220 页。

〔9〕 倪龙燕、李俊青："论占有自力救济在私力救济体系中的定位"，载《黑龙江社会科学》2017 年第 3 期。

经成功开锁，准备骑车逃走，如果此时原占有人在身后紧追，由于暂时性的对物的管领和控制的状态有所障碍并不导致占有的丧失，此时并不意味着已经失去占有，仍然可以根据占有私力救济权中的占有取回权来捍卫自身权利，当然此时由于并未丧失占有，也就不存在请求权，当然也就无从行使自助行为。最后，自助行为也仅是一项暂时性的措施，仅仅有保全权利的功能，不能够达到对权利直接终局实现的效果。并且在实施该行为之后，必须不迟延地寻求公力救济，否则将不发生违法阻却的效力，行为人可能还须承担相应的责任。从某种程度上来说，自助行为仅仅是行使公力救济的前置行为，并未脱离公力救济的控制，不属于完全意义上的私力救济，这与占有的私力救济权的行使有很大区别。仍以上述小偷偷自行车为例，行使自助行为的前提是小偷已将自行车偷走，此时原占有人与小偷之间形成返还请求权，在情况紧急时可通过私人力量取回车辆，但由于占有保护的是一种现实的社会秩序，小偷的占有也受保护，由于在行使自助行为时，新的事实秩序已经建立（小偷的占有），可以说此时行使的自助行为是对新的占有秩序的破坏，反过来讲这也容易对现有的公共秩序造成威胁，这也是行使自助行为时必须要寻求公力救济的一个重要原因，我国《民法总则》采取对自助行为的慎重立法态度大致也源于此。区别于自助行为，占有的私力救济权由于是一项权利，可以在行使限度内直接实现权利目的，不必再寻求其他救济，正是这个原因，相比于自助行为，行使占有的私力救济权在时间上必须加以严格限制，必须在新的占有事实秩序形成之前才能行使，而在新的占有事实秩序形成之后，由于占有本身保护的就是占有背后的秩序，此时则不允许以私人的力量来恢复原占有，只能采取公力救济，或者在采取自助行为后再寻求公力救济。

**自助行为与占有私力救济权行使的时间表**

| 自行车状态 | 自行车由甲占有 | 乙偷撬该自行车 | 乙已控制自行车即将离开现场 | 自行车完全脱离甲的控制与视线范围 |
|---|---|---|---|---|
| 占有状态 | 甲占有 | 甲的占有有被破坏的危险 | 甲的占有状被破坏 | 乙占有事实秩序建立 |
| 甲可行使的救济类型 | | 占有私力救济权（防御权） | 占有私力救济权（取回权） | 自助行为 |

### （二）正当防卫与占有私力救济权

正当防卫制度与占有私力救济权行使的前提不同。正当防卫规定为侵权责任的免责事由，也即首先其需完全符合侵权责任的构成要件，只是在合理限度内行使可以免除责任而已。而占有的私力救济权保护的是占有这一事实，因此行使前提是占有被破坏或有受到被破坏的危险，但此时并不必然符合侵权行为的构成要件。比如小偷甲偷得的手表又正被小偷乙盗窃，此时虽然小偷甲对手表并没有任何合法权益，但由于小偷甲对此时对手表的占有事实已经构成稳定的社会秩序，因此是受到占有保护的，此时小偷甲可在小偷乙盗窃手表之前或者在盗窃手表之后，小偷乙新的占有事实秩序稳定形成之前行使占有的私力救济权来进行自力救济，但此时由于小偷乙并未对手表享有任何利益，甚至连占有都还未曾享有（暂时的对物的管领控制障碍并不导致占有的丧失），因此也谈不上甲对乙在形式上构成侵权行为，此时甲的行为也就无法评价为正当防卫行为。其次，将占有的私力救济权评价为正当防卫的特别或者具体规定无法取代正面规定占有私力救济权的功能。若直接规定占有的私力救济权，则是对其在法律上的明确，从而上升成为一项民事权利的高度，更加权威、可信，也有助于纠纷的解决。

### 三、占有私力救济权在相关国家的立法现状

我国现行法律对占有的保护规定在《物权法》第 245 条[10]，但没有明确占有人是否可以私力救济来实现对自身占有的救济。崔建远认为由于该条款没有强求必须通过诉讼方式行使物上请求权，应当解释为允许占有人直接向相对人行使，即它也承认了占有人拥有自力救济权。[11] 虽然我国现行《物权法》对占有的私力救济权没有明文规定，但早在物权法起草时，由王利明主编的《中国物权法草案建议稿》中的第 570 条[12]对其做出了明确规定。由梁慧星主编的《中国民法典草案建议稿附理由：物权编》第 663 条[13]、第 664 条[14]也作出了相关规定，可见在对物权法立法征求意见时主流观点都是支持赋予占有人以私力救济权的，只不过在通过物权法立法时，由于种种原因，最终舍弃了关于占有人自力救济权的规定。纵观其他国家关于占有私力救济权的立法例可知，德国、瑞士民法典都规定了占有人的私力救济权，日本由于直接将占有规定为一项权利，因此也没再重复规定。除此之外，我国台湾地区民法典也规定了占有人及占有辅助人享有私力救济权。通过国内外关于占有私力救济

---

[10] 《物权法》第 245 条：占有的不动产或者动产被侵占的，占有人有权请求返还原物；对妨害占有的行为，占有人有权请求排除妨害或者消除危险；因侵占或者妨害造成损害的，占有人有权请求损害赔偿。占有人返还原物的请求权，自侵占发生之日起一年内未行使的，该请求权消灭。

[11] 崔建远：《物权法》，中国人民大学出版社 2014 年版，第 163 页。

[12] 《中国物权法草案建议稿》第 570 条：占有人对侵夺或妨害其占有的行为，有权以自己的力量予以防卫。占有物被侵夺的，如系不动产，占有人有权即时排除侵害而取回之；如系动产，占有人得就地或追踪向侵害人取回之。

[13] 《中国民法典草案建议稿附理由：物权编》第 663 条：占有人对于侵夺或妨害其占有的行为，有权加以防御。占有物被侵夺的，如系不动产，占有人有权即时排除侵害而恢复其占有；如系动产，占有人得就地或追踪向侵害人取回。在前款情形，占有人在不超过正当限度的范围内可以使用强力。

[14] 《中国民法典草案建议稿附理由：物权编》第 664 条：基于雇用或者其他类似关系，受他人指示而对物实行控制与支配的人，也可以行使前条规定的占有人的权利。占有人的自力救济权，占有辅助人也可享有。须注意的是，下一条规定的占有保护请求权，仅占有人享有。

权的立法现状对比来看，大部分国家和地区对占有的私力救济权的存在都是采取肯定，我国虽未明文规定，但也没有明确禁止通过自己私力来维护占有，基于民法以权利为本位，法无禁止即自由，可以解释在我国占有私力救济的合法性，并且在司法实践中法院相关判决也肯定了占有人可以通过私力救济来维护自身合法权益。但毕竟私力救济易生流弊，因此行使私力救济必须符合相应的条件，否则就会变成一种侵权行为。

## 四、占有私力救济权的适用条件

当人对物的管领和控制的事实状态受到他人的破坏或有受破坏的危险时，对于原来占有该物的人而言，可视为对该占有的破坏，而对于破坏该占有的人而言，可视为对该物的新的占有秩序的建立，也是受到保护的。因此，此时占有的私力救济权如何正确使用，应该保护哪个占有，是只能寻求公力救济，还是可以行使占有私力救济权，或是公力救济与私力救济两种手段皆可使用；在行使占有私力救济时时间上有何限制；可以行使该权利的主体都有哪些；有无对抗该权利使用的情形等。因为私力救济易生流弊，容易造成以强欺弱、以大欺小的社会状况，因此对占有私力救济权的行使必须进行严格限制，明确占有私力救济权的行使条件，真正发挥占有私力救济权的补充和辅助功能。

（一）行使的主体

笔者认为，占有的私力救济权的行使主体包括占有人与占有辅助人，不论占有是否具有本权，是否为善意拟或者有瑕疵均享有该项权利，直接占有更是不言而喻。而对于间接占有人来说，笔者认为在一定条件下可以行使该权利（代位权）。

德国、瑞士以及我国台湾地区等，都认为对占有的保护重在保护占有背后所形成的现有稳定的社会秩序，直接占有人毫无疑问在事实上直接支配与管理着占有之物，因此享有该权力自不言待。对于占有辅助人，比如司机，虽然并非占有人，但在外观上实际管领和控制着占有物，并且一般情况下，占有辅助与占有人之间大多存在雇佣或劳动等上下级关系，因此赋予占有辅助人享有该权利相当于是辅助人代替占有人保护其占有物，也是其履行相应义务的一种表现，这也体现了占有私力救济权的实施必须毫不迟延、贵在迅捷的特性。而对于间接占有人是否享有该项权利，由于法条并未明确区分，仅以"占有人"代替，大部分学者认为间接占有人并非直接对物进行支配，况且与直接占有人之间一般都有占有媒介关系，那么间接占有人完全可通过直接占有人来行使该权力，就无需再重复赋予间接占有人该项权利。笔者认为分析的有一定的道理，但不够全面。因为现实中完全存在直接占有人故意不行使占有的私力救济权或者怠于行使私力救济权的情形，比如甲将相机借用给乙使用，现有人对相机进行破坏或者妨害，此时借用期间即将届满，由于乙并非相机所有权人，因此很可能对妨害或破坏占有的行为表现为懈怠甚至置之不理，而对占有的私力救济贵在迅速，否则日后难以固定证据，就算寻求公力救济也难以保全损失，因此笔者认为当直接占有人怠于行使占有的私力救济权，将有损间接占有人的权益时可赋予其代位权，代为行使私力救济权。

（二）须有对占有事实有侵夺或妨害的行为存在

我国《物权法》第 245 条的措辞为"侵占"，但现在通说观点认为此处的"侵占"应理解为"侵夺"，这也从侧面提高了占有取回权行使的门槛，严格限制私力救济权的行使。比如甲的手机丢失，被乙拾得并据为己有，由于此时乙是以平和的方式取得对甲手机的占有，并非以私人力量剥夺甲的占有，也即乙不曾"侵夺"甲对手机的占有，只能评价为"侵占"，因此此时甲并不能对乙实施占有的取回权。可以这样理解，当没有发生侵夺时，此时也没有行使该私权的急切需要。相反，当另一人以平和的方式取得对物的占有时，比如乙，此时已经形成了新的稳定的占有秩序，此时应该保护的是乙对手机的占有，因此甲也就无从行使该私权利，当然甲可以依其他权利对乙提起诉讼来保护自己的正当利益，或者当情况紧急时通过自助行为，事后再通过公力救济来维护自身合法权益。

妨害指对占有人控制占有物产生一定程度的阻碍。如在他人的房屋门前堆放家具，此时占有人可行使占有防御权通过个人力量将他人家具转移位置来排除干扰。对于抢夺占有物的情形，只有在抢夺行为没有实施完毕时，才可行使防御权，若行为已实施完毕，则为取回权的行使。

（三）占有私力救济权行使的时间限制

占有私立救济权作为私力救济的一种，其行使必须有严格的时间限制，否则极易导致社会不稳定，有违占有制度设立的初衷。但占有取回权与防御权的行使在时间上的限制又有些许不同，下面分开来叙述。

对于占有防御权行使的时间条件是在妨害或侵夺行为正在进行且尚未结束时，如甲的家具一直堆放在乙的门口，如丙正在夺取或者着手夺取丁的占有物，此时乙、丁可以行使该权利来排除甲、丙的妨害，如果甲已经自行挪去堆放在乙门口的家具，或丙已经夺取了丁的占有物，此时乙也就没有行使该权利的必要了，相应的丁此时可以毫不迟延地行使占有取回权而非防御权。

占有取回权的行使期间是在占有被侵夺后，新的占有秩序确立之前。相反，当新的占有事实稳定时，此时新的占有同样也会得到法律的保护，原占有人则丧失了占有私法上的救济，只能寻求国家公权力来维护自身利益。在甲侵夺乙的占有物时，何时享有占有防御权，何时享有占有取回权，为显得直观、明了，在此以表格形式展现。

| 甲夺取乙的占有物 | | |
|---|---|---|
| 夺取状态 | 着手夺取或夺取行为尚未结束 | 已经成功夺取，但仍在乙的视线控制范围之内 | 完全脱离乙的控制 |
| 占有状态 | 乙占有状态受到妨害 | 乙的占有被侵夺 | 甲占有该物，新的占有秩序形成 |
| 权利救济的类型 | 占有防御权 | 占有取回权 | 公力救济 |

当然，占有私力救济权的行使的时机也因占有物为动产或不动产而有所区别。对于动产，要求原占有人可就地或追踪向侵夺人取回占有物。就地是指物理上的范围；追踪则是对空间范围的扩大，指在物理距离上可能已经超过了空间范围，但仍在占有人的监视、跟踪之中的，如表面上侵夺人已经逃离原占有人很长距离，但事实上原占有人一直在对侵夺人进行定位，且一直在追踪之中，这两种情况下新的占有事实秩序并未完全建立，因此可赋予原占有人以私力救济权来回复其原占有，从而维持原占有事实秩序。

当不动产被侵夺的情况下，行使占有私立救济权必须即时。即时指原占有人需用最短的时间来排除妨害人的侵夺，这个标准应该以一般的社会观念，根据客观的标准来加以确定，比如，甲占有的耕地被乙强占建屋，此时甲得立即予以去除而夺回。

关与占有被侵夺或妨害时对于占有状态的分析以及在各个状态下可以行使的救济类型，以表格展现：

| 占有状态 | 旧事实支配稳定期 | 旧支配事实的干扰期 | 旧支配事实的衰弱期 | 新事实支配的确定期 |
|---|---|---|---|---|
| 救济类型 | | 占有私力救济权（防御权）、公力救济 | 占有私力救济权（取回权）、公力救济 | 自助、公力救济 |

（四）占有私力救济权的抗辩情形

并非所有的表面上"侵夺"或者"妨害"占有的行为，占有人都可以行使私力救济权。当所谓的"侵夺人"或者"妨害人"有比占有人更强的权利时，占有人不得行使该项权利。下列情形，占有人不得行该权利：

1. 自助行为

比如甲的自行车被乙偷走，甲某日出门逛街发现乙正将自行车停在路边，此时甲趁乙不防备将自行车推走的行为虽然表面上侵夺了乙对自行车的占有，但由于甲为所有权人，乙为有瑕疵的无权占有人，因此甲的行为应视为自助行为（当然事后要寻求公力救济），而自助行为是被法律所允许的，那么此时甲的行为就并非法律所禁止的私力，则不能视为侵夺行为，自然乙也就失去了行使占有私力救济权的前提条件。

2. 对已经建立的新的占有秩序不得行使私力救济权

比如占有人发现窃贼窃自己占有的物，那么，他可以行使自力防御权；如果占有物已经被窃取，则新的占有秩序已经趋于稳定，而法律对一切占有皆予保护（保护程度不同），因此即使后来原占有人知道谁为窃贼，那么也不能再行使私力救济权，只能采取其他措施，如若情况紧急，日后可能找不到加害人时，可行使自助行为，但事后必须及时需求公权力来解决。

3. 对有权行使且正在行使占有私力救济权的行为，不得行使该权利

比如甲盗窃乙的手机，后被乙就地追踪，则乙的行为为正在行使占有私力救济权（取回权），但此时甲就不得对乙行使私力救济权，其原因在于新占有事实尚未确定，对瑕疵占有人甲而言尚未稳定取得占有，假如允许甲行使该权就会循环侵夺，纷扰不已，与占有制度维护社会和平秩序的宗旨大相径庭。

## 五、结语

由于占有制度特殊的法律性质和独特的社会功能，使得占有私力救济权有其存在的必要性与不可替代性，并且与公力救济相比，占有的私力救济权对占有的保护更加迅捷、方便，也符合占有制度设立的本旨。另一方面也大大缓解了如今法院"案多人少"的司法压力。但私力救济易生流弊，因此必须严格限制占有私力救济权的行使条件，这样才能更好发挥占有的私力救济在对占有的保护中的辅助和补充功能。

# 网络虚假信息刑事法律适用探析

李雪玉 *

## 一、寻衅滋事罪扩张适用于网络虚假信息的原因

### （一）传统的立法和司法解释中关于计算机网络的规定

在现有的刑法条文中，关于计算机网络的规定集中在扰乱公共秩序这一节中，包括第 285～287 条，前两条是对计算机系统的相关数据进行的保护，本质上说是对这一新创造的工具本身进行破坏进行的保护，目的是保护计算机系统本身能够正常运作，第 287 条的补充规定涉及传统的诈骗、盗窃、贪污、挪用公款、窃取国家秘密等与现实社会密切相关的犯罪在互联网上实施的适用规定，但从严格的意义上说，不能认为是对计算机网络的犯罪新增添的罪名，它仅仅是对传统犯罪通过计算机这种新的方式进行的规定。简而言之，第 285～287 条仅仅是对计算机这一新事物本身的规制，并没有涉及网络空间犯罪与现实社会的关系，所以对于其他类型的互联网犯罪的借鉴意义不大。此外，关于互联网方面的行政法规，比如《互联网信息服务管理办法》，主要是针对互联网对公民个人隐私安全的威胁，尤其是规范公司、企业对个人信息的控制；《关于办理赌博刑事案件具体应用法律若干问题的解释》，回应了利用互联网进行赌博的处理；《关于办理危害计算机信息系统安全刑事案件应用法律若干问题的解释》则对有关涉及计算机网络条款中的"情节严重"、"后果特别严重"、"计算机信息系统"以及"计算机系统"进行了细化，

---

* 天津商业大学法学院 2016 级刑法学研究生。

明确了相关概念。[1] 总体而言，上述立法、司法解释回应了互联网犯罪表现出的热点问题，为司法实践提供了依据，规范了实践中对此犯罪的处理。但是计算机网络的普及规模远远超出预测，而上述司法解释的时间集中在 2000~2010 年之间，此时对计算机网络的大规模的应用集中在"第一代互联网"时期，利用计算机进行破坏社会秩序活动的主体一般具有专业的信息技术知识，所以这段时期相关司法解释更多的是对计算机系统本身的正常运行进行保护，是对计算机本身的专有名词进行解释。

随着互联网商业化程度加深，网络与公众的生活联系也越来越紧密，此时互联网的作用发生了转变，用户的参与性越来越高，互联网与真实空间的功能越来越难以区分，集中表现为开放的平台、活跃的用户。在此阶段，利用互联网进行犯罪的问题越来越严重，在罪刑法定的要求下用现有的刑法条文规制新型犯罪受到批判，所以传统的罪名设置已不能适应这种变化，不得不直接面对网络空间与现实空间的差异问题。

（二）虚假信息在传统刑法中的罪名设置

在刑法条款中，如果犯罪的客观方面主是通过编造、传播虚假信息，就可以认为是对虚假信息的规制，例如，《刑法》第181条编造并传播证券、期货交易虚假信息罪，第222条虚假广告罪，第246条诽谤罪，都是传统刑法中对虚假信息的规制。对传统制裁虚假信息的刑法罪名可以分为以下三类：①对侵害具体的个人、商业单位、产品的虚假信息的规制，其中对于个人进行侮辱诽谤散布虚假信息的行为，由诽谤罪进行规制，对侵害商业单位、特定商品的虚假信息，由损害商业信誉、商品声誉罪进行规制。②对在战时散布虚假信息行为的规制，由"战时造谣惑众罪"和"战时造谣扰乱军心罪"进行规制。③对侵害不特定的人、单位、商品的散布虚假信息的行为，在传统的刑法罪名中只能规制虚假的恐怖信息，由《刑法》

---

〔1〕 王志祥、柯明："关于利用信息网络实施寻衅滋事犯罪规定的争议问题评析"，载《华北水利水电大学学报》（社会科学版）2014年第5期。

第291条编造故意传播虚假恐怖信息罪进行处罚。[2]

上述对虚假信息进行规制的罪名体系存在的重要问题在于传统的罪名设置将侵害不特定的人、单位、商品的虚假信息排除在体系之外，不管是利用传统传播方式还是信息网络传播，此类虚假信息都没有合适的罪名进行规制，例如，某人编造并传播公安局警察全体出动参加葬礼，既不能用诽谤罪进行规制，因为公安局属于国家机关，也不能适用传播虚假恐怖信息罪，因为此信息没有恐怖内容。事实上，这类虚假信息波及范围广、影响巨大。但传统罪名体系中没有涉及此类虚假信息是合理的，一方面在传统传播模式下，对于不特定的人、单位、商品侵害不能形成大的负面影响，即使出现报纸、电视散布此类虚假信息在社会上形成一定的影响，也会在很快的时间查明真相，消除影响；另一方面传统从事编造、散布此类虚假信息行为从中获得利益的可能性极低，几乎没有实施的可能性。而随着自媒体平台在国内的发展，改变了这种状况，赋予了此类虚假信息相应的经济利益，因而散布此类虚假信息便有了动机。

这种新型的虚假信息传播方式，给相关单位、个人造成的危害远远高于传统的编造、传播虚假信息的犯罪行为，却没有恰当的罪名可以适用，用寻衅滋事罪对网络造谣、传谣进行规制是北京市朝阳区公安局在处理"秦火火造谣事件"中进行的首次尝试，一个月后的2013年9月便出台了《最高人民法院、最高人民检察院关于办理利用信息网络实施诽谤等刑事案件适用法律若干问题的解释》（以下简称《网络犯罪解释》）对网络编造、传播虚假信息的行为进行了定性，肯定了朝阳区公安局的处理方式。随后，在全国范围内不到半年时间以寻衅滋事罪定性的网络虚假信息案件超过百起，案件的审理在社会上也引起了广泛的关注。

---

〔2〕 赵秉志："论我国编造、传播虚假信息的刑法规制"，载《中国检察官》2015年第3期。

## 二、套用寻衅滋事罪处理网络虚假信息的争议

《网络犯罪解释》有效打击了网络虚假信息，维护了社会秩序，但《网络犯罪解释》将虚假信息用寻衅滋事罪规制存在着是否违反罪刑法定原则，[3] 争议主要集中在以下几个方面：

（一）入罪标准难以控制

《网络犯罪解释》主要针对指向不特定人、单位的虚假信息，在虚假信息的危害程度无法量化的情况下，很容易造成滥用，甚至有学者直接指出该解释侵犯了公民的言论自由。虚假信息的传播在不针对特定的人、单位的情况下，一个稳定的社会应该宽容一定程度的虚假信息。因为，虚假信息也是社会情绪的反映，也可以引导管理者了解社会问题，虚假信息能够使多数人信以为真，说明社会存在潜在的问题，已经积累到一定的量，散布者只不过起到引爆的作用。这种观点从虚假信息带给社会警示方面入手，完全忽略了虚假信息带给社会的危害。首先，宪法赋予公民的自由言论权必须在不侵害他人利益的情况下行使，虚假信息显然超出了言论自由的范围；其次，从整个刑法规则的体系上看，对于虚假信息进行规制并不是《网络犯罪解释》才对公民言论进行处罚，事实上在我国传统的刑法条文中就有大量罪名是对编造、传播虚假信息进行的规制，如侮辱诽谤罪。

引起对公民言论自由权的讨论，主要原因是担忧《网络犯罪解释》被无限扩大利用。"寻衅滋事罪"本身就存在着争议，尤其是对于第4款，很容易扩大犯罪范围，将由行政处罚可以解决的问题归入寻衅滋事罪，在司法实践中，由于对该解释理解不清，将很多不构成犯罪的行为以寻衅滋事罪进行了处罚，如将单纯的犯意表示归入此罪，例如，王某在互联网上宣称如果自己的问题得不到解决，就要去炸某机场，在这里王某只是单纯的犯意表示，在刑法理论上

---

〔3〕 吴贵森："刑法上'公共'概念之辨析"，载《法学评论》2013年第1期。

不构成任何犯罪。类似的问题还有，对"严重扰乱社会公共秩序"不同的人在理解上存在着很大的偏差，还有的完全按照司法解释的标准认定是否严重扰乱社会公共秩序，过于机械，甚至有的司法机关把公民对事实性的评论也理解成了虚假信息，这种情况的确干涉到了公民的言论自由，但这不是《网络犯罪解释》对虚假信息进行规制造成的。

（二）《网络犯罪解释》有类推嫌疑

《网络犯罪解释》将传播虚假信息的"社会秩序"解释为寻衅滋事罪中的"公共场所"属于类推解释，明显违反罪刑法定原则，理由如下：

首先，"公共场所"概念在我国刑法中是一个相对确定的概念，在刑法条文中对"公共场所"概念有详细的列举，例如，在聚众扰乱公共场所秩序罪中，明确列出的公共场所包括车站、码头、民用航空站、商场、公园、影剧院、展览会、运动场。全国人大法工委对"公共场所"的解释是具有公共性的特点，对公众开放，供不特定的多数人随时出入、停留、使用的场所，并且对聚众扰乱公共场所秩序罪中的"其他公共场所"进行了列举，而网络空间不具有上述解释的特点。

其次，从寻衅滋事罪条款中两处使用的"公共场所"的关系看，前者的"在公共场所起哄闹事"和后者的"造成公共场所秩序严重混乱"这两者的公共场所具有一致性，只有在 A 公共场所实施起哄闹事的行为，导致 A 公共场所秩序严重混乱，才能成立寻衅滋事罪，如果是在 A 公共场所起哄闹事，而公共场所秩序发生在 B 地也不能成立寻衅滋事罪。而在网络空间编造、传播虚假信息起哄闹事要造成网络空间的秩序严重混乱才能够成立寻衅滋事罪。《网络犯罪解释》显然不是为了解决网络空间本身遭到破坏的问题，这就意味《网络犯罪解释》放弃了寻衅滋事罪中对"公共场所"同一性的要求。

再次，《网络犯罪解释》中规定的"公共秩序"的内涵远远超出了寻衅滋事罪中"公共场所"的范围。简而言之，一行为造成公共秩序混乱并不必然造成公共场所秩序混乱，而公共场所秩序混乱则一定属于公共秩序混乱。

所以，《网络犯罪解释》将传播虚假信息的"网络空间"解释为寻衅滋事罪中的"公共场所"明显违反了罪刑法定原则，与刑法天生的谦抑性原则不相符合。在网络空间的功能日益强大的情形下"网络空间"与"公共场所"具有的等价性越来越高。具体到将传播虚假信息的"公共秩序"解释为寻衅滋事罪中的"公共场所"，也有了更多的理由：一是聚众扰乱公共场所秩序罪的"公共场所"和寻衅滋事罪中的"公共场所"可以进行不同的理解。前者的"公共场所"只能限于传统意义上的物理性场所，因为聚众扰乱公共场所秩序罪明确列举了公共场所包括哪些，而寻衅滋事罪中的"公共场所"并没有列举，因而可以扩展到网络空间。二是随着科学技术带来的变革，对刑法中的概念进行符合社会需要的解释是存在先例的，例如，《刑法》第 363 条的制作、复制、出版、贩卖、传播淫秽物品罪中，将淫秽的图片、视频等以音频、视频存在的数据解释成"淫秽物品"。因而，随着时代的发展，的确可以对刑法的相关概念做出与社会实际情况相符的解释，并不违反罪刑法定原则。三是将传播虚假信息的"公共秩序"解释为寻衅滋事罪中的"公共场所"并不是为了管理的方面而随意扩大的解释。因为，从危害性方面看，虚假信息通过网络空间危害性更大，例如，刑法中传统的侮辱诽谤罪，通过网路空间对个人实施侮辱、诽谤行为的传播广度、深度都远远地超过传统的实施方式。通过网络空间传播虚假信息的危害性的确比传统的传播方式的危害性更大，对于刑法中传统条款中在犯罪的客观方面表现为编造、传播虚假信息的，通过网络空间实施这些行为也同样要受到规制，例如，通过网络空间传播证券、期货交易的虚假信息，当然也要受第 181 条编造并传播证券、期货交易虚假信息罪的规制。因而，《网络犯罪解释》将传播虚假信息的"公共秩序"解释为寻衅滋事罪中的"公共场所"是可行的。[4] 因为，

---

〔4〕 周光权："转型时期刑法立法的思路与方法"，载《中国社会科学》2016 年第 3 期。

"公共场所"概念包含"公共性"和"场所性"两个方面，就网络空间而言，说它具有"公共性"是没有什么争议的，主要问题在于能否将网络空间理解成现实的场所，如果我们将场所的内涵限定在"物理性"，那么，网络空间绝对不可能具有场所性。然而，我们应该以一定空间的功能及活动内容进行界定是否具有"场所性"，尤其是在新的时期，网络用户的数量庞大到具有第二社会性，并且它的开放程度远远高于传统的"公共场所"，各个网络平台对进入此空间的人几乎没有资质要求。用户在互联网上参与各种社交活动，发表各种观点、看法，加上互联网用户的活跃程度较高，已经形成了一个集工作、学习、社交、娱乐为一体的网络体系。在网络空间除了不能直接对现实的人、物直接施加物理上的作用力外，与实体空间的融合性越来越高，已经突破了"虚拟性"的特征。由此，从功能上看，将网络空间视为一种可以服务于公众交流和沟通的"场所"，也并未突破"场所"一词的原有含义。更为重要的是，具体到"虚假信息"问题上，在网络空间内编造、传播虚假信息与实体空间内实施并没有本质的区别，并没有突破其行为原有的性质，并且网络空间具有超时空性的特征，在网络空间内传播的信息不再受制于时间和空间的限制，这样就可以让谣言在极短的时间内就具有大规模扩散和传播的效果，达到不可控的状态。因此，与传统的实体空间内实施的造谣、生事行为相比，网络所具有的放大镜的作用使得网络空间内实施的造谣生事行为具有更大的社会危险性。因此，可以将网络空间认定为"公共场所"。

（三）寻衅滋事罪本身存在着争议

寻衅滋事罪本身也存在着争议。[5] 寻衅滋事罪规定了四种行为方式，前三种情形分别为随意殴打他人，情节恶劣的；追逐、拦截、辱骂、恐吓他人，情节恶劣的；强拿硬要或者任意毁损、占用公私财物，情节严重的。这三种除了辱骂、恐吓行为外，成立寻衅滋事

---

〔5〕 潘修平、赵维军："网络型寻衅滋事罪的定性"，载《江西社会科学》2015年第8期。

罪都必须在现实空间中才能够成立，在实践中对这三种方式构成寻衅滋事罪也没有什么争议。但是第 4 款的规定"在公共场所起哄闹事，造成公共场所秩序严重混乱"，在认定寻衅滋事罪的时候就存在着较大的争议。前三种行为对他人的人身权利、财产权利会造成实际的损害，而第 4 款没有具体的行为方式，只是对公共场所秩序的侵害，而公共场所遭到侵害主观性强，在司法实践中自杀、游行、罢工等有可能被认定为寻衅滋事罪。

（四）网络传播虚假信息受到额外的规制

对于传统罪名中编造、传播虚假信息的处罚规定当然可以适用到通过网络空间传播虚假信息的行为，然而，《网络犯罪解释》的条文明确为通过网络编造、传播虚假信息的行为按寻衅滋事罪进行处罚，没有提到通过其他方式散布虚假信息应该如何处理。那么，根据罪刑法定原则，当出现非网络传播针对不确定的人、单位、商品的虚假信息时则不能以寻衅滋事罪进行处罚。这样就造成了通过网络传播虚假信息和其他方式传播虚假信息在适用法律上的不平等。[6] 从《网络犯罪解释》出台的背景看，主要是为了规制"自媒体"造谣、传谣的情形，其他途径的虚假信息很少，但传统的传播方式，像报纸、电视传播虚假信息对社会秩序造成的影响也不容忽视，例如 2013 年《京华时报》对农夫山泉产品质量的多篇负面报道，导致农夫山泉被迫放弃北京市场，在几个月内损失 7000 万，用于澄清事实的广告费超过 6000 万，至今消费者对农夫山泉质量仍持怀疑态度；同样发生在 2013 年的"新快报事件"也是传统媒体编造、传播虚假信息。由于上面两个例子都是针对特定的单位，所以可以用传统的罪名进行规制。最大的问题在于，当报纸、电视散布的虚假信息是不特定的人、单位、商品时应该如何处理？很明显，如果报纸编造的是我国矿泉水的质量存在着问题，则不能用寻衅滋事罪进行处罚。

---

〔6〕 于志刚："全媒体时代与编造、传播虚假信息的制裁思路"，载《法学论坛》2014 年第 2 期。

在我国，报纸、电视都是需要通过严格的审批才能进行相关的业务，他们往往对自己使用的信息进行多方考察才进行报道，在故意编造、传播虚假信息方面发生的可能性极低，通过刑事责任进行处罚的更是少之又少。但是，在信息时代传统媒体通过虚假的信息获得关注度的可能性增加，加上传统媒体在公众心中的公信力，其散布虚假信息的影响更大。当发生传统媒体散布虚假信息传统罪名无法规制，又不能适用《网络犯罪解释》的寻衅滋事罪处罚的情况下，就会出现网络传播虚假信息与传统方式传播虚假信息在适用法律方面的不平等。

## 三、《网络犯罪解释》与《刑法修正案（九）》增设的"编造、故意传播虚假的险情、疫情、灾情、警情"之间的协调

在《刑法修正案（九）》出台之前，对《网络犯罪解释》第5条第2款的争议主要集中在"社会秩序"等同于"公共场所秩序"是否违反罪刑法定原则，然而2015年出台的《刑法修正案（九）》对网络传播虚假信息进行了专门的规定，随后争论的热点转向如何处理《网络犯罪解释》第5条第2款和《刑法修正案（九）》条款之间的关系。一种观点认为，《刑法修正案（九）》中有编造、故意传播虚假的险情、疫情、灾情、警情的条款，则《网络犯罪解释》第5条第2款以寻衅滋事罪对虚假信息规制的解释应当自动失效，主要理由是两者之间罪刑不均衡。因为《刑法修正案（九）》中专门规定了网络编造、传播虚假的险情、疫情、灾情、警情这四种行为，所以这四种行为排除适用《网络犯罪解释》规定的寻衅滋事罪。简而言之，《刑法修正案（九）》关于险情、疫情、灾情、警情的规定作为特别法，《网络犯罪解释》是一般法，在适用的时候特别法优于一般法。[7] 按照特别法优于一般法规则，如果编造、传播虚假的险情、疫情、灾情、警情的行为按照《刑法修正案（九）》进行

---

〔7〕 周光权："《刑法修正案（九）》草案的若干争议问题"，载《法学杂志》2015年第5期。

处罚，而传播其他虚假信息的行为按照寻衅滋事罪进行处罚，会造成处罚上的不公平。因为寻衅滋事罪的基本刑为5年以下有期徒刑、拘役或者管制，加重情节处5年以上10年以下有期徒刑，可以并处罚金，《刑法修正案（九）》中编造、故意传播虚假的险情、疫情、灾情、警情严重扰乱社会秩序的，处3年以下有期徒刑、拘役或者管制；造成严重后果的，处3年以上7年以下有期徒刑，前者的法定刑高于后者，并且前者比后者更容易入罪，因此会造成罪刑不均的问题。面对网络虚假信息对社会秩序的严重危害必须使其在适用中做到罪刑相适应。因为我们所处的社会离不开《网络犯罪解释》对险情、疫情、灾情、警情以外的虚假信息进行规制，例如，在2008年网络上散布关于我国柑橘有蛆虫的虚假信息，使消费者不再购买柑橘，大量橘子烂在地里，造成国内大范围果农损失惨重。由于针对的不是特定的企业、商品，所以不能用损害商业信誉、商品声誉罪进行处罚，又不属于虚假的险情、疫情、灾情、警情，如果要对这类虚假信息进行处罚，只能套用寻衅滋事罪，[8] 最现实的做法是理清法条之间的关系，可以运用法条竞合规则做到罪刑相均衡。

法条竞合，是指一个行为同时符合了数个法条规定的犯罪构成，但从数个法条之间的逻辑关系来看，只能适用其中一个法条，当然排除适用其他法条的情况，具体情形有两个法条之间存在包容关系或者交叉关系时，就可以认定为法条竞合。[9]《刑法修正案（九）》中增加的编造、传播虚假的险情、疫情、灾情、警情的条文与《网络犯罪解释》中规定的虚假信息条款之间完全符合法条竞合，按照法条竞合的处理原则择一适用是完全可以的。在考虑适用哪个法条时，首先坚持的原则是特别法优于普通法，《刑法修正案（九）》是对涉及特定的虚假信息的规制，在《网络犯罪解释》之外，又制定特别法，是为了特别保护此领域法益。所以当出现虚假信息的内容涉及"险情"、"灾情"、"疫情"、"警情"时应优先以特别法条定

〔8〕 ［日］大谷实：《刑事政策》，黎宏译，法律出版社2000年版，第86页。
〔9〕 陈兴良：《教义刑法学》，中国人民大学出版社2006年版，第685页。

罪量刑，尽管《刑法修正案（九）》的法定刑低于寻衅滋事罪的法定刑，但并不必然导致处罚较轻。同样的道理，当传播的虚假信息在特别法条的规定以外，适用普通法条以寻衅滋事罪处罚，也并不必然导致量刑过重。在多数情况下，适用特别法优于普通法的处理原则，完全可以解决两个法条之间的适用关系。

但是，并不排除在特殊的情况下，适用重法条优于轻法条的原则，即按照行为所触犯的法条中法定刑最重的法条定罪处罚。重法优先主义是为了弥补刑罚配置的立法疏失提出来的例外性原则。重法优先原则符合罪刑相均衡原则，出现形式上的评价与实质上的评价分裂，应适用体现实质合理性的普通法。按照此原则，当出现编造、传播虚假的"险情"、"疫情"、"灾情"、"警情"的犯罪，当适用特别条款出现严重的罪刑不均衡情况下，便可以用"寻衅滋事罪"定罪处罚。

综上所述，寻衅滋事罪用来规制网络虚假信息是现有条件下最好的选择。对网络虚假信息的规制《网络犯罪解释》和《刑法修正案（九）》关于险情、疫情、灾情、警情的特别规定将共同发挥作用。

### 参考文献

1. 于志刚、郭旨龙：《网络刑法的逻辑与经验》，中国法制出版社 2011 年版。

2. 于冲：《网络刑法的体系构建》，中国法制出版社 2016 年版。

3. 刘仁文主编：《网络时代的刑法面孔》，社会文献出版社 2017 年版。

# 国家监察体制改革背景下对监察权的
# 监督和制约对策研究

刘　涛 *

2017 年初，为了适应反腐败工作的需要，我国已经在北京、山西、浙江三省市全面试点开展国家监察体制改革，旨在通过整合权力监督资源，实现对所有公职人员监督的全覆盖，提高监督的刚性和权威。党的十九大之后，国家监察体制改革在全国范围内铺开，国家监察立法也在紧锣密鼓般进行中。我们需要注意的是，由国家监察委统一行使国家监察权而带来的权力膨胀和滥用，正如 19 世纪英国著名政治哲学家阿克顿在其著作《自由和权力》中深刻指出的那样，"权力会产生腐败，绝对的权力产生绝对的腐败。"因此，在国家监察体制改革中，我们需要把监察权的运行纳入法治的轨道之中，从法治的视角审视对监察权的监督和制约制度设计。

## 一、问题的提出

"干部清正、政府清廉、政治清明"是十八大以来中央纪委对全国范围内反腐败工作目标的基本定位。我国大规模的反腐败工作开展以来，从中央到地方，在各级纪检监察机关的努力下，一批潜藏的"老虎"和"苍蝇"受到党纪国法的有力打击，党和政府的廉政建设取得令人民群众拍手称快的成就。就在如何实现长期有效防止腐败的问题上，习近平同志认为，"要加强对权力运行的制约和监督，把权力关进制度的笼子里，形成不敢腐的惩戒机制、不能腐的

---

＊ 天津商业大学法学院 2015 级法学理论研究生。

防范机制、不易腐的保障机制。"[1] 于是，在反腐败的"高压"态势下，我国的法治建设尤其是司法体制改革随着党的十八届四中全会的召开也开始按照时间轴迅速展开。法律是治国之利器，反腐败工作也必须在宪法和法律的范围内进行。为了进一步规范和强化党和政府的廉政建设，破除检察机关在反腐败工作方面"心有余而力不足"的诟病、行政监察机关内部监督不力、纪委监督法治化缺失等弊端，国家监察体制改革于2017年初率先在北京、山西、浙江三省市展开试点工作。根据《全国人民代表大会常务委员会关于在北京市、山西省、浙江省开展国家监察体制改革试点工作的决定》（以下简称《决定》），试点地区新设国家监察委员会，整合纪委、行政监察机关和检察机关的贪污、渎职、职务犯罪侦查部门三套人马，统一行使国家监察权，以实现对所有公权力行使人员强有力的监督问责。

从试点地区三省市改革的现状来看，新成立的国家监察委和纪委合署办公，对外实行"一套人马、两块牌子"的方式实施纪检监察权。省监察委主任虽然由省人大选举产生，但结果都不约而同地由省纪委书记担任，这意味着纪委监察在国家监察体制中依然扮演着主导角色，而通过党的十八大以来的反腐败成果来看，由纪委主导的国家监察权必然具有相当大的权威性。此外，新成立的监察委员会成为人民代表大会及其常委会下与行政机关和司法机关并列的一个新的机关，其政治权力和法律地位在我国国家权力分配体系中处于"极其高"的位阶。最后，从监察委的职权上看，其职权包括三个方面，分别是履行监督、调查、处置职责[2]。值得注意的是，

---

〔1〕 习近平："把权力关进制度的笼子里"，载 http://fanfu.people.com.cn/n/2013/0122/c64371-20288751.html.

〔2〕 根据《全国人民代表大会常务委员会关于在北京市、山西省、浙江省开展国家监察体制改革试点工作的决定》，试点地区监察委员会按照管理权限，对本地区所有行使公权力的公职人员依法实施监察：履行监督、调查、处置职责，监督检查公职人员依法履职、秉公用权、廉洁从政以及道德操守情况，调查涉嫌贪污贿赂、滥用职权、玩忽职守、权力寻租、利益输送、徇私舞弊以及浪费国家资财等职务违法和职务犯罪行为并作出处置决定，对涉嫌职务犯罪的，移送检察机关依法提起公诉。为履行上述职权，监察委员会可以采取谈话、讯问、询问、查询、冻结、调取、查封、扣押、搜查、勘验检查、鉴定、留置等措施。

国家监察委享有了对贪污贿赂、失职渎职类犯罪的"调查权"，在事实上具有类似刑事诉讼内侦查权的性质，其可以使用的"留置"措施和检察机关所独有的"逮捕"手段具有本质上的相同之处，即剥夺犯罪嫌疑人的人身自由。如果这种职权行使稍有不慎，就会严重侵犯公民的基本权益。监察权如此高的地位和权力纵然可以较好地实现对其他公权力行使人员实现纪检监察，但是无法回避的一个问题是，谁来负责监督监察委员会呢？这似乎陷入一个监督循环的封闭圈内，因此有学者认为用西方的"权力制衡"的制度设计代替"监督"可以更有利于权力的正确行使。那么权力监督、权力制衡和制约之间到底是一种怎样的关系？

## 二、相关概念的分析：权力监督、权力制衡和制约

有学者指出，从国家属性的角度看，"权力制衡"是建立在"三权分立"的政治体制上的基础之上，实现立法、行政、司法三种国家权力之间相互制约的"平衡状态"。而"权力制约"是以中央集权制的政治体制为基础，各分权力机关实现全力相互制约，并对同一个最高国家权力机关负责，受其监督。事实上，从语言学的角度看，"制衡"和"制约"并没有实质上的差异，其终极目的和"监督"一样，均是约束国家权力，实现权力运行的良好机制。而且，权力运行方式不应该带有政治上的专属色彩。因为任何一种政治文化或者法律文化都属于人类这个命运共同体共有的财富。因此，本文中，笔者抛弃了这两个词汇运用的政治基础，在同一含义上使用它们。

如上所述，"权力监督"和"权力制约"同是约束国家权力，但是它们权力的来源和运行方式却不同。从权力来源的角度看，监督来源于授权，制约来源于分权。[3] 在我国社会主义国家法治建设

---

〔3〕 蒋德海："'以法律监督为本质'还是'以控权为本质'？兼论中国检察机关的职权配置"，载《河南社会科学》2011 年第 2 期。

中，授权和分权同时存在。如国家监察委员会行使的国家监察权来源于全国人民代表大会的授权；公、检、法三个司法机关在刑事诉讼中相互制约即为分权。事实上，中国的权力监督和制约理论及其制度立足于中国的历史和国情并适当地借鉴了苏联的检察监督制度和西方的分权制衡理论。在中国古代，御史监察制度实现了中央集权制下对百官违法犯罪的纠察。新中国成立后，中国建立了人民代表大会制度，其下设的"一府两院"的权力来源于人民代表大会的授权，这种授权也必然产生权力自上而下的监督。而受苏联检察监督制度理论的影响，中国的检察机关成为"宪法意义上"的法律监督机关。然而，法国著名思想家孟德斯鸠在《论法的精神》一书中对权力作出这样的论述，人民监督政府手中的权力固然始于必然，也是必要的，但是问题在于人们对于官员的行为并不了解，而且很多违法行为都是秘密的，人民无法实现有效监督，而且即使监督，也往往受到有权者的伤害和干预。因此，他认为权力应当分为立法权、行政权和司法权，并且由三个不同的机关行使，以实现权力制约权力。孟德斯鸠这种"三权分立、权力制约"的思想后来被西方多数资本主义国家所采用并成为其国家权力配置指导思想的渊源。从权力运行的方式看，监督主要体现为权力的纵向运行，是单向的、不对称的，如上级机关对下级机关的监督等。制约主要体现为权力的横向运行，是双向的、对称的，如公安机关逮捕犯罪嫌疑人应经检察机关批准方可采取行动等。诚然，无论是权力监督理论还是分权制衡理论，"都是为了寻求防止权力滥用的制度设计而形成的政治理论，具有异曲同工之效"，[4] 其政治实践则需要通过制度来规范权力，利用法治原理，用宪法、法律以及一系列程序规则探索对监察权的监督和制约方法。[5]

---

〔4〕 朱孝清、张智辉主编：《检察学》，中国检察出版社 2010 年版，第 154~155 页。

〔5〕 丘川颖："赋权与规制：国家监察体制改革之法治路径"，载《法治社会》2017 年第 1 期。

### 三、法治视野下对监察权的监督制度设计建议

（一）各级人民代表大会及其常务委员会对监察权的监督建议

强化权力机关对于权力行使者的监督是社会主义法治政府建设的必然要求。根据《决定》，"试点地区的监察委员会由本级人民代表大会产生。监察委员会主任由本级人民代表大会选举产生；监察委员会副主任、委员，由监察委员会主任提请本级人民代表大会常务委员会任免。监察委员会对本级人民代表大会及其常务委员会和上一级监察委员会负责，并接受监督。"人民代表大会及其常务委员会不仅是我国的立法机关，更是公权力具体行使者的监督机关。一般而言，人大对于监察委员会的监督无外乎通过以下四种途径实现：一是通过听取工作汇报的形式进行表决；二是通过提出质询案的形式对某项工作进行监督；三是罢免监察委员会的组成人员；四是通过巡视检查的形式监督监察委员会的工作。从现有的情况看，人大通过以上四种途径对权力行使者的监督效果并不明显，尤其无法实现对个案的监督。然而，违法行为往往也仅仅体现在个案中。这种监督的矛盾性也促使更多的学者探讨人大监督的新形式、新手段。笔者认为，各级人大应当积极发挥人大个体的主观能动性和整体的灵活性，可以通过设立专门的监督委员会实现及时对某些重要违纪违法案件的监督问责。

（二）各级党委对监察权的监督建议

坚持党的领导是完成反腐败工作的重要保证。各级监察委员会一方面要受上级监察委员会的领导，另一方面也要服从本级党委的领导，以保证党对监察权的监督作用。毛泽东曾指出，"工作检查，党委有责"[6]。事实上，自中国共产党成立以来，监督检察工作一直是党委的一项重要工作职能，旨在保证党委的决策部署落实到位。党的十八大以来，党的巡视工作进一步发力，成功打掉一大批"老

---

〔6〕 高兢："怎样提高督查工作的执行力"，载《秘书工作》2011 年第 3 期。

虎"和"苍蝇",净化了党内环境,促进了党和政府各项工作、政策的落实。2017年,中共中央印发的《关于加强新形势下党的督促检查工作的意见》(以下简称《意见》)[7] 对新形势下党委监督检查工作提出了新的要求和改进措施。2017年修订的《中国共产党巡视工作条例》强调了党委履行巡视工作主体责任,改进了巡视工作领导体制。对于各级监察委行使的监察权而言,各级党委务必针对监察工作的特点制定与之相适合的监督检查工作细则,采取灵活机动的多种形式开展工作检查,拓展信息收集的能力,避免仅仅依靠"听听工作汇报"、"视察下工作环境"等形式化的检查方式,以强化对监察权的监督检查,防止监督者成为"法外之地"。

(三)监察委员会的自身监督建议

监察机关的自身监督主要体现在监察系统内自上而下的行政监督,具体而言是指上级监察委员会对下级监察委员行使职权的监督。一般而言,上级机关对于下级机关的监督往往采取以下三种形式:听取工作汇报、受理控告、巡视检查。听取工作汇报是上级监察机关监督下级监察机关的基本形式。此种形式主要监督下级监察机关完成工作的整体情况,无法实现对具体行使职权的个体监督。巡视检查是监察委员会工作能动性的基本体现,但是由于尚未形成规范化、程序化的检查模式,在实践中可能会流于形式(主要表现为检查工作前提前打招呼、巡视检查走过场等),无法真正发挥巡视监察的效果。监察委通过受理公民的控告往往能获得案件的第一手信息资源,但是由于腐败工作的隐秘性的特点,控告者往往缺乏相应的证据材料,导致无法立案。针对这些问题,笔者认为在国家监察立法中应当着重完善监察委员会系统内的领导和监督机制,包括惩罚的具体措施。具体而言,应当对其汇报的工作进行抽查并质询;以问题为导向,建立规范化、程序化的巡视工作检查制度;针对公民

---

[7] 《意见》指出,督促检查工作作为党的工作的重要组成部分,是推动党的决策落实的重要手段,是促进党的决策完善的重要途径,是改进党的作风、密切党同人民群众血肉联系的重要渠道。

或者单位提出的控告、申诉，监察委员会应当制定不违背宪法和法律规定及其精神的相关细则，对受理的案件进行分类、讨论，根据案件的性质进行相应的、必要的调查。此外，各级监察委员会要树立主动监督的理念，坚持"从群众中来，到群众中去"的工作方针，对于人民群众反映的问题要认真对待，实行案件登记制等。"打铁还需自身硬"，监察机关的自身监督制度设计在一定程度上能够对自身腐败的抑制起到一定的积极作用。

（四）公民和社会媒体对监察权的监督建议

公民和社会媒体监督是我国民主政治生活的重要内容，是公民和社会组织参与国家事务管理的重要方式和途径，是实施依法治国方略、建设法治国家的重要监督力量。在国家监察立法中强化公民和社会媒体对国家监察权的监督是落实宪法规范，实施民主政治，建设法治政府和法治国家的重要举措。我国《宪法》第41条规定了公民享有对国家机关和国家工作人员批评权、建议权、申诉权、控告权以及检举权[8]实际上是公民享有对国家机关和国家工作人员监督权的具体化。尤其在信息时代的今天，公民和社会媒体通过利用互联网技术可以高效实现对政府的监督。监察权作为集监督、调查、处置于一身的反腐败利剑，如果自身出现腐败，很难想象它将如何监督别人。因此，在未来国家监察法立法中要积极引导监察委员会主动接受公民和社会监督，具体来讲，一方面，要规定公民进行监督的途径，在具体实施规则中，可以规定向社会公布举报监督监督电话和邮箱等；对于社会媒体的监督，要保证社会媒体的采访权、报道权和人身不受侵害的权利，具体而言，各级监察委员会不得以损害政府形象为由拒绝接受新闻媒体的采访和报道，要允许社会媒体采访、报道贪腐类案件，并且不得侵害进行报道的新闻单位和个

---

〔8〕 我国《宪法》第41条规定，中华人民共和国公民对于任何国家机关和国家工作人员，有提出批评和建议的权利；对于任何国家机关和国家工作人员的违法失职行为，有向有关国家机关提出申诉、控告或者检举的权利，但是不得捏造或者歪曲事实进行诬告陷害。对于公民的申诉、控告或者检举，有关国家机关必须查清事实，负责处理。任何人不得压制和打击报复。

人的合法权益。另一方面，各级监察委员会要定期举行新闻发布会，主动公布一些典型重大案件，[9] 以保证公民的信息知情权。

## 四、法治视野下对监察权的制约制度设计建议

### （一）公民的人权保障制度对监察权的制约建议

"以权利制约权力"是社会主义民主社会发展的必然要求，也是实现公民人权保障的基本手段。我国《宪法》、《刑事诉讼法》确立了国家"尊重和保障人权"的基本原则。在国家监察法制定过程中也必须充分贯彻这一重要原则。从现有的规定看，监察委员会对违纪违法行为的调查、处置之权力空前集中，外界权力很难进行有效介入，这就很容易使得其权力的行使侵犯公民的人权，尤其是生命健康权和人身自由权。在刑事诉讼中，为了充分保障犯罪嫌疑人的人权，我国《刑事诉讼法》赋予了犯罪嫌疑人自被侦查机关第一次讯问或者采取强制措施之日起具有委托律师辩护的权利。对于国家监察立法而言，可以参照此规定引入律师介入制度，即犯罪嫌疑人在被监察委员会调查期间有委托律师的权利。此外，由于贪腐类案件往往具有私密性、侦查取证难度大的特点，因而其委托辩护律师以及会见辩护律师的条件可以适当地进行变通规定，以保证案件调查顺利进行。

### （二）检察权对监察权的制约建议

根据《决定》，监察委事实上已经成为反腐败犯罪的侦查机关，虽然在语词上使用了"调查"而不是"侦查"。为了保障其调查权的充分行使，《决定》赋予了监察委可适用一系列强制措施的权力，尤其监察委员会可以对违纪违法的公职人员采取留置的强制措施。需要注意的是，《决定》保留了检察机关唯一享有逮捕的权力。这意味着监察委如果要逮捕犯罪嫌疑人，需要报检察机关批准方可实施。

---

〔9〕 李勇、徐响铃："对监察委员会的监督制度设计"，载《国家行政学院学报》2017 年第 2 期。

作为刑事诉讼强制措施中最严厉的一种，逮捕不仅剥夺了犯罪嫌疑人、被告人的人身自由，而且逮捕后除发现不应当追究刑事责任和符合变更强制措施条件的以外，对被逮捕人的羁押期间一般要到人民法院判决生效为止。事实上，保留检察机关对于犯罪嫌疑人逮捕的决定权，体现了国家检察权对于监察权的制约。检察机关对于监察机关移送报批的案件，应当参照我国现行刑事诉讼法关于逮捕的规定，[10] 对案件认真审查。但是逮捕的执行机关，应当由提请逮捕的监察机关执行。此外，笔者认为，为了保障犯罪嫌疑人的权利，防止监察权的滥用，检察机关批准逮捕后，可以参照《刑事诉讼法》第93条的规定对监察委羁押犯罪嫌疑人进行必要性审查。[11]

（三）审判权对监察权的制约建议

众所周知，西方三权分立的权力分配模式赋予了司法权制衡行政权和立法权的功能，使得司法权不仅具有解决社会纠纷、化解社会矛盾的基本功能，还携带着"权力制约权力"的浓厚色彩。在当下的国家监察体制改革中，正如姜明安教授所言，应当在国家监察立法中引入司法救济制度，[12] 从而达到制约监察权和解决社会纠纷的双重目的。换句话说，通过引入司法救济制度，实现法院的审判权制约监察委员会的监察权的目的，从而打破监察体制内监察权终局解决纠纷的格局。具体而言，其行为尚未构成犯罪的监察对象对于监察委所采取的比较严厉的强制措施，如留置等，和作出的比较严厉的行政处分，如开除公职等，不服的可以向本级监察委提出申诉，对于本级监察委作出的决定不服的可以向上级监察委提出申诉

---

〔10〕 我国《刑事诉讼法》第88条规定："人民检察院对于公安机关提请批准逮捕的案件进行审查后，应当根据情况分别作出批准逮捕或者不批准逮捕的决定。对于批准逮捕的决定，公安机关应当立即执行，并且将执行情况及时通知人民检察院。对于不批准逮捕的，人民检察院应当说明理由，需要补充侦查的，应当同时通知公安机关。"

〔11〕 我国《刑事诉讼法》第93条规定："犯罪嫌疑人、被告人被逮捕后，人民检察院仍应当对羁押的必要性进行审查。对不需要继续羁押的，应当建议予以释放或者变更强制措施。有关机关应当在10日以内将处理情况通知人民检察院。"

〔12〕 姜明安："国家监察法立法应处理的主要法律关系"，载《环球法律评论》2017年第2期。

或者向人民法院提起行政诉讼。需要注意的是，如果监察委员会有证据证明监察对象的行为已经涉嫌犯罪，则该案件应当按照刑事诉讼程序进行侦查、移送人民检察院审查起诉等，此时监察对象不享有行政诉讼的权利。

（四）其他法律程序对监察权的制约建议

如前所述，监察委员会的法律地位与政府、人民检察院、人民法院处在同一条平行线上，彼此间不存在上下级的隶属关系，而是一种相互配合、相互制约的关系。因此，监察委员会对非自我系统内的违法违纪人员没有直接剥夺其职位的权力，对某些领导职位和有特殊身份的人员没有直接限制其人身自由的权力，而应当按照法律程序报请监察对象所属的领导机关批准。例如，监察对象如果属于人大代表、政协委员、检察官、法官等法律规定的特殊职位和身份，则监察委员会在限制其人身自由时和作出处置决定后应当参照《刑事诉讼法》的规定，报监察对象所属的人大、政协、人民检察院、人民法院等领导机关批准，紧急情况下可以先采取留置措施，然后上报相应的机关批准。[13] 此外，为了避免监察委员会长期羁押监察对象，国家监察立法中应当对"留置"的时间长短作出必要的规定，防止出现违规羁押的现象。

## 五、结语

诚然，作为国家反腐败工作的产物，监察委员会实质上是一个反腐败工作机构，旨在"解决行政监察覆盖范围过窄、反腐败力量分散、纪律与法律衔接不畅"等问题，提升国家监察理念思路、体制机制和方式方法，实现用法律工具治理腐败的新局面。但是，我们需要意识到，在法治社会中，任何一种权力如果缺乏监督和制约都会滋生腐败，监察权也不例外。因此，在国家监察体制改革中，

---

〔13〕 张建伟："法律正当程序视野下的新监察制度"，载《环球法律评论》2017年第2期。

尤其在国家监察法的制定中，要特别注意对监察权的监督和制约问题，即通过设立监察权良好的运行机制，善用法律的正当程序来监督和制约监察权。

# 论哲学诠释学对法学方法论的不当影响

柳富恒 *

## 一、哲学诠释学概述

继施莱尔马赫和狄尔泰的作者中心主义诠释学之后兴起的是以海德格尔和其学生伽达默尔为代表的读者中心主义哲学诠释学。哲学诠释学之所以重要，是因为法学方法领域常以该理论论证"客观解释论"的正确性。该学说仓促之间突入法学领域，法学者们显然没有仔细考察其价值就纷纷拜倒旗下。

### （一）海德格尔

海德格尔是开启读者中心主义的第一人。海德尔格的理论被称之为"在此诠释学"。"在此诠释学"的核心观点是：诠释学应当是本体论和方法论的集合，而不仅仅是方法论。海德格尔认为理解不是在此的行为方式，而是在此的存在方式；理解不是追求文本中蕴含的作者原意，而是读者自身生活状态的反映。[1] 伽达默尔认为这一转变是诠释学从方法论向哲学本体论的转变，该转变具有十分重大的意义。通过把"历史性造成理解的困难"转变成"在不同的历史下文本可以有意思的流动"以使"文本具有创造性和流动性"，海德格尔完成了史诗级的转变——既然理解历史十分困难，那就不要细嚼慢咽，用当下的眼光审视过去的文本，或许能得到别样的结果——这就是对海德格尔理论最通俗的解释。也正是由于不再追求

---

\* 天津商业大学法学院 2015 级法学理论研究生。

〔1〕 张宇飞："从意图论到文本论：原旨主义宪法解释的基本维度"，载《岳麓法学评论》2012 年第 7 卷。

历史原意，要追求当下流动着的意思，本体论的转变才得以完成。因为寻求历史借助的是方法，而活在当下对应的就是现实。

（二）伽达默尔

伽达默尔的理论正是由于海德格尔这位老师的巨大影响和狄尔泰的过渡影响而产生的理论发展。伽达默尔理论的核心观点有：诠释基于读者的历史性的"视界融合"而非"施莱尔马赫"的心理移情。这就是说理解不是要重建作者的意思，而是根据读者的想法去理解。而且伽达默尔强调，这不是由于历史难以还原而不还原，而是因为理解本来就应当是这样的。在这里，伽达默尔赞成的是黑格尔的理论，黑格尔主张历史精神的本质不是在于对过去事物的修复，而是对现实生命的思维性沟通。总之，理解就是要以读者的历史性为准据，用读者的意思作为文本的原意。伽达默尔强调，任何作者的文本都是向读者开放的，两者的"视界"不断融合，文本的意思得以更新换代。[2]

伽达默尔为"偏见"展开了丧心病狂的洗白革命。所谓偏见就是先见，心理学中的术语是"图式"。伽达默尔认为作者和读者间的种种差距是不可能克服的，这种差距是读者的历史性决定的，不可以由心理移情来解决。既然如此，先见就是不可避免的；而先见也是有历史性的，历史是进步的，因此用先见指导理解就可以达到进步的目的。这一离经叛道的理论自诞生之日起就遭到了无数的质疑，无论是利科尔还是贝蒂、哈特和德沃金，都与之展开了激烈的争论。

## 二、对哲学诠释学的评价

自狄尔泰开始，诠释学这一学问就染上了哲学的气息，狄尔泰的生命诠释学起源于他的生命哲学，海德格尔的在此诠释学发源于他的在此哲学，而伽达默尔的哲学诠释学起源于海德格尔的在此哲

---

〔2〕 张宇飞："从意图论到文本论：原旨主义宪法解释的基本维度"，载《岳麓法学评论》2012 年第 7 卷。

学。而利科尔却回归了作为方法的诠释学，拒绝为诠释学抹上哲学色彩。诠释学以方法论起家，又以方法论结束，中间却是神秘的哲学的天下，真可谓神奇之至。

（一）诠释学哲学不是精细的理论

相对于利科尔的文本中心主义诠释学，狄尔泰、海德格尔和伽达默尔都染上了神秘的哲学色彩。他们的诠释学理论通常都是其哲学理论的附庸，换句话说，他们的理论都呈现出这样一种特色：先有哲学，后有诠释学。这是一种危险的顺序，试举一例以说明。1948年8月，苏联学者李森科公开挑战孟德尔-摩尔根的遗传学，反对分子生物学和遗传学的进步性，声称这些学问是唯心主义的、形而上学的。而"米丘林生物学"是唯物主义的，应当全面肯定。这一事件发生于全苏列宁农业科学院会议（又称"八月会议"），又被称为八月会议事件。这一事件导致的严重后果是从此之后苏联生物学长达二十多年的退步，苏联全面落后于西方。对这一事件的反思总有一些人喜欢将其发生归结于李森科自身近乎流氓的秉性和他的不学无术，最多反思一下当时领导人的错误决策，却没有认真研究根本原因。事实上这一事件的根本原因在于李森科搞反了哲学与具体学问之间的关系。哲学与具体学问的真正关系在于先有具体学问的产生和发展，然后滋生出哲学；应当以具体学问的发展评价哲学上的是非而不是相反；应当按照具体学问的发展变化调整哲学的相关观点，而不是相反。哲学是对具体学问的概括和总结，离开具体学问的哲学是危险的哲学。而具体学问可以离开哲学单独讨论，不存在离开哲学具体学问不能发展的状况。正是由于这个原因，本文没有对海德尔格和伽达默尔背后的哲学展开太多的论述，因为通过哲学来说明解释学这条路根本就是走不通的，倒不如就事论事，直接讨论他们诠释学理论的状况。海德格尔的在此哲学能不能称得上正确，能不能用来指导具体学问的发展，笔者不清楚不评论也没有必要评论，因为就事论事就已经足够了。

（二）哲学诠释学从一开始就反对自然科学精神，反对理性

伽达默尔是一个极端的反对自然科学的学者，他的种种理论都

基于精神科学和自然科学的二分。精神科学是狄尔泰创造出来的概念，指的是人文科学和社会科学的意思，当然也包括哲学。伽达默尔沿用了这些观点并将其扩展，指出自然科学与人文社科是绝对划分的，对自然科学的方法进入人文、社会科学感到焦虑，感到危险。伽达默尔曾经赤裸裸地指出（自然）科学的两大致命缺陷——现在看来这两大致命缺陷是科学的致命优点——客观化和对象化。他认为科学的研究方式是这样的，首先选取一个或一系列研究对象，其次追求客观的结果。他认为这种研究无比荒谬，举了一个让科学界笑掉大牙的例子。伽达默尔把研究真理的过程比作游戏，在游戏过程中游戏规则和游戏参与者密不可分，相互依存。推理至此处，似乎一切都没有问题。然而他笔锋一转，把游戏规则想象成科学真理，把研究科学的学者当成游戏参与者，而自然科学宣称科学真理和研究人员是相互独立必须区分开来的，就破坏了上述游戏规则和游戏参与者的相互依存关系。这一类比具有巨大的杀伤力，但杀伤的不是对手而是自己。世界上大概除了伽达默尔没有第二个人把严肃认真的科学研究当成游戏来对待，这一类比根本没有任何意义。伽达默尔之所以提出这个观点是因为他对科学研究极其粗浅的认识，他认为人的研究无论如何也不可能对自然有绝对客观的认识，因为认识本身就掺杂了过多的主观因素；接下来，伽达默尔进一步偷换概念，把人的认识过程简单地概括为语言过程，被认识的就是世界。后者显然没有问题，但前者有极其重大的问题。纵观伽达默尔的整个分析过程，其偏颇之处有三：①人的认识过程不等于人的认识过程的语言表达。换句话说学者们对世界的探索尤其是基础物理的探索，语言是无法完全表达的——就算语言可以完全表达，也不代表表达就可以代替研究本身。如果语言可以完全展现研究，那么实物证据、视频记录还有什么意义。②自然科学研究之路上确实存在着个人的感性认识掺杂在客观研究之中的现象，但毫不留情地说，这种掺杂导致了无法获得真理而不是促进了对真理的发现。举一个例子证明。在物理学领域一直存在着"以太假说"，直到爱因斯坦出现将其证明为谬误。之所以存在以太假说，是因为物理学家一直存在

"绝对静止时空"的偏见，在这种偏见下如果一个人背对光传播方向行走，那么这个人和光的相对运行速度将大于光速。但爱因斯坦直接否定了这一观点，他提出了光速不变理论，即无论物体相对于光做何物理运动，二者的相对运动速度始终不可能超过光速。他的观点一开始饱受质疑，因为太违背常识。但很快爱因斯坦的理论获得了实验证明，即迈克耳孙-莫雷实验。实验结果显示，不同方向上的光速没有差异。这实际上证明了光速不变原理，即真空中光速在任何参照系下具有相同的数值，与参照系的相对速度无关，以太其实并不存在。爱因斯坦说，当人们带有偏见去研究科学时，往往会得出谬误。这种谬误产生于人生活的局限，人类生活在这样一个不快不慢、不大不小的世界里，很容易产生不科学的常识。伽达默尔的参与游戏理论恰恰说明了主客观不分的非真理性。③伽达默尔的真理事实上专指艺术领域的"真理"，而不能用于其他领域。伽达默尔所举之例，如游戏、电影、文学，都脱离不了艺术的范畴。所谓艺术，本来就是仁者见仁、智者见智的存在。一个读者眼中就有一个别样的哈姆雷特说的就是这个道理。以梵高的《星空》为例，世人给出了种种理解，其中最具创意的理解当属刘慈欣先生，在他笔下这幅作品展现出了不可思议的内涵：整个星空，整个宇宙都是由无数振动的弦构成的；暗喻被降维打击后的二维世界。无论人们如何解读，都无关紧要，因为这是艺术，说白了就是一幅画，对其如何解读不会对人对物产生任何实质性的影响。但其他领域不同，无论是自然科学领域还是人文社会领域，随意理解任何理论都可能产生重大不利影响。正是由于艺术的这种特质，柏拉图将诗人和画家驱逐出理想国。他罗列了诗人和画家的几条罪状：①诗人只是摹仿者，他得到的只是影像，并不曾抓住真理；②他的作品对于真理并无多大价值；③他逢迎人性中低劣部分；④他培养发育人性中低劣的部分，摧残理性的部分。从柏拉图陈述的罪状来看，他设想了一个政治修明的理想国度，毫无疑问，在这个国度里，理性是被尊崇的，真理是至高无上的。而诗画或者艺术是引起快感的，是感性的，所以应当被排斥，用柏拉图的话来说，"理性使我们不得不驱逐她。"

由此可见，伽达默尔比起两千年前的柏拉图的思想，仍然是落后的。伽达默尔理论失败的根源在于否认"可被证明（可被证伪）"。伽达默尔认为这种"可被证实"、"可被证伪"的合理性都没有被证明，而人们却妄图用这种没有被证明的理论证明科学是真理，是不是很可笑？而否认这一观点也十分简单："否认可被证明"被证明了吗？如果没有被证明，怎么能用这没被证明的观点证明"否认可被证明"的正确性呢？接下来伽达默尔如何反驳大家肯定就知道了，不过是陷入死循环而已，表示如下：

| 1 | 科学家 | 可被证明＝真理 | A0（前列代指，下同） |
|---|---|---|---|
| 2 | 伽达默尔 | A0 没有被证明→可被证明≠真理 | A1 |
| 3 | 科学家 | A1 没有被证明→A1≠真理 | A2 |
| 4 | 伽达默尔 | A2 没有被证明→A2≠真理 | A3 |
| 5 | 科学家 | A3 没有被证明→A3≠真理 | A4 |
| 6 | 伽达默尔 | A4 没有被证明→A4≠真理 | …… |

万幸的是，物理学家没有理会这种推理，杨振宁说："物理学影响哲学，但哲学从来没有影响过物理学……我完全不同意坂田的那种看法。我认为坂田对物理学有相当贡献，不过这不起源于他的哲学，而起源于他对物理实际的认识。我不同意他自称起源于哲学。他从哲学出发的那些做法都是不出结果的。我认为他越少用哲学，他的成就越大。"[3]

国内学者洪汉鼎教授对伽达默尔进行了细致的研究，为其辩护也颇多，索性在这里一起探讨。①他认为自然的方法论是有矛盾的，这一矛盾体现在自然方法论要求去除偏见，而偏见无法去除，因为人的理解是有历史性的，历史性是无法克服。这一顿论述看似无懈可击，但细思之下漏洞百出。首先，什么是偏见就很难说清，试想一下一个大学生在实验室做实验时有什么偏见存在，真真想不出

---

〔3〕 杨振宁：《杨振宁文集》，华东师范大学出版社 1998 年版，第 514 页。

来；其次，偏见怎么影响实验结果也是没能说清的地方，假设学生A存在偏见，实验结果得出是 X，试问学生 B 有别的偏见，实验结果就因偏见不同造成实验结果 Y 吗？所以，这里洪汉鼎先生用了理解一词，而不是结果，我们承认对结果的理解可能不同，但是，正是由于这种不同才得以存真去伪，得出客观真相。最重要的是，这里的历史性太过于模糊不清，不知道表达的是什么。按照洪汉鼎先生的意思，历史性存在与研究者身上，其研究就带有一定的局限，不可能完全客观，于是乎得出了科学研究的方法不具有客观性，从而否定客观。本文要指出的是，研究确实存在历史性，存在局限性，但这种历史局限性和方法的客观不客观没有任何关系。举例来说，从牛顿的经典力学到爱因斯坦相对论，的确体现了物理研究中的历史局限性，牛顿怎么也想不出空间扭曲和光速不变理论；但这种局限不是不客观的体现，因为牛顿力学是相对论低速状态下的一种特例，这种低速状态客观存在，不因高速下有一般性的结论就否认其正确性。②他认为自然科学方法以经验作为评判真理的标准，而经验具有历史性，所以偏见又不能避免。与第一点类似，这种偏见对于科学实验结果根本没有影响，又如何得出自然科学方法不客观的结论呢？③科学的真理是否一直独立存在。讨论这个问题就更可笑了，就算人类消亡了，在当前宇宙背景下，光速仍然是常量，不会因人的意志转移。洪汉鼎先生想说的也许是离开了人这一规律就不可知，但说着说着变了味，变成了该规律受人支配，人掌握了该规律该规律就存在，不掌握就不存在。

（三）偏见观实际上来自于文艺复兴的后遗症

当时的人们认为，文艺在希腊、罗马古典时代曾高度繁荣，但在中世纪"黑暗时代"却衰败湮没，直到 14 世纪后才获得"再生"与"复兴"，因此称为"文艺复兴"。但事实上文艺复兴不是简单的借尸还魂那么简单，当时意大利的市民和世俗知识分子，一方面极度厌恶天主教的神权地位及其虚伪的禁欲主义，另一方面由于没有成熟的文化体系取代天主教文化，于是他们借助复兴古代希腊、罗马文化的形式来表达自己的文化主张。因此，文艺复兴着重表明了新文化以古典为师的一面，而并非单纯的古典复兴，实际上是资产阶级反封建的新文化运动。这种看起来是通过偏见而达成的历史进步其实不能说明偏见实际上具有正确性，因为所谓的复兴就是一个躯壳，实际上其作用的还是那一时期思想家们自己的主张。绝不能因为文艺复兴时期思想家们对古希腊古罗马的解读就认为古希腊古罗马那么久远之时就有如今的文明。

以中国古代的例子说明这一观点。在陈胜吴广起义之际，陈胜喊出一句响亮的名言："王侯将相宁有种乎？"意思大概是那些王侯和高官们，难道生来就比我们高贵吗？不加当时的历史环境考虑，这句话很可能被解读为平等主义思想的萌发，但事实上陈胜在这里指的是：等我们造反成功我们也可以当王侯将相，为了这一极具诱惑的目标，我们一起造反吧。这根本不是平等主义思想的萌发，而是统治者的更名换姓，从历史的经验来看，历次所谓的农民起义最后的目标都是建立新王朝维持旧秩序，甚至比他们要反对的人更过分。如果说后人借用这句话来表达"用契约代替身份"的民主平等观念，并不能说明陈胜当时就是这个意思，更不能说明用平等主义解释陈胜的意思就是正当的。伽达默尔的偏见理论，不过是看到认识过程中的表面现象，而把最应当细致研究的东西抛在了脑后，这背后的关键所在，一是人行为时的目的，二是人脑的运动过程。

（四）哲学诠释学脱离当代心理学

由于伽达默尔疯狂地反对自然科学，因此他的偏见理论一直停留在所谓的哲学深度，与现代心理学相关理论比起来，落后太多。伽达默尔的偏见概念和认知心理学中的图式概念指的其实是一回事，而认知心理学对偏见的理解要比伽达默尔高明得多。认知心理学经过几十年的不断发展，已经成为当下最主流的心理学分支。认知心理学家关心的是作为人类行为基础的心理机制，其核心是输入和输出之间发生的内部心理过程。认知心理学研究通常要实验、认知神经科学、认知神经心理学和计算机模拟等多方面的证据的共同支持，而这种多方位的研究也越来越受到青睐。认知心理学家们通过研究脑本身，想来揭示认知活动的本质过程，而非仅仅推测其过程。最常用的就是研究脑损伤病人的认知与正常人的区别来证明认知加工过程的存在及具体模式。而这里的输入主要就是"偏见",输出主要是"表达"。这就是说,对偏见的理解根本离不开自然科学的发展,没有对人脑的进一步研究,对理解的理解就只能停留在口水战的水平上,因为谁都拿不出像样的证据证明自己的观点。而对人脑的进一步研究,有赖于对基础物理学的进步,有赖于对微观世界的认识,而不是所谓的哲学上的讨论。[4]

(五)伽达默的诠释学偷换了理解这一概念

理解有两个基本意思。一是平义转换,即"say in another way";二是说明引起与被引起的关系,即"what makes it happen"。伽达默尔的理解观很显然指的是后者,即考虑的是偏见如何使人产生不同的看法。举例而言,一个小姑娘不小心划破了手指,在一旁哭泣起来。她的男朋友说:"好啦,你又不会死"。什么使得男朋友这么说呢?他想要指出他的女朋友太过于娇气,但又不好意思明说。因此一种含蓄的表达产生了,借助划破手指不会死这一事实来代替割破手指没什么大不了的,别矫情。而判断割破手指会不会死不是讨论的重点,重点在于作为一个男生看来,割破手本来就不算事儿,这就是所谓的偏见。事实上正是这种偏见促使了男朋友如此讲话。这里的偏见是说话者也就是和读者的意图密切相关。再举一个与读者相关的例子。在刘慈欣科幻巨著《三体3·死神永生》中,梵高的名画《星空》共出现了两次。第一次出现,刘慈欣笔下的女主角将《星空》想象成梵高早已参透了宇宙是由无数振动的弦构成的,第二次出现,太阳系已经被降维打击,女主角乘光速飞船逃离太阳系,

---

[4] 北京大学哲学教授叶峰老师对此有充分研究。在一次采访会上,他说,我个人最不满意的还是,很多哲学研究者不够重视科学知识……从物理学到进化论和认知科学的知识。……认知、语言使用和行动的主体不再是一个不透明的黑匣子……我们可以提出关于大脑的认知结构的假说,然后在这些假说的基础上仔细分析感觉、知觉、概念、思想、语言使用、行动等过程……传统哲学中仅仅基于内省的理论就要显得简单肤浅、模糊、缺乏实质性内容了,显得幼稚了……所谓"哲学的语言转向"其实是个逃避,是因为不知道如何分析思考心灵或认知主体的基本认知能力、构成成分等等而做逃兵,转向考察表面上更看得见摸得着的语言。

当她回头观察太阳系时，才发现二维的太阳系正是一幅名为星空的画。刘慈欣用这种异于常人的想象力谱写了卓绝的科幻史诗。因为刘慈欣先生的科学幻想，他才得以如此理解《星空》这幅画。刘慈欣先生的科幻意识和文学造诣就是伽达默尔笔下的偏见，在这里是读者的偏见。通过这两个例子就可以看出来，伽达默尔的偏见理解观在不经意间将理解的第一个意思转换成了第二个意思，由平义转换变成了引起与被引起的关系。需要指出的是，伽达默尔的这种所谓的哲学诠释法根本不能为法律解释尤其是刑法的解释提供任何合理性支持，因为在伽达默尔的哲学诠释学下，解释从来就没有是非标准，一切取决于偏见，是一种完全的不确定解释。而不少刑法学家认为伽达默尔的哲学诠释学是支持客观解释的，因为二者都考虑文字的现时性，但却忽略了最为核心的一点：刑法客观解释追求的是确定性、稳定性和人们的可预测性，而伽达默尔整好相反。除非刑法解释中的客观解释异化为不确定性解释，否则二者无法兼容。事实上，本文的观点就在于此：主张客观解释的学者往往援引伽达默尔的观点，以至于他们的客观解释都是一种异化，由客观解释异化为不确定性解释。这种不确定性解释就是读者的主观解释，用日本法学家来栖三郎的话说，法律家是何等虚伪不负责任！总是将主观想法隐藏在客观背后。这就是所谓的客观解释，实际上沦为了法学家的主观解释。

（六）伽达默尔的哲学解释学实际上是文学艺术的解释学

从伽达默尔的成长经历来看，他对他周围的数理知识氛围十分不满，虽然他的父亲极力想让其走上一条数理之路，但其酷爱文学，常伴文学左右。他的诠释学理论也深受文学印象。事实上，当代诠释学就是文学理论的一个分支，大多数讨论理解的边界的学者不是哲学家，而是文学家。伽达默尔的哲学诠释学实际上是美学诠释学，他追求的是文学艺术领域内美的理解。这种由文学发展开来的所谓哲学思想一定不可以推论到其他具体学科，否则就会产生严重的后果。前文所述的哲学和物理学（自然科学）的纷争，推而广之就是文学、哲学对其他实体学问的纷争。法学就是这样的实体学问。现代法律逐渐变为具有可操作性和专业性的法律技术，律师就是掌握这一技术的熟练工。因此，防范文学家和哲学家的所谓真理进入法学领域必须提上议事日程。可喜的是，学术界已经有很多学者认识到了该问题的严重性。罗蒂[5]警告世人，要警惕哲学家，因为他们可能是一些自欺欺人的人，即使在精神方面，哲学家的贡献也是很有限的，我们要像提防小偷那样提防哲学家，因为他们要偷走的不是我们的物质财富，他们要做的是误导我们的心灵，他们要偷走的是我们的灵魂。

爱因斯坦也警告说，我深信哲学家曾对科学思想的进展起过一种有害的影响，在于他们把某些基本概念从经验论的领域里取出来，提到先验论的不可捉摸的顶峰；[6] 所有哲学家写的东西都是蜂蜜吗？这些东西初看上去好像很美妙，但是再看一次就什么都没有了，留下的只是废话。[7] 法学作为科学，必须避免伽达默尔式的有害哲学。

### 三、哲学诠释学不可以指导法学方法研究

在法学方法领域，一直存在着主观解释和客观解释两种方法之争。主观解释是指解释者应当努力探求立法者在的客观立法原意，使法律文本尽量靠近立法者原意的方法和目标的统一，而客观解释是指解释者不必探求立法者的原因，应当综合考量当下社会的种种环境，追求法律文本当下的、现时的意思的方法和目标的统一。

不论是法律的客观解释还是主观解释，追求的都是法律稳定性和确定性，只不过手段和方法有些不同罢了。前者把法律的确定性归结于立法者的意图，后者认为用立法者原因锁死法律文本的意思

---

〔5〕 理查德·罗蒂（Richard Rorty），是当代美国最有影响力的哲学家、思想家，也是美国新实用主义哲学的主要代表之一。

〔6〕 ［美］爱因斯坦：《相对论的意义》，李灝译，科学出版社1961年版，第2页。

〔7〕 ［美］加来道雄：《平行宇宙》，伍义生、包新周译，重庆出版社2008年版，第116页。

未免太过于过时，不能很好地运用于当下社会，因此需要用文本的意思或者说文本在当下的意思来锁定法律文本的意思。不管怎么说，二者都基于以下目标：①法律的意思应当是稳定的；②法律的解释应当符合可预见性，尽量靠近人民大众的心理预期。

但是哲学诠释学否定理解有正误之分，这对法学方法的冲击是巨大的，在伽达默尔眼中，文本的意思不具有确定性，他用的词语是客观性；对文本的理解因人而异，没有正误之分，也就是说法律文本的解释没有正误之分，法律成了"任人打扮的小姑娘"。解释的客观主义包含了法学家谈论的客观主义解释和主观主义解释，因为这二者都追求法律解释的确定性；而解释的主观主义则变成了否认法律的客观性，法律解释没有对错之分。尽管伽达默尔在提出他的理论时从没有意图挑战传统法学理论，但事实上当他的观点被公开发表时，法学家就坐不住了。哈特和贝蒂迫不及待甚至有些气急败坏地反驳其理论。因为如果伽达默尔的学说成为通说，就意味着法学从来没有真正存在过。哲学诠释学下的主观解释，就是否认文本确定性的解释，就是各种解释没有对错之分的态度；所谓客观解释就是追求文本的确定性的解释，不论它借助了什么手段或方法目标。

哲学诠释学语境下的客观解释和法学语境下的客观解释是完全不同的两个概念，伽达默尔等人的文本不确定理论不能为法律客观解释论提供理论支持，因为客观主义者追求的是法律的确定性，而伽达默尔的哲学诠释学恰恰相反。除非客观解释论者向法律的不确定性方向靠拢，否则二者没有统一的土壤。因此，凡是用哲学诠释学论证客观解释论的正当性而又不否认法律的确定性的过程和方法都是十分错误的，这些文章都误读了伽达默尔等人的哲学诠释学。

哲学诠释学在现在自然科学的冲击下已经过时，事实上，传统哲学在当代已经经受不住考验。霍金在其新著《大设计》中开篇说到"哲学已死"，就是这个意思。究其根源，就是哲学忽略其他具体的、基础的学科——包括物理学，也包括法学——的爆炸式发展，独自在自己的小圈子内自说自话。法学，尤其是法理学，一直受到不合理的哲学的不当干扰，以至于很多学者在研究法律问题时动辄动用哲学的观点。法理学应当对此做出回应，法理学是法学中的法理学，而不是哲学中的法理学。法理学应当去哲学化，法哲学这个称呼应当从法学领域中逐渐退去，让法理学讲"理"，而不是讲"哲"。哲学应当顺应法学的发展，而不是相反。法律人虽然不能娇纵自满，但也绝不能妄自菲薄，法律人必须首先承认法理学是独立的一门学问，而不是哲学的附庸，才能真正有所作为。

## 参考文献

1. ［德］海德格尔：《海德格尔选集》，倪梁康译，生活·读书·新知上海三联书店 1996 年版。

2. ［德］海德格尔：《海德格尔存在哲学》，孙周兴等译，九州图书出版社 2004 年版。

3. ［德］海德格尔、陈嘉映、王庆："领会与解释"，载《哲学译丛》1986 年第 3 期。

4. ［德］伽达默尔：《科学时代的理性》，薛华等译，国际文化出版公司 1988 年版。

5. ［德］伽达默尔、胡万福："论理解的循环"，载《现代外国哲学社会科学文摘》1992 年第 4 期。

6. ［德］伽达默尔、罗务恒："美学与阐释学"，载《文艺理论研究》1987 年第 3 期。

7. ［德］伽达默尔：《伽达默尔集》，邓安庆等译，上海远东出版社 2003 年版。

8. ［德］加达默尔：《真理与方法：哲学诠释学的基本特征》，洪汉鼎译，上海译文出版社 2004 年版。

9. ［美］爱因斯坦：《爱因斯坦文集》，许良英、范岱年编译，商务印书馆 1976 年版。

10. ［美］加来道雄：《平行宇宙》，伍义生、包新周译，重庆出版社 2008 年版。

11. 杨振宁：《杨振宁文集》，华东师范大学出版社 1998 年版。

12. ［美］理查德·罗蒂：《后哲学文化》，黄勇译，上海译文出版社 2004 年版。

13. ［美］理查德·罗蒂：《后形而上学希望》，张国清译，上海译文出版社

2009 年版。

14. ［美］理查德·罗蒂：《实用主义哲学》，林南译，上海译文出版社 2009 年版。

15. ［美］爱因斯坦：《相对论的意义》，李灏译，科学出版社 1961 年版。

16. ［古希腊］柏拉图：《理想国》，郭斌和、张竹明译，商务印书馆 1986 年版。

# 网约车刷单中的法律问题

## ——以上海网约车司机刷单案为视角

庞珉心 *

## 一、问题的提出

（一）案情简介

2016 年 5 月的一天晚上，7 点 40 分左右，杨先生通过某打车软件叫车，一位司机很快应答。但杨先生等了许久也未见司机踪影，于是打电话询问司机是否可以按时赶来，如若不能，可否取消订单，而司机并未同意。而后，杨先生发现其打车行程已经开始计算费用，便再次打电话给司机，司机称仍在路上，并否认在司机客户端的打车软件上点击了"开始行程"。晚上 8 点左右，杨先生发现司机结束了行程，自己的账户被扣取 25.65 元车费。无奈之下，杨先生不得不花费 52 元乘坐出租车前往目的地。随后其向法院提起诉讼，要求网约车平台退还车费、承担额外出租车费用，并进行惩罚性赔偿损失 500 元。[1] 对此，一审法院驳回了杨先生的全部诉讼请求。其认为，杨先生与司机达成客运合同，网约车平台在此过程中扮演的仅仅是提供信息技术服务的撮合者，且没有证据证明该公司通过打车软件提供技术服务时实施了欺诈行为；同时，一审期间网约车平台已退回全部车费，弥补了杨先生的损失，而出租车费用属于杨先生前往目的地所需的必要费用，并不属于损失范畴。而本案的二审法院，上海市第一中级人民法院支持了杨先生的请求，认为网约车平

---

* 天津商业大学法学院 2015 级民商法学研究生。

〔1〕 案件来源：《人民法院报》2017 年 5 月 9 日，第 3 版。

台与乘客间达成客运合同，司机虚构行程并扣取车费的行为已经构成欺诈，应由网约车平台支付杨先生 500 元的赔偿金。

（二）争议焦点

一审与二审判决的不同体现了这个案件的两个争议焦点：一是客运合同的双方主体究竟是乘客与司机还是乘客与平台；二是司机虚构行程的行为是否构成欺诈？若构成，其责任主体是谁？笔者将围绕这两个争议焦点在下文展开具体论述。

其实，这种虚构行程的行为从 2015 年就开始出现，俗称"刷单"。一般方法是司机注册几十个网约车账号，并开通多个信用卡账号，利用作弊软件虚构行程里程，在短期内可以获得了高达上百万元的收益。自 2016 年 8 月，这种刷单行为在全国已经十分普遍，例如多地网约车爆发的"幽灵车"事件。[2] 2016 年 9 月 23 日，经初步核实，全国已有 3 万余名司机购买、使用该作弊软件，造成该约车公司 600 余万元的经济损失，刷单的危害可见一斑。刷单不仅给平台及政府造成了严重的经济损失，也给整个网约车行业的发展造成了很大的障碍。刷单行为是否构成欺诈？赔偿责任的承担主体是谁？这一系列问题都具有很强的现实研究意义。

## 二、网约车刷单中的法律关系

（一）乘客与平台间的法律关系

1. 网络服务合同关系

随着互联网技术的发展，网络服务悄然兴起，现在已越来越普遍。网络服务合同关系是网约车合同最基础的合同关系，通常情况下是由用户下载软件、完成注册而建立起来的。用户注册，实际上就是合同订立的过程。从实践来看，网络服务合同包括服务协议和

---

〔2〕 全国多地优步用户陆续遭遇"幽灵车"事件：车辆尚未到达用户接单地点，软件就显示开始行程，并且在短时间内结束，直接扣款。同时令人费解的是，这些司机的头像大多怪异惊悚，好似幽灵一般。参见 http://www.guancha.cn/economy/2016_10_14_377205_s.shtml，最后访问日期：2017 年 7 月 16 日。

一系列政策、声明。用户下载网约车客户端后需同意软件使用协议，如滴滴出行中的软件协议规定滴滴平台由基础信息平台业务、专门出行信息平台业务、非出行信息平台业务组成，其中基础信息平台业务提供基础的信息传输和用户间即时通讯等基础信息交互服务。滴滴出行的用户服务协议中规定，从需求用户发送订单并由系统成功匹配开始，到订单完成之时，为线上网约车平台交易信息服务区间。这种合同关系只要注册即可，无需实际使用，即不订立客运合同也不影响该合同的订立。

2. 客运合同关系

这是网约车运行中最核心的合同关系。客运合同又称为旅客运输合同，是指承运人与旅客关于承运人将旅客及其行李安全运输到目的地，旅客为此支付运费的协议。[3] 有学者提出，网约车不再属于客运合同，实践中也存在将此类案件的案由归为服务合同纠纷的情况，但笔者认为判断合同的性质应从合同的客体入手，其仍旧属于客运合同。王泽鉴认为合同客体即给付，包括给付行为和给付效果。[4] 具体到网约车合同的客体，其应包括双重意义，给付行为和给付效果，即客运行为和送到目的地的履行结果。网约车大致操作程序为：乘客在网约车手机客户端中输入行程的起点和目的地，自由选择车型、乘车方式（专车或拼车）及是否接受加价等，而后由平台作出承诺并在规定时间内安排司机完成运输（司机可根据路线、乘客资信等选择是否接受订单），完成客运后由第三方支付宝代扣车费（优步自动扣费，滴滴则需乘客确认支付）。由此可以看出，网约车合同并未脱离客运合同的本质区别属性。因此笔者认为，网约车合同应属于客运合同的一种，加上网络介入的特殊性，应为一种新型的客运合同。

关于与乘客建立上述客运合同关系的相对方是谁，存在不同观点。第一种观点认为，乘客与第三方司机达成客运合同关系，网约

---

[3] 王利明等：《民法学》，法律出版社2011年版，第663页。

[4] 王泽鉴：《债法原理》，北京大学出版社2009年版，第27页。

车平台在撮合成交的过程中仅仅提供信息技术服务，即居间人的角色，而乘客与网约车平台间不存在客运合同关系。这种观点在实际案例中也有不少法院予以支持，[5] 他们认为乘客注册、使用网约车APP 须事先同意该软件的《中国用户使用条款》及《乘客服务协议》[6]，根据条款网约车平台仅提供信息技术服务。第二种观点认为，网约车平台不仅仅是信息技术服务提供者，更重要的是与乘客同为客运合同的缔约方。

笔者认为，各网约车平台在《中国用户使用条款》和《乘客服务协议》中声明的"仅提供信息技术服务"属于推卸自身责任的格式条款，乘客在注册软件使用时为"不得不接受"的状态，应属无效，并不能以此代表乘客与网约车平台的真实法律关系。依据实践操作，乘客使用网约车软件发送用车请求后，是由平台进行匹配并指派车辆，由平台计算车费，待用车结束后由平台代收车费，即平台是客运行为的组织者和主导者。综合上述特征，有理由相信乘客与网约车平台之间达成事实上的客运合同关系。新出台的《网络预约出租汽车经营服务管理暂行办法》明确了网约车平台公司承担承运人责任，为这一观点增添了直接的法律依据。修改后的滴滴出行《用户服务协议》中进一步明确，从乘客肢体接触到线下服务车辆起始，至线下运输服务结束乘客离开运输工具止，为驾驶员为用户提供线下网约车运输服务区间。若采用第一种观点，会致使网约车平台以"信息服务提供者"之名、行"订立客运合同"之实，通过四方协议逃避法律责任，将法律纠纷全部推给汽车租赁公司、劳务派遣公司或私家车司机，这会造成严重不公平。

---

〔5〕 如本案一审判决，上海市浦东新区人民法院（2016）沪 0115 民初 46121 号民事判决，其认为乘客与第三方车主间达成运输合同关系，网约车平台在撮合成交的过程中仅提供信息技术服务。

〔6〕 如 UBER《乘客服务协议》约定，本协议由您（乘客）与雾博公司共同签署。您进一步同意根据 UBER 软件和产品的指派，接受由 UBER 软件和产品匹配的独立的第三方服务提供方直接提供的服务。我们为您提供的服务是免费的，但您就每一项服务应向相关第三方服务提供方支付的费用将由 UBER 软件和产品自动根据 UBER 用户使用条款的规定计算得出并通知您。

值得注意的是，履行义务的司机与网约车平台存在什么样的法律关系、承运的车辆是司机所有抑或是网约车平台所有，这些并非乘客叫车时应该考虑的问题，也无从得知，网约车平台对此也没有披露义务。也就是说，司机仅仅是客运合同的履行辅助人，与乘客订立客运合同的相对方必须是网约车平台。

3. 委托合同关系

为了方便用户行使权利，在特殊情况下，由平台代为行使乘客的权利更为快捷，这就需要乘客对平台的委托授权，二者间进而成立委托合同关系。如滴滴出行服务协议中规定，车费由第三方支付平台收取［其间法律关系在下文第（二）部分详细分析］，当出现车费支付故障或重复支付等情况时，由平台代替乘客与第三方支付平台协商。并且，在法律允许的最大范围内，平台有权调查并起诉相关违法违规行为。

（二）司机与平台间的法律关系

依据 2015 年 10 月 10 日交通运输部公布的《网络预约出租汽车经营服务管理暂行办法》（征求意见稿）[7]的表述，网约车平台与司机之间属于劳动关系。但依据其 2016 年 7 月 27 日正式公布的《网络预约出租汽车经营服务管理暂行办法》第 18 条[8]，平台与司机之间可采用相对灵活的用工方式，包括但不限于劳动关系。那么，二者之间签订不同的合同，也就会成立不同的法律关系，这会直接决定平台承担责任后的内部追偿。国内理论界对于网约车平台是否应与司机签订劳动合同存在三种观点：支持者认为，劳动关系有助于明确网约车平台与司机之间的权利、义务与责任，充分保障司机与乘客的合法权益；反对者认为，平台与司机间的关系只是具有部

---

〔7〕《网络预约出租汽车经营服务管理暂行办法》（征求意见稿）第 18 条第 1 款：网络预约出租汽车经营者应当保证接入平台的驾驶员具有合法从业资格，与接入的驾驶员签订劳动合同。

〔8〕《网络预约出租汽车经营服务管理暂行办法》第 18 条第 1 款：网约车平台公司应当保证提供服务的驾驶员具有合法从业资格，按照有关法律法规规定，根据工作时长、服务频次等特点，与驾驶员签订多种形式的劳动合同或者协议，明确双方的权利和义务。

分劳动关系的特征，但存在明显区别，二者间往往只是一种信息或软件的服务关系；中间派观点认为，在网约车这种新业态下，传统的劳动合同关系并不一定能完全匹配，可以有劳动合同、劳务合同、劳务派遣、临时接单等多种类型。

如上所述，司机与平台间关系复杂，且可存在多种不同的法律关系。但是就本文研究视角而言，只需明确司机的法律地位是客运合同的履行辅助人即可。合同当事人之外的任何第三人都可以依照债务人的意思，辅助其履行合同义务。具体到网约车中，司机为客运合同之外的第三人，以其与网约车平台间的约定为依据，代替平台向乘客履行运输义务，而这个依据可存在劳动关系、平等的民事合作关系、居间合同关系等多种。

### 三、刷单行为的性质认定及责任承担

（一）刷单行为的性质

虚构行程，最终由乘客为与自己完全不相干的行程支付车费，性质恶劣，司机存在欺诈故意。欺诈，即故意引起、增强或维持错误。[9] 根据法理，司机的接单行为构成承诺，此信息一经到达乘客手机之时即代表客运合同已经成立，司机负有接载乘客的义务。在本案中，原告作为乘客通过打车软件发送用车请求，司机在未接到乘客的情况下，自行虚构持续时间超过 10 分钟、行驶里程达 2.97 公里之交易，并通过 UBER 软件扣取车费 25.65 元。该笔虚构之交易所涉金额虽小，然性质实属恶劣，欺诈之故意明显。

（二）刷单行为的责任承担

虽然虚构行程的欺诈行为是司机的个人行为，但正如前所述，司机是履行平台公司的义务，实为平台公司客运合同义务的履行辅助人。居于客运合同主体地位的平台，对于乘客因司机刷单所受的

---

〔9〕 唐英："浅析以合法形式掩盖非法目的的民事行为"，载《行政与法》2012 年第 10 期。

损失，应当承担责任。至于承担责任后网约车平台与司机之间的追偿问题，属于另一个法律关系中的纠纷，不应在此混淆考虑。

大陆法学学者秉持过错责任原则，支持承运人为其履行辅助人负责。[10] 我国虽然没有明确使用这一概念，但根据《合同法》第67条和第121条以及合同相对性原理可以得出，因第三方造成合同一方违约的，由接受辅助的一方承担责任。笔者认为，一方面平台可以役使司机为自己履行客运义务，另一方面却不由平台承担由此产生的责任，有背"谁受益，谁负担"，是违反权利义务相一致的基本原则的表现。但是，为了保障合同的公平，对于由债务人承担责任的履行辅助人的行为应加以条件限制，以本文案例为视角，具体如下：

第一，平台与司机间应存在事实上的由司机履行客运合同义务的约定。从法理上讲，即便不强制要求司机与网约车平台之间存在某种支配性或从属性关系（干涉可能性必要说[11]），但是也应该要求网约车平台对司机具有干涉可能性。虽然网约车平台与司机之间可能存在多种不同的法律关系，但共同点在于平台已将客运义务交由司机代为履行，且平台对司机资质、客运行为等各个环节都享有绝对的的干涉权。因此，司机可以认定为履行辅助人。

第二，司机从事的应是平台对乘客的债务行为。这里不局限于单纯的运输行为，还应包括前期准备（如接单、前往接载地点）以及保护等附随义务。在引案中，司机的接单行为、违规点击"开始行程"以及拒绝乘客取消订单的行为，都是在平台对乘客所负债务的范围之内。

第三，注册车辆与实际承运车辆（或者司机）不一致时不影响平台承担责任。此种情况在实践中经常发生，其产生原因主要有"借名注册"、"账号外借"以及注册司机擅自委托，对此的处理方

---

〔10〕《德国民法典》第278条：债务人为其法定代理人或者其为清偿债务而使用的人所犯过失，应同自己的过失负同一范围的责任。

〔11〕 刘楠、郭萍："承运人之履行辅助人责任问题研究"，载《甘肃社会科学》2015年第2期。

式存在不同观点。一种观点认为，平台公司仍应承担相应责任；另一种认为，鉴于实际操作性低，平台公司尽到合理审核义务的，不承担责任。笔者赞同第一种观点，根据《网络预约出租汽车经营服务管理暂行办法》，平台公司作为经营者，具有加强安全管理，提高安全防范措施的义务，[12]确保注册、实际承运司机或车辆的一致性，属于平台公司应承担的审查义务。平台注册司机的账号外借或擅自委托行为虽然是应当禁止的，但除非注册司机的委托行为存在重大过错，比如将车辆交由醉酒或无证人员驾驶等，在一般情形下，注册司机的上述行为对履行客运义务不会产生实质影响，客运流程及分红模式也不会改变，故平台公司仍应承担相应责任。即便发生上述行为，也属于平台公司与注册司机之间的内部关系。如果造成第三人损害的，对外也应当由平台公司承担相应责任。

综上，由网约车平台承担司机刷单行为引发的赔偿责任。此外，在刷单情形下，网约车平台作为提供网络服务交易的经营者，乘客作为消费者，根据《中华人民共和国消费者权益保护法》第55条第1款"3倍赔偿"的规定，乘客可以针对存在欺诈性质的客运服务提出赔偿损失的要求，比如由平台承担3倍乘客另行打车而支付的出租车车费差价。

### 四、平台反刷单行为的思考

刷单长时间存在于市场中，并屡禁不止的根本原因在于刷单所能带来的巨大经济利益。网络交易平台应承担严格限制刷单的义务，这是毋庸置疑的。对于网络交易平台服务者，首先要赋予其一定的权利，这在我国的电子商务发展中已经得到充分的体现。电子商务作为一个新兴产业，其网络交易平台的管理者对平台的管理经验要

---

〔12〕《网络预约出租汽车经营服务管理暂行办法》第18条规定：网约车平台公司应当保证提供服务的驾驶员具有合法从业资格，……开展有关法律法规、职业道德、服务规范、安全运营等方面的岗前培训和日常教育，保证线上提供服务的驾驶员与线下实际提供服务的驾驶员一致。

远超过国家的立法者们，所以我国对电子商务大多保持着宽松管理、大力支持的态度，致使刷单现象猖獗不止。此时，网络交易平台都享有着制定电子商务管理制度体系并对违法者作出处罚的权利。目前，由于刷单所带来的恶劣影响，平台已开始采用技术手段进行限制。如滴滴打车平台在派单时对乘客与司机的实时距离有了明确的规定，即与乘客叫车时距离小于 1 公里的司机将无法接单。再如，一旦发现刷单的司机或乘客，平台将永久性"封号"（即禁止使用）。但平台毕竟不是国家执法部门，其所作出的管理制度和处罚方案没有法律的权威性和强制力，一方面，技术手段限制确实可以有效控制刷单现象，但也仅仅对短距离刷单产生作用，对整个刷单群体而言仍是隔靴搔痒之举，同时，人为控制司机接单范围，无形中加大了司机履行合同的时间和经济成本，降低了出行效率。另一方面，注册审核过程并不严谨，换个手机号、车牌号就可以轻而易举地躲过"封号"卷土重来。由此可知，平台自身的监管作用终究还是有限的，对刷单仍是鞭长莫及。

因此，要想遏制刷单行为，单单依靠平台的力量远远不足。在反刷单的过程中，我们也应当放眼国外，借鉴成功经验。事实上，刷单现象存在于世界各地，如我们的邻国日本，虚假交易的情况也有存在，但是长期刷单的情形却很少出现。究其原因，就在于日本的税务制度十分完善，在互联网上进行交易皆有据可查，若未能如实按照销售记录报税，被税务机关发现，不仅要补缴税款，还极可能会受到高额罚款的处罚。同样，澳大利亚和德国也有通过按照记录的营业额进行纳税从而达到遏制刷单的规定。如果刷单者企图通过刷单取得不正当利益，那么他不仅要承担进行刷单所带来的成本，也需要承担其虚高的营业额所带来的税务成本，从而导致其利润大大缩水，不堪重负，对遏制刷单能够起到良好的作用。由此我们可以得出，针对电子商务领域建立完善的税务制度，十分必要。从我国平台公司目前的注册情况来看，营业范围属于现代服务业中的无运输工具承运业务，应该由平台公司缴税。但是我们忽略了网约车司机这个主体，其作为从事交通运输服务的个体工商户或其他个人，也应依照交通运输服务的规定缴纳增值税。所以，笔者建议，将对电子商务的税务制度纳入《电子商务法》之中或者税法体系之内，明确司机缴税义务，可由平台公司代收代缴，从而增加刷单成本。并且因地制宜，各地针对网约车不同的运营情况，细化征收标准。此外，行政管理部门也可以联合网络交易平台，双管齐下。当乘客因为刷单而受到利益损害时，可以先向平台投诉举报，由平台出面解决，情节严重者，由平台向有关部门申请，由行政主管部门介入解决。这既能有效及时地保护消费者的权益，又缓解了有关部门的行政管理压力，减少行政成本的浪费。

## 五、小结

本案在网约车案件中具有代表性，争议焦点涉及运输合同主体以及刷单的行为定性与责任承担，且一审和二审判决不同足以体现所涉案件争议较大。网约车在我国尚处于发展阶段，由网约车出行所引发的一系列纠纷也越来越复杂。我们应把握网约车的本质，并了解实践对于网约车的争议立场，理论与实践相结合，以此形成文明出行的网约车法治共识。

# 危险驾驶罪的法律问题探究

孙红艳 *

## 一、危险驾驶行为入刑的正当性

### （一）增设危险驾驶罪的正当性分析

探究立法者增设危险驾驶罪的原因有利于我们更加深刻地理解设立危险驾驶罪的价值和意义，从而更好地指导司法实践活动。立法者将危险驾驶罪纳入刑法的根据主要有以下几个方面：

1. 司法实践的迫切需要

近年来，随着汽车数量的增加，我国交通事故多发、频发，很多人无视道路交通法规的存在而实施了醉酒驾车、追逐竞驶等一系列的危险驾驶行为，从而发生了如孙伟铭案等多人死伤的恶性交通事故案件。但是我国对这些行为仅仅有行政处罚可以适用，而我国刑法在惩治这些行为方面却没有相应的法律条文可以适用，虽然在司法实践中有些法官会对这些案件以交通肇事罪和以危险方法危害公共安全罪来进行判决，但是这样的做法却远远不能满足实践的需要，不符合刑法罪行相适应原则的要求。

2. 应对风险社会的需要

德国学者贝克曾经提出了"风险社会"这个新鲜名词，他认为由于现代社会的高速发展、科技日新月异而导致人类所面临的风险具有以下六个特点：不可感知性、不确定性、整体性、制度性、平等性和全球性。换句话说，现代风险以一种整体的、平等的方式对每个个体进行着潜移默化的损害，不会因国家、地域、民族、种族、

---

* 天津商业大学法学院 2016 级刑法学研究生。

性别等而有所不同。就刑法而言，在风险社会的背景之下，刑法的疆域已经扩张到了风险规制的领域，学界称之为"风险刑法"的时代即将到来。在风险刑法的整个系统当中，抽象危险犯就成了这个舞台的主角，担任着风险刑法剧目的"领衔主演"，其典型就是危险驾驶行为的入罪化。[1] 尽管我们无法去准确地预计风险是否发生以及发生的概率有多大，但是我们不能因为人类的认识能力的局限性就在立法上消极懈怠，而应该在适当时机进行犯罪化处理，在法律与政策、自由与秩序中寻求符合当下社会现实的规制之治。因此，将危险驾驶行为进行入罪化的处理是我们在进行价值衡量之后及应对风险社会的最重要的表现。

3. 实现刑法的预防目的

犯罪是刑罚的前提，刑罚是犯罪的法律后果，刑罚是针对犯罪而发动的，犯罪决定着刑罚的施加。而刑罚具有特殊预防与一般预防的作用，即通过对行为人施加适当的刑罚，可以对已经实施犯罪的人和潜在的犯罪人在心理上产生强制力，对他们的行为起到威慑或震慑的效果，从而预防犯罪人重新犯罪，以及对尚未犯罪的人扼制犯罪的念想。因此只有设立危险驾驶罪才能威慑危险驾驶的人，使其能够理性地约束自己的行为，去选择正确而又安全的行为方式，从而有效地控制危险驾驶这个对公民生命、健康和财产安全造成重大威胁的行为，最终实现刑法的预防目的。[2]

（二）新型危险驾驶行为入刑的正当性分析

正如前面所论述的，增设危险驾驶罪是有其正当性理由的，因此立法者在深思熟虑之后在《刑法修正案（八）》中增加了危险驾驶罪这一新罪名。不可否认的是，自从该行为入刑以后，醉驾等危险驾驶行为减少了，交通安全系数提高了，违法者得到了应有的惩罚，危险驾驶行为也得到了有效的惩治，但是实践中仍然存在很多

---

〔1〕 李波："当前我国危险驾驶罪考察与批判"，载《犯罪研究》2012年第1期。

〔2〕 张建中、郑创彬："我国刑法增设危险驾驶罪之法理思考"，载《中国检察官》2010年第10期。

其他的危险驾驶行为，如严重超速超载，因此在现实的千呼万唤下，《刑法修正案（九）》增加了两种新型的危险驾驶行为，那么我们就有必要对新增的这两种新型危险驾驶行为的正当性进行研究。

1. "双超"型危险驾驶行为入刑的正当性分析

《刑法》第133条之一第3项，即"双超"型危险驾驶行为入刑是因为从事校车业务或者旅客运输，是关系到很多人的生命、健康和财产安全的，也是近年来我国交通事故多发的重灾区。实践证明，超载已成为校车安全的第一杀手，所以为了能够保护公民的生命健康安全，必须要把这种危险扼杀在摇篮里，将该行为入刑势在必行。而且我们常常听到这样一句话"十次事故九次快"，其实在查处的交通违法当中，20%以上是超速违法。危险驾驶行为所带来的危害程度已经超出了行政规制的范围，必须将刑法作为调控手段来对这些行为加以制裁，而这也是风险社会当中的应有之义。当然也有部分学者认为，这样做可能会被人诟病违反刑法的谦抑性原则的要求，即刑法要尽可能地控制其广度和深度，在可以使用其他处罚手段时，就没有必要动用刑事立法。但是笔者认为这样做不仅不是对刑法谦抑性原则的违反，反而更加体现了刑法罪行相适应以及保障人权的原则，我们不能因为刑法谦抑性的存在，而将其作为盾牌以抵挡所有应该入刑的危害社会的行为，而应该顺应社会现实的需要去对法律进行完善，实现刑法的功能与价值。

2. "违规运输危险化学品"型的危险驾驶行为入刑的正当性分析

而《刑法》第133条之一第4项，即"违规运输危险化学品"型的危险驾驶行为入刑主要从现实出发，因为目前我国国内有80%以上的危险化学品需要通过高速公路运输，每年全国通过公路运输的危险化学品达到3500多个品种，约2.4亿吨。虽然从实践来看，危险化学品运输安全所造成的事故占的比例不高，但是一旦发生交通事故其损害结果却会很严重，个案死亡率达到了33%，比普通事故的个案致死率高十几个百分点。[3] 运输危险化学品本身就对道路安全存在着很大的隐患，更别说"违规运输"危险化学品的行为了，违规运输是将这种隐患变为现实危险的一个很大的导火索，所以应该对此类行为进行严厉的处罚。但是从我国目前的立法上来看，最重的处罚也只是《治安管理处罚条例》第 30 条中规定处以 15 日以下拘留，这显然是不足以惩罚这类行为的，也不足以保护受损害的法益，容易激化社会矛盾，所以立法者将其加入危险驾驶罪当中是有其正当性理由的。

## 二、危险驾驶罪中所存在的法律问题研究

（一）危险驾驶罪规范目的的分析

我们该如何理解《刑法》第 133 条之一的规范目的，即《刑法修正案（八）》增设 133 条之一到底是为了弥补危险驾驶行为存在的什么漏洞？在这个法律问题上学界存在很大的争议，主要有两种观点，一个是冯军教授坚持的"过失的抽象危险犯"，一个是张明楷教授坚持的"故意的抽象危险犯，"而双方的对峙都是以实践中最为常见的"醉酒驾驶"为分析对象来进行探讨第 133 条之一的规范目的，两人的争议点主要是围绕以下几个方面进行的：

1. 是否会导致罪刑关系的失衡

冯军教授认为如果是将危险驾驶罪确定为故意的抽象危险犯，危险驾驶罪就是交通肇事罪与以危险方法危害公共安全罪之间的一个桥梁性或者过渡性的罪名，其目的就是为了能够在交通肇事罪与以危险方法危害公共安全罪中间搭建桥梁，弥补法律规范的缺失，但是这样一来反而会使《刑法》第 133 条之一中的罪刑关系出现明显失衡的状态。理由是：从罪质上看，以危险方法危害公共安全罪应该大于危险驾驶罪，而危险驾驶罪大于交通肇事罪，那么相对应

---

〔3〕 臧铁伟主编：《中华人民共和国刑法修正案（九）解读》，中国法制出版社 2015 年版，第 22 页。

的刑罚的配置上也应以此顺序进行排列，但实际上现行法律并不是这样，所以会导致罪刑关系失衡。[4] 而张明楷教授认为将其确定为故意的抽象危险犯并不会导致罪刑关系的失衡。理由是：因为《刑法》第114条是故意的具体危险犯，而交通肇事罪却是过失的实害犯，那么将危险驾驶罪确定为故意的抽象危险犯，以危险方法危害公共安全罪的罪质就大于危险驾驶罪，而交通肇事罪的罪质也大于危险驾驶罪，相呼应的刑罚配置也该如此，而我国法律中的刑罚配置也确实如此，所以不会导致罪刑关系的失衡。[5]

2. 是否会导致相关刑法规范的适用丧失妥当性

冯军教授认为如果将危险驾驶罪确定为故意的抽象危险犯，会使某些法律条文的适用丧失妥当性，即《刑法》第50条[6]。例如，一个罪犯在死刑缓期执行期间，由于某些原因在其驾驶机动车时发生了事故，如果判决其触犯的是危险驾驶罪，此时就得对其核准执行死刑，因为该罪是故意犯罪，但如果判决其犯的是交通肇事罪，就不能核准执行死刑，因为该罪是过失犯罪，也就是说，实施了一个危害性小的罪——危险驾驶罪要执行死刑，而实施了一个危害性较大的罪——交通肇事罪却不需要执行死刑，这样的结果是很难让人们接受的，所以不能将危险驾驶罪确定为故意的抽象危险犯。而张明楷教授则从根本上否定了冯军教授的观点，因为冯军教授所举的这个例子是根本不可能存在的，也就无法证明其结论的正确性。

3. 是否会导致其车辆被没收

根据我国《刑法》第64条的规定，[7] 冯军教授认为如果将危险驾驶罪确定为故意的抽象危险犯，那么行为人就是在利用其所驾

---

〔4〕 冯军："论《刑法》第133条之1的规范目的及其适用"，载《中国法学》2011年第5期。

〔5〕 张明楷："危险驾驶罪的基本问题——与冯军教授商榷"，载《政法论坛》2012年第6期。

〔6〕《刑法》第50条：判处死刑缓期执行的，在死刑缓刑执行期间，如果故意犯罪，查证属实的，由最高人民法院核准，执行死刑。

〔7〕《刑法》第64条：违禁品和供犯罪所用的笔者财物，应当予以没收。

驶的机动车来追求或放任可能发生的公共危险，那么法院就可能会在判决中没收他的汽车，但是对于一个只能判处拘役和罚金的轻罪来说没收他一个价值昂贵的汽车会明显违反公平原则。[8] 而张明楷教授则认为《刑法》第 64 条所规定的"供犯罪所用的笔者财物"，显然是与违禁品相当的、具有危险性的，主要是用于违法犯罪的财物，而不是行为人所使用的任何财物，所以即使将危险驾驶罪确定为故意犯罪，也不意味着就一定要没收行为人的车辆。[9]

4. 是否会导致某些不良后果的发生

冯军教授认为如果将危险驾驶罪确定为故意犯罪，会出现某些人失去执业资格的不良后果，因为在《律师法》、《全国人大常委会关于司法鉴定管理问题的决定》、《关于新闻采编人员从业管理的规定》这些法律中规定，如果行为人故意犯罪的话是不得从事律师、鉴定、新闻采编等工作的，而如果实施的是交通肇事行为，因为其是过失犯罪，仍然可以从事这些工作，这样会违反实质正义所要求的比例原则，并且可能会导致这些人因一次醉驾就要面临无法生存下去的痛苦；[10] 而张明楷教授则认为冯军教授的这一想法，即仅仅是因为同情而想让特定的人继续从事其职业就将该行为认定为过失犯罪，是很荒谬的。首先，有些情况下行为人即使不构成犯罪但是如果被开除公职的话也不能从事律师职业，那构成危险驾驶罪的人不能从事律师职业就在情理之中了；其次，其认为因醉酒驾驶机动车而构成的交通肇事罪，是危险驾驶罪的结果加重犯，那么既然构成危险驾驶罪时不能从事法律工作，那构成交通肇事罪的情况下也不能从事法律工作，既然都不能从事，就不会违反比例原则。

---

〔8〕 冯军："论《刑法》第 133 条之 1 的规范目的及其适用"，载《中国法学》2011 年第 5 期。

〔9〕 张明楷："危险驾驶罪的基本问题——与冯军教授商榷"，载《政法论坛》2012 年第 6 期。

〔10〕 冯军："论《刑法》第 133 条之 1 的规范目的及其适用"，载《中国法学》2011 年第 5 期。

5. 是否填补了《刑法》的漏洞

冯军教授认为如果将危险驾驶罪确定为故意犯罪，就无法弥补《刑法》的漏洞，因为在他看来，如果行为人存在想要通过醉酒驾驶行为而故意给公共安全造成抽象危险的，可以将其视为是以危险方法危害公共安全罪的未遂犯，将《刑法》的第 115 条和第 23 条结合起来就可以使行为人受到应有的惩罚，如此一来根本没有必要设置《刑法》133 条之一了，所以该罪并不能理解为故意犯罪；而张明楷教授则认为如果按照冯军教授的观点将危险驾驶罪确定为过失的抽象危险犯，就会导致醉酒驾驶造成的抽象危险的行为没与之相适应的法条，因为他认为第 114 条与第 115 条的区别只是在于是否造成了严重的伤亡实害结果，只要没有造成严重的伤亡实害结果，就只能适用第 114 条而不是适用 115 条和第 23 条的规定。[11]

6. 是否符合《刑法》第 15 条第 2 款的规定

《刑法》第 15 条第 2 款："过失犯罪，法律有规定的才负刑事责任"。冯军教授和张明楷教授都认为其中"法律有规定"，既包括法律中明文使用"过失"、"疏忽"等用语来规定（明文规定说）的情况，也包括法律当中并没有明文使用"过失"、"疏忽"等词的情形，但是却可以通过罪刑关系和逻辑内涵来判断（实质规定说）。而冯军教授认为根据法定刑的轻重方可得出结论，即法定刑轻的犯罪就是"法律有规定"。具体而言，从最高刑的设置来看，第 133 条之一的最高刑是拘役，结合第 114 条设置的法定刑为"3 年以上 10 年以下有期徒刑"来看，不应该把拘役设置成一个故意犯罪的最高刑，所以是过失犯罪；而张明楷教授认为"法律有规定"至少应该理解为"法律有文理的规定"，即法条虽然没有使用"过失"、"疏忽"等之类的词语，但是可以根据法律条文的文理，能够当然地认为法律规定了过失犯的构成要件，才属于"法律有规定"，[12] 所以我们不能

---

〔11〕 张明楷："危险驾驶罪的基本问题——与冯军教授商榷"，载《政法论坛》2012 年第 6 期。

〔12〕 张明楷："危险驾驶罪的基本问题——与冯军教授商榷"，载《政法论坛》2012 年第 6 期。

因为法定刑轻就说其是过失犯罪，因为我国有很多故意犯罪如侵犯通信自由罪、偷越国（边）境罪的法定刑都比较轻，但不能断章取义地认为它们就是过失犯罪。

7. 对以上观点的述评

通过对冯军教授与张明楷教授的观点的详述，笔者比较赞同张明楷教授的观点。主要有以下几点理由：其一，将危险驾驶罪确定为故意的抽象危险犯是否会导致罪刑关系的失衡，笔者认为其实两位教授的不同观点是基于他们所站的立场不同而导致的，即冯军教授坚持的是行为无价值论，即违法性的本质是以"行为"为中心，考虑违法性问题，所以从罪质上看，故意大于过失，而具体危险犯大于抽象危险犯，而张明楷教授坚持的是结果无价值论，即违法性的本质是以"结果"为中心，考虑违法性问题，所以从罪质上看，故意的具体危险犯大于故意的抽象危险犯，过失的实害犯大于故意的抽象危险犯，而笔者更倾向结果无价值论的观点[13]。其二，笔者认为用《刑法》第50条来判断危险驾驶罪并非故意的抽象危险犯是不妥当的，因为冯军教授所举的例子是不可能发生的，对于一个被判死刑缓期执行的犯罪人来说，根本就没有机会去实施危险驾驶行为，更别说构成危险驾驶罪或者交通肇事罪了，所以他的这个例子没有存在的根基，而且除了这个极端的例子以外，冯军教授并没有举出其他的例子来佐证自己的观点，所以冯军教授的这个理由也是站不住脚的。其三，笔者认为冯军教授利用《刑法》第64条来否定危险驾驶罪不是故意的抽象危险犯的理由并不成立，因为冯军教授的这一结论的前提其实是用于过失犯罪的财物不得没收，但是这个前提是否成立、法律依据何在还值得研究，[14] 所以，用一个前提都无法证明真伪的结论来否定危险驾驶罪的故意抽象危险犯的性质有所欠妥。其四，笔者认为冯军教授所说的将危险驾驶罪确定为故意

〔13〕 张明楷：《刑法的基本立场》，中国法制出版社2008年版，第164~165页。

〔14〕 张明楷："危险驾驶罪的基本问题——与冯军教授商榷"，载《政法论坛》2012年第6期。

的抽象危险犯将会导致某些不良后果的出现也是不合适的，虽然冯军教授所举的例子从表面上看确实很有道理，但是只要我们深入的思考就会发现，其实这个理由是存在一定漏洞的，比如"这些人会因一次醉驾而要忍受无法生存下去的痛苦"，笔者认为既然某些人是律师，那就是明知道法律有这样的规定还冒着失去执业资格的风险去实施醉酒驾驶的行为，那他们就应该为其未能遵守法律规定的行为买单，对其作出这样的惩罚也就不会显得不近人情。其五，笔者认为冯军教授所说的可以根据第114条和第23条关于未遂犯的规定来对故意的抽象危险犯进行处罚，但是其实冯军教授的这一观点是没有将未遂犯与预备犯进行恰当的区分，因为按照他的理论犯罪人其实根本就未着手实施犯罪，只能是预备犯而并不是未遂犯。其六，笔者认为冯军教授从最高刑的设置来判断危险驾驶罪并非是抽象危险犯的理由并不成立：首先，笔者并不赞同从法定刑的轻重来理解"法律有规定"，因为这样理解会超出其本来的含义范围，范围过宽，最起码应该是要符合文理解释的要求；其次，即使可以这样理解这句话，但运用该法律条文来解释危险驾驶罪是过失的抽象危险犯也没有什么道理可言，不足以使我们信服。综上所述，笔者认为冯军教授的每个理由都是不充分的，而张明楷教授的观点更令人信服，所以笔者更加赞同张明楷教授的观点。

（二）"追逐竞驶"型危险驾驶行为的法律问题分析

《刑法》第133条之一的第1项规定了"追逐竞驶"型危险驾驶行为，那么什么是追逐竞驶？根据最高人民法院2014年12月18日所发布的指导案例第32号——张某某、金某危险驾驶案裁判要点中指出：机动车驾驶人员出于竞技、追求刺激、斗气或者其他动机，在道路上曲折穿行、快速追赶行驶的，属于《刑法》第133条之一规定的"追逐竞驶"。而什么是"情节恶劣"，在指导案例第32号中也作出了说明：追逐竞驶虽未造成人员伤亡或财产损失，但综合考虑超过限速、闯红灯、强行超车、抗拒交通执法等严重违反道路交通安全法的行为，足以威胁他人生命、财产安全的，属于危险驾驶罪中"情节恶劣"的情形。笔者认为在认定追逐竞驶的危险驾驶行为时，在最高院作出的这些说明的基础上，我们应该根据行为发生时的具体情况加以综合性的判断，比如：行为人行驶的时间、路段、次数等这些方面来判断其行为对道路交通秩序以及不特定多数人的生命、财产安全威胁的程度，来区分不同的案件，而不是一味地"一刀切"，这样做可以实现实质正义而非局限于形式正义。另外，我们需要对该行为中的两个法律问题进行探讨：

1. 低速竞驶是否构成追逐竞驶

最高院的指导案例中为我们解答了什么是"追逐竞驶"，但是对于何种程度的追逐竞驶行为才适合认定为危险驾驶罪却没有说明。也就是说，低速竞驶是否构成追逐竞驶存在争议。有学者认为，追逐竞驶行为不能局限于"高速竞驶"，即追逐竞驶既包括高速的竞驶，也包括低速的竞驶；也有学者则认为追逐竞驶的基本特点是具有危险性的高速、超速行驶，所以低速的追逐竞驶不构成追逐竞驶。笔者比较赞同低速竞驶行为也属于追逐竞驶。因为即使是低速竞驶，只要是行为人有追逐的现象，容易造成他人生命、财产安全隐患的都应该被规制，而刑法设置该罪的目的也在于控制各种危险驾驶行为，保障道路交通安全，而且该罪的重点强调的是"追逐"，而非高速或低速，所以只有将低速竞驶也纳入追逐竞驶的范围内才能实现刑法的预设目的。

2. 追逐竞驶是否必须要求两个以上行为人互相进行

追逐竞驶是不是必须得两个以上行为人互相进行呢？我们假设这样一个情景：甲在开车的过程中被乙给超了，甲就心有不甘，于是加快速度把乙超了，乙见甲超了自己又加速开始超甲，甲乙之间开始了追逐。在这个假设的情形下，毫无疑问甲乙都实施了追逐竞驶，都构成危险驾驶罪。但是也存在这样的情况，如：开着奥迪车的甲在高速公路上行驶的过程当中，被开着兰博基尼跑车的乙超越了，甲心里想，开好车了不起呀，一定要超过他，于是就与兰博基尼进行竞赛，但是其实乙并没有注意到开着奥迪车的甲在跟自己进行比赛，因为兰博基尼跑车的性能本来就很好，所以速度才比较快，那么在这种情况下只有甲在进行追逐竞驶，那么甲是否构成危险驾驶罪，不同学者有不同观点。笔者认为甲的行为是成立危险驾驶罪的。理由也是从立法者设立该罪的目的出发，即虽然表面看甲只是一个人追逐他人，但是他的这种行为并没有因为只有他一个人在进行而减轻其行为对他人所形成的危险，安全隐患仍然是存在的，所以只有把他的行为划分到该罪的范围之内才能够保证刑法目的的实现。

（三）"双超"型危险驾驶行为的分析

因为近几年来校车事故不断上演，而且一旦发生事故就是群死群伤。根据公安部 2011 年至 2014 年的数据表明，全国校车、营运客车超速违法导致的交通事故 6649 起，死亡 2891 人，其中死亡 10 人以上的重特大道路交通事故中，因校车、营运客车超速行驶导致的占 53%，所以有必要从刑法的角度对该行为进行规制，在该项规定中需要探讨以下两个问题：

1. 是否要受《校车安全管理条例》的限制

按照《校车安全管理条例》（以下简称《条例》）的规定，校车的范围和用途必须是用于接送义务教育的学生上下学。[15] 有人就认为刑法在处罚校车超载或超速的危险驾驶行为时，应该适用该《条例》，即接送非义务教育的学生的车辆则不属于本罪所规定的校车范围。[16] 但是笔者认为其实不应该适用该《条例》的规定，而应该对其适用《刑法》规定作扩大解释。就像我国《刑法》对信用卡诈骗罪的解释一样，对其进行的就是扩大解释，而不是仅限于金融领域对其的定义，所以危险驾驶罪中的校车应该既包括接送义务教育的也包括接送非义务教育的，因为交通事故并不会因为其承载的是非义务教育的学生就不会发生，其取决于政府有关部门以及学校对校车的交通安全问题重视不够、管理制度的缺乏、校车驾驶人素质不高、安全意识不够等一系列原因。只要乘坐的是校车就会有发

---

〔15〕 张明楷：《刑法学》，法律出版社 2016 年版，第 727 页。

〔16〕 郭小亮："新型危险驾驶罪的理解与适用"，载《江西警察学院学报》2016 年第 1 期。

生群死群伤的危险，如果仅对义务教育的学生进行保护，而排除掉非义务教育的学生，那么非义务教育的学生的生命、健康与安全就得不到有效的法律保护，那么该罪设置的初衷就会大打折扣。

2. 何为"严重"超员超速

虽然法律规定必须要达到"严重"超员超速才构成该罪，但是何为"严重"超员超速法律目前并没有规定，这需要有关部门出台具体的规定予以明确。为了保持法律之间的一致性，必须注意刑法与行政法之间的衔接问题。因为目前我国《道路交通安全法》第92条规定：公路客运车辆载客超过额定乘员的，处200元以上500元以下罚款；超过额定乘员20%或者违反规定载货的，处500元以上2000元以下罚款；第99条规定：有下列行为之一的，由公安机关交通管理部门处200元以上2000元以下罚款：……④机动车行驶超过规定时速50%的。而《刑法修正案（九）》却将危险驾驶罪限定在了"严重"超员超速的范围内，所以此时就必须划分清楚与《道路交通安全法》的界限，笔者建议将超员超速分为严重的超员超速和较为严重的超员超速，严重的超员超速必须是超过规定人数的50%或超过规定时速的50%。

（四）"违规运输危险化学品"型危险驾驶行为的分析

我们需要厘清两个问题：其一，必须有违规运输行为的存在，如果在遵守交通规则的情况下发生了爆炸等重大事故，则不属于该罪的规制范畴；其二，必须"危及公共安全"，可是"危及公共安全"的性质是有争议的。立法机关认为，根据本款的规定，危及公共安全的，应当追究刑事责任，尚未危及公共安全的，应当依法予以行政处罚，即这里的"危及公共安全"是划分罪与非罪的重要界限。笔者认为，对于"危及公共安全"的理解除了为了划分罪与非罪的界限外，还是为了限制处罚范围而做出的规定，与"追逐竞驶"中"情节恶劣"的性质是一样，即防止规制的范围过广而对人们的生产生活造成不便。在判断是否危及公共安全的时候，应该按照判断抽象危险的方法来进行，即以一般的社会经验为根据，结合所运输的危险化学品的性质、数量、路段、程度、时间、可能造成的损害后果等因素综合来看。

## 参考文献

1. 张明楷：《刑法的基本立场》，中国法制出版社 2008 年版。

2. 张明楷：《刑法学》，法律出版社 2016 年版。

3. 臧铁伟主编：《中华人民共和国刑法修正案（九）解读》，中国法制出版社 2015 年版。

4. 李波："当前我国危险驾驶罪考察与批判"，载《犯罪研究》2012 年第 1 期。

5. 高铭暄："风险社会中刑事立法正当性理论研究"，载《法学论坛》2011 年第 4 期。

6. 张建中、郑创彬："我国刑法增设危险驾驶罪之法理思考"，载《中国检察官》2010 年第 5 期。

7. 郭小亮："新型危险驾驶罪的理解与适用"，载《江西警察学院学报》2016 年第 1 期。

8. 冯军："论《刑法》第 133 条之 1 的规范目的及其适用"，载《中国法学》2011 年第 5 期。

9. 张明楷："危险驾驶罪的基本问题——与冯军教授商榷"，载《政法论坛》2012 年第 6 期。

10. 王志祥、敦宁："危险驾驶罪探析"，载《中国刑事法杂志》2011 年第 7 期。

11. 仝虎："论危险驾驶罪与交通肇事罪、以危险方法危害公共安全罪的关系"，载《法制博览》2016 年第 1 期。

12. 张梦："论《刑法修正案（九）》（草案）之危险驾驶罪"，载《河南广播电视大学学报》2015 年第 2 期。

13. 公安部交管局负责人就 122 "全国交通安全日"答记者问（2015-12-01），载 http://news.sina.com.cn/c/2015-12-02/doc-ifxmazpa0607638.shtml.

14. 中华人民共和国最高人民法院指导案例 32 号："张某某、金某危险驾驶案"，载 http://www.court.gov.cn/srenpan-xiangqing-13228.html.

# 农村土地上社会保障性的优先地位

## ——以青海省"户改惠农"政策为切入点

徐 捷[*]

## 一、问题的提出

### (一)青海省"户改惠农"政策

农村土地制度改革一直以来都是各学科关注的焦点,在城乡统筹发展,加快城镇化建设进程的政策号召之下,各地都轰轰烈烈地进行着探索。青海省在户籍改革试验中,放宽本省各城镇的落户条件,允许符合条件的农民落户城镇,[1]这一政策可被称为"户改惠农"政策。相对落户的条件,改革中更令人关心的是农民土地权益的处置模式。青海省政府探索出的农地改革政策是在重庆"土地换社保"农地承包权退出模式基础上发展而来。具体做法如下:农地承包权可以以"户"的名义整体退出,也可以以"个人"身份单独退出;以"户"名义整体退出的,该户名下的所有的承包地在一定期限内予以收回,以"个人"名字单独退出的,在一定期限内对该村民享有的承包土地份额予以收回;对于回收期限的设定,以退出农民不同的落户地为标准进行区分,落户到西宁市区的,回收期限设定为5年,而落户到其他城市(镇)的,该期限则延长到本轮承包期结束;退出土地承包权的农民享有同城镇居民相同的社会保险等福利。

---

* 天津商业大学法学院 2015 级民商法学研究生。

〔1〕 青海省人民政府网:《青海省深入推进户籍制度改革方案》,载 http://www.qh.gov.cn/bsfw/system/2012/11/27/010018783.shtml,最后访问日期:2017 年 5 月 10 日。

"户改惠农"政策一经颁布，即有学者对该做法质疑。学者认为农民落户城镇即收回土地的做法不合理，原因是政府将农民享有的财产性权利与户籍、社会保障等福利措施相关联，有歧视和剥夺农民权益的倾向；社会保障是国家负有的公法上的义务，不应以农民享有的土地权利来交换。进而，该学者指出青海省的"户改惠农"政策，对落户到西宁市区农民设定5年的农地回收期限的做法是不可取的。[2]

（二）问题的争议

学者对"户改惠农"政策的否定态度，是源于对土地承包经营财产属性的当然推理，尤其表现在强烈的物权属性上。首先，《物权法》第三编将土地承包经营权的有关制度进行了详细的阐述，明确了土地承包经营权法定物权的地位，农民依据法律在集体经济组织中享有的财产性权利，也因此得到充分的保障；其次，土地承包合同一旦成立，农民即对分得的土地享有相对独立的支配权，可以对土地自行耕种和收益；再次，农民享有该种财产性权利具有排他性，在同一经济组织内部的同一范围土地上，不可能存在两个权利主体；最后，承包土地的权利可以登记造册，当农户之间的土地进行组织内部的流转时，可以申请进行土地权利的变更登记，也即土地承包经营权具有一定的公示性。

以上《物权法》中有关土地承包经营权的规定都是其财产属性的体现，在此基础上将该权利单纯地认为是财产属性的权利并无不可。但是，这里有疑问的是，为什么学者仅认为对西宁市区农民设定5年的农地回收期限的做法不可取，而对落户到其他城镇的农民设置"到本轮承包期满"的回收期认为是合理的呢？究其原因，是在现阶段法律规定只有拥有农村户籍的主体才可能享有承包土地的权利，土地承包权具有身份性。所以，我们应当看到，农民享有的土地上的权利，不仅仅是具有财产属性的权利，更是与当前的户籍制度、社会福利等有联系的权利。并且基于这样的联系，土地的社

---

〔2〕 宋志红：《农村土地改革调查》，经济科学出版社2016年版，第45页。

会保障性更具有优先保护的地位，我们不可以回避这样的事实。在这样的设定下，让农民带地进城同样是不合法的。农地承包权不仅有物权的属性，同样也具有社会保障的属性，这是在我国现阶段必须认识到的事实。

## 二、农村土地社会保障性的含义及历史成因

### （一）农村土地社会保障性的含义

社会保障是国家基于公法上的义务，对符合相应条件的公民给予一定的生产资料，以满足公民最低层次的温饱需求。这项公法上的义务旨在实现社会公平，为公民的个人发展提供最基础的保障。[3] 现阶段在我国农村，教育基础还较为薄弱，农民很难在其他行业中获得较高的回报。农民们无法依靠自己的力量支撑日常生活的需要，很容易受到外来不利因素的影响。而从祖辈继承的积蓄也不允许农民为年老后的生活购买现金保险，由此，土地则成为农民社会保障实现的最好方式。庞大的人口基数决定了资源在我国的重要性，而作为不可再生的稀缺资源，土地则成为人们趋之若鹜的对象。国家作为社会事务管理者，对土地资源进行分配，农村集体也从中分得一杯羹，具体到土地的使用上即按人数平均承包给农户。如前所述，社会保障最重要的目的在于保障生活困难人群最基本的生存条件，而土地基本无需其他生产要素的互补，只要具有劳动力再加上简单的农具，即可实现就业，获得充足的食物，满足农民最基础的温饱需求。[4] 同时，农民对土地的承包和使用无需缴纳任何税费和租金，即使在年老或者丧失劳动能力无法自行耕种的情况下，土地作为稀缺资源，其依然可以通过流转获得相应的收益。

由此看来，土地在农村社会中发挥着就业和养老的基本社会保障功能，至少可以提供生活所需的食物。即使在农村青壮劳力陆续

---

〔3〕 林嘉：《社会保障法的理念、实践与创新》，中国人民大学出版社 2002 年版，第 8 页。

〔4〕 姚洋：《土地、制度和农业发展》，北京大学出版社 2004 年版，第 109~110 页。

转移到第二、三产业的今天，如果一旦在城市追逐梦想的可能破灭，家中的一亩三分地仍然可以成为他们背后有力的保障。

（二）农村土地社会保障性的历史成因

从 1953 年开始，我国进行了一系列的土地改造。没收富农、地主、宗教机构等的土地，无偿分配给无地或者少地的农民，改变了从封建时期开始土地高度集中的局面，基本实现"耕者有其田"的目标。在社会主义改造初期，国家曾进行多次试验对农村的生产方式进行探索，大致可以分为两个阶段：合作化运动以及人民公社化运动。在使用方式上两阶段都采取统一规划、统一劳动的共用模式，但在土地的所有制上，农村土地则经历了从私有到公有的巨大转变；除此之外，在这两个阶段中，农产品都实行"统一收购、统一销售、统一调拨、统一库存"的统筹统销制度，农民没有自由定价和销售的权利。国家对农产品的买卖严格控制，实行垄断。国家对农村地区下达粮食订购任务，只有剩余的农产品才可以在农户中进行分配。不同于以上的改革方式，城市的土地则另辟蹊径，将土地所有权全部收归国有，个人享有城市土地所有权的景象成为历史。但相对应的，在计划经济时期，城镇居民的收入范围也仅限于国家分配的工资和相关福利。

从以上基本可以看出，在新中国成立初期，无论是城市还是农村，个体的收入都是受国家计划调控，由此产生城乡二元的差异管理体制。1958 年国务院颁布了户籍管理条例，更是将城乡二元制度上升到法规的高度。在差异管理体制之下，蕴含着不同社会保险制度的安排，城乡居民的落户地点影响着个人的粮食配给制度、商品副食供给制度、医疗、养老、失业等，特殊历史时期形成的城市发展进程，为我国的户籍制度增添了别样的意义。自此，土地成为农民就业、养老的社会保障，在之后的各项改革试验中；为了响应农民的呼声，提高农田的生产活力，国家在全国范围内推广承包责任制，虽然农村的土地在社会主义制度的当然要求下，成为农村集体的财产，但是使用和收益的权利完全归属于农户，农户享有自由支配的权利，农民安身立命的根本与土地捆绑在一起，成为与城市社会保障相对应的土地保障。

## 三、农村土地上社会保障性优先地位的体现

农村土地上的社会保障性的优先地位是相对于财产属性而言。从资源角度来说，农村土地具有社会保障性，以简单而原始的生产方式，保障农民的最低生活水平；从财产属性来说，家庭承包的一亩三分地，是农民土地权利的客体，农民在其之上可以自由的进行耕种、收益，这种具有强烈支配自由的财产属性，具体体现在物权法的有关规定上。二者发生于不同的价值理念，在农村土地制度构建上追求不同的目标，但在总体上而言，社会保障性对于农村土地制度的建立具有优先地位，具体体现在以下五个方面。

（一）土地承包经营权的取得主体

按照一般的财产法原理，财产权利的获得通常是一般民事主体通过支付一定的对价，有偿获得，对于主体身份没有特殊要求。但承包土地的有关规定，与之相背离，对主体做出严格的限定，只能是集体组织中的农户。土地承包经营权属于财产权利的一部分，但在取得上却依附于国家户籍制度的安排。这是我国特殊的社会发展进程造就的特殊景象。对取得农村承包土地权利的主体进行严格控制本身，即为其社会保障性的体现。在城乡分置模式下，土地承包经营权是农民专有的保障形式，落户在中小城市的个人不得享有。而相对应的，社会保险形式的保障即为城市居民专有。在个人收入都由国家掌控的计划经济时代，这样的社会保障安排可以说具有极大的合理性，保证了整个社会相对公平的发展。也即，在有关土地权利的设置上，不是单纯的赋予财产属性，而是在充分考虑了社会保障、城乡公平等因素的基础上，对农民给予限制性的土地承包经营权。除此之外，农村土地承包经营权的取得一律是无偿的，只要农民有要求，集体经济组织就应当满足，这在一定程度上体现了社会保障的公益性。

（二）土地承包经营权的权利内容

根据传统理论，典型的用益物权，一旦产生便具有独立于所有

权的特性。权利人对该财产性权利，享有很大的支配力。基于用益物权共同财产属性的体现，农民享有的土地承包权也具有同样的特征。除此之外，不同于一般性的规定，土地承包经营权在流转上，则设置了层层关卡。如果将承包地进行互换的主体属于相同村落，或者向本村的其他村民进行转包，法律对此类流转方式都予以认可，基本可以实现较为自由的处分。但对于抵押、转让等向集体经济组织外部成员的流转方式，则无法得到实现。

这些限制的规定实际旨在保护农民的社会保障权。其一，从个体角度来讲，一方面土地是农民安身立命的根本，太过自由化的流转方式，会增加农民失地的风险。另一方面从长远利益来看，对土地流转的限制并没有阻碍土地价值的实现，相反，农民因保有土地而获得的保障。享有土地权利的目的，并不在于通过市场将之货币化，而是通过使用和收益的功能，满足依靠土地生存的农民的基本需求。[5] 其二，从社会整体角度来讲，农村土地还负担着国家粮食安全和生态保护的重任，限制农地承包经营权的流转也是出于公共利益的考虑。所以说土地承包权的设置不单单惠及农民个人，在其上承载更多的是国家公共职能的行使，也是整个社会正常运作的保障。

（三）土地承包经营权的消灭

根据《土地承包法》的规定，退出承包地的方式有两种。其中，如果农民在城市安身立命从而取得城市户口的，应当放弃在集体组织中的承包地。土地承包经营权是农民现实享有的财产性权利，原则上不因户籍的改变而灭失。但出于社会保障性的考虑，法律强制将农村土地的权利限定在农村内部。这样规定虽然违背了传统的财产权观念，但有其合理性。正如以上提到的，社会保障体现着整个社会初始的公平分配。故在社会资源的分配上理应遵循朴素的平等主义观念，具体到社会保障方式的安排上来说，每一位公民都应当公平地享有等份的获得物质帮助的权利，而不可叠加。落户城市的

---

〔5〕 韩松："农民集体土地所有权的权能"，载《法学研究》2014年第6期。

居民依法应当享有政府提供的社会保险、最低生活保障等福利，如果允许农民"带地进城"，则意味着该"农民"享受了双份的社会保障，这对于整个社会来说无疑是不公平的。

（四）土地承包经营权的继承

在土地承包经营权的继承上，同样体现了社会保障性的优先地位。依据《土地承包法》，在本村集体成员死亡的情况下，生前取得的土地权利应予以收回，不得继承。这样规定的意义在于，如果继承人是农村集体经济组织成员，那么依据以上所述社会保障不得重复享有的原则，本村的继承人理应不得在原有的承包地之外，叠加另一份土地保障；如果继承人是并不享有土地保障的城市户口，那么与土地保障相对应的社会福利同样限制其重复享有。除此之外，最重要的考虑因素是要保障土地在集体组织内进行流转。农地是稀缺资源，集体经济组织中有限的土地，不仅仅要保障现有人口的生存发展，还要考虑新增人口的权利实现。以不变的土地总量满足日益增多的集体组织成员，涉及代际公平的问题。所以，法律平衡个人的财产处分自由与社会保障之间的关系，而仅禁止本村以外的城市居民享有承包土地的权利，其目的在于防止土地资源的流失。将土地资源固定在集体组织当中，这样的安排可以更好地保障农民的社会生存权利。这不仅是出于对现有村民社会保障的考虑，也是对未来新增人口土地保障的长远规划。

（五）土地承包经营权的调整

在20世纪80年代末西南地区，开始试验全新的土地政策，具体内容为：增人不增地，减人不减地。参与该政策设计的研究员认为，作为首批国家改革实验区，湄潭县的实验起到降低农村人口增速，加快农村劳动力向城镇转移的正面效果。[6] 法律和政策对此观点也予以认可。承包期内对发包方调整土地的权利得以遏制，减弱发包方对承包合同的支配力，这是土地承包经营权财产属性中物权

---

〔6〕 刘守英、邵夏珍："贵州湄潭实行'增人不增地，减人不减地'24年的效果与启示"，载《中国乡村发现》2012年第4期。

性的当然要求。但有学者对这一政策持否定态度，认为该政策明显违背社会公平，基于社会正义和正当理由应当对承包地的物权绝对效力作出限制。[7] 从社会保障的角度来看，每一个人享有的社会保障权利理应是相等的，村民享有的土地面积则是最直观的体现。在公平的社会保障理念下，每一农民分得的土地面积都应当是相等的。在生老病死造成的农村人口变化的情况下，在一定的时间内应当对土地面积进行相应的调整。除了学者的质疑，这一规定也引起多数农民的不满。[8] 由于"不得调整"的政策忽视新增农民的社会保障权益，违反一般农民的公平分配观念，在实施过程中这一政策已然受到挑战。在学者2005年对重庆市农村的调查中，集体经济组织中超过一半的承包土地都进行过或大或小的调整。[9] 因此，无论是理论上的分析还是实践中的操作，都倾向于认定在承包期内，土地应当予以调整，以满足农民基本的公平分配需求。如此，对新增成员的承包权予以保障，那么势必会影响到现有成员承包地的份额。这种随时对权利客体进行增减的土地权利，削弱了土地承包经营权的财产权属性，成为不稳定的物权，这也是社会保障属性在农地上优先地位的体现。

综上所述，土地承包经营权从来都不是单纯的财产性权利，在我国城乡二元结构之上被加以很多的限制。限制越多，社会保障性的体现越强，财产权属性就越弱。在现行法律和政策下，社会保障性与财产权属性发生冲突时，社会保障性具有优先性的地位。

## 四、结论

学术的探究应当建立在现实基础之上，在对我国农村土地权利进行论述时，理应认识到我国同其他国家有不同的城乡发展历程，

---

〔7〕 陈小君主编：《农村土地问题立法研究》，经济科学出版社2012年版，第207~210页。

〔8〕 宋志红：《农村土地改革调查》，经济科学出版社2016年版，第25页。

〔9〕 刘俊：《中国土地法理论研究》，法律出版社2006年版，第271页。

以及在此背景下形成的有条件、有限制、不完全的土地承包所有权，也即必须建立在社会保障优先性的基础之上进行论述。单纯的以财产权属性进行论述，于解决我国农村土地矛盾无益。虽然经过后期的改革试验，农村土地权利最终还是会完全体现财产权利的属性，但这是有条件的，需降低甚至使土地承包经营权完全摆脱社会保障性，取而代之的是全民统一的社会保障安排。这一目标的完成需要在社会整体经济水平较高、农村人口较小、农业收入比例较小、国家用于社会保障的支出较高的情形下，才能达成。[10] 显然，在现阶段我国的社会条件还达不到相应的水平。

所以，在现实条件的桎梏下，我们要正视城乡社会保障二元体系，认识到农村的土地保障与城镇的社会保障具有一定程度的对等性，这是我国的现实，也是《物权法》、《土地承包法》中有关土地权利设置的基础，更是城乡公平与稳定的保证。农民的土地权利看似是单纯的财产性权利，实际却担负着保障农民生活安定的职责，是与城市的福利制度相对应的安排，二者不可同时享有。但在土地保障功能日益衰减的情形下，是否要对农民建立与土地保障相配套的农村社会保障制度则是另一个问题，在此不做进一步的论述。故在青海省农村"户改惠农"政策中，让农民"带地进城"的做法是违反法律、违反城乡社会公平的。进城落户的农民已经通过社会保险等方式获得最基础的维系生活的条件，没有理由再获得第二份保障，不应让其继续保有土地，更不应该单凭"财产权属性"就认为承包的土地是单纯的财产性权利，应由进城落户的农民继续享有。

## 参考文献

1. 宋志红：《农村土地改革调查》，经济科学出版社 2016 年版。

2. 林嘉：《社会保障法的理念、实践与创新》，中国人民大学出版社 2002 年版。

3. 姚洋：《土地、制度和农业发展》，北京大学出版社 2004 年版。

---

〔10〕 刘俊：《中国土地法理论研究》，法律出版社 2006 年版，第 280~283 页。

4. 韩松："农民集体土地所有权的权能"，载《法学研究》2014年第6期。

5. 刘守英、邵夏珍："贵州湄潭实行'增人不增地，减人不减地'24年的效果与启示"，载《中国乡村发现》2012年第4期。

6. 陈小君主编：《农村土地问题立法研究》，经济科学出版社2012年版。

7. 宋志红：《农村土地改革调查》，经济科学出版社2016年版。

8. 刘俊：《中国土地法理论研究》，法律出版社2006年版。

# 合作抑或推诿?

## ——清末天津商会理案与地方司法的互动实态

赵　珊[*]

## 一、第三领域：互动的两种可能

突破政治史的宏大叙事和现代化的需求框架两大研究范式后，哈贝马斯的"公共领域"和"市民社会"等理论成为商会史研究的新视角。[1] 此三种范式在研究进程中有层级递进的积累，但各自均有明显的论证缺陷。政治史范式始终纠结于商会所代表的资产阶级集团在辛亥革命中的功用，现代化框架则更直接地将商会的出现视为中国由传统向现代嬗变的二分线，而利用"公共领域"或"市民社会"理论也难逃窠臼，把商会当作中国存在西欧市民社会的典范和与国家对峙的关键力量。几乎可以说，商会史研究中的西方经验和理论作为或衡量或批判中国状况的武器，无往而不利。[2]

跳出这些非此即彼的二元对立陷阱，将目光投向哈贝马斯的理论本身则可以发现，哈贝马斯根据西欧近代转型的历史经验将"公共领域"归纳为若干理想类型，如同韦伯以"形式和实体"、"理性

＊　天津商业大学法学院 2015 级法律史研究生。

〔1〕　自 20 世纪 80 年代以来的商会史研究，陆续经历了从商会的政治功用出发的政治史叙述，到以经济——社会变迁视角观察商会的现代化框架，再到利用哈贝马斯理论的研究范式。具体可参见马敏主编：《中国近代商会通史》，社会科学文献出版社 2015 年版，第 24~40 页。

〔2〕　邓正来对此有过精辟的阐述："由于现代的西方对传统的中国构成了经验和知识层面的示范，所以中国学者不论是因为缺乏思想上的自信还是为了中国的发展都只能接受西方的经验和理论。"详细可参见邓正来："中国发展研究的检视——兼论中国市民社会研究"，载邓正来、〔美〕J. C. 亚历山大主编：《国家与市民社会：一种社会理论的研究路径》，中央编译出版社 1999 年版，第 444~462 页。

和非理性"两组概念所总结的四种法律理想样态一样，单拿出某一种类型来论述时，其价值是作为一种抽象的评判标准，而非实际的可比对象。所以无论是用商会来比附"资产者公共领域"，还是以商会作为中国近代是否存在市民社会的依凭，均有削足适履的嫌疑。更需关注的是，哈贝马斯的"公共领域"理论有其复杂和矛盾之处，其中既有国家、社会单独参与、国家和社会共同参与的公共领域的三区域之分，又有公共领域只是社会在对抗专制国家过程中的拓展之二元论。从这一涵摄矛盾的理论出发，商会承担理案职能亦有两种说辞，一是在近代中国转型之际，商会通过理案侵占了本属于国家的纠纷解决权能；二是中国传统的纠纷解决在国家司法之外，本来即有民间调解，商会理案就是介于国家司法与民间调解之间的公共领域。

单纯的理论推导难有突破，实证研究则提供了一条新道路。黄宗智通过解读清末民国的司法档案，提出在国家法律和司法机关的正式解纷体制与社区宗族进行民间调解的非正式解纷机制之间，存在一个两者互动的"第三领域"，有相当数量的纠纷是在第三领域解决的[3]，而且，国家与社会之间的第三领域不仅有纠纷解决的运作，还有官绅的公益合作以及乡保、里正等准官员的行政。[4] 从哈贝马斯三分法的"公共领域"概念中，依赖清代中国的实践经验生发的"第三领域"理论，更加关注国家与社会在该领域的互动与合作。但黄宗智的研究重点是国家与乡村社会在第三领域的互动运作。清末十年，中国诞生大量商业城镇，新型商会等自治团体崛起，城市社会的整合水平显著提升。与此同时，新式审判厅初设、水利整修、学校兴办等显示出其时国家政权建设和渗透的步伐加快。在国

---

〔3〕 黄宗智教授在"集权的简约治理——以准官员和纠纷解决为主的半正式基层行政"一文中有详细论述，可参见〔美〕黄宗智：《过去和现在：中国民事法律实践的探索》，法律出版社2014年版，第56~78页。

〔4〕 亦可参见〔美〕黄宗智："中国的'公共领域'与'市民社会'？——国家与社会间的第三领域"，载邓正来、〔美〕J. C. 亚历山大主编：《国家与市民社会：一种社会理论的研究路径》，中央编译出版社1999年版，第430~433页。

家与社会共同转型的情境下，二者在城市公共事务中的持续互动几达巅峰，商会与地方司法机关在调处商事争端中的互动就是个中典例。

无疑重要的是，无论是哈贝马斯的"公共领域"理论，还是黄宗智的"第三领域"理论，其深刻的教益价值都在于，需要同时依照国家转型和社会变迁两方面来理解均处在根本转型过程中的国家与社会二者之间时时变动的互动关系。甚至这种互动"具有超出国家与社会之影响的自身特性和自身逻辑"[5]，逐渐形塑出自我的制度化。需要特别注意的是，互动并不仅等于合作，变动中的互动关系也可能造成责任推诿，尤其是在社会纠纷解决这一领域。清末新政草创四级三审制的审判厅分担司法审判权能，在未设审判厅的地区继续以地方官府行司法职权，再加之商部亦有受理上控商事纠纷的职能，于是清末的商事纠纷形成了商会、商部、审判厅、州县官府均行受理的复杂交错局面。这种复杂机制虽然为商民解纷提供了多样化的选择，但也无疑容易因权责不清而导致功能消解。所以商事纠纷有可能在国家正式司法体制和商会理案职能的互动中得到妥善的合作解决，但绝不能排除因双方推诿造成纠纷延宕的可能，这就需要检阅官方表达与理案实践来证实或者证伪。

## 二、讼案不理：文本的简单建构

天津商会肇始于 1902 年 8 月袁世凯主持成立的天津商务局，但因商务局仍行官僚体制，其理案职能碍于官商阻滞而未得伸展。未经许久，1903 年 6 月即改组为初具商会雏形的天津商务公所，正式着手参与商事纠纷调处，但是时并未拟定明文章程。1903 年 11 月 24 日，清政府商部开始劝谕各省各埠设立商会，如天津一般的商务繁盛之地应设商务总会，并颁布《奏定商会简明章程二十六条》。作

---

〔5〕〔美〕黄宗智："中国的'公共领域'与'市民社会'？——国家与社会间的第三领域"，载邓正来、〔美〕J. C. 亚历山大主编：《国家与市民社会：一种社会理论的研究路径》，中央编译出版社 1999 年版，第 430 页。

为其后各地商会章程的模板，该章程之第 15 条明确规定 "凡华商遇有纠葛，可赴商会告知总理，定期邀集各董秉公理论，从众公断。如两造尚不折服，准其具禀地方官核办"[6]。因之可见，在国家层面的商会体制构建中，商会承担有 "秉公理论，从众公断" 的职能，但是商会理案并非强制前置于司法诉讼，仅是商民在遇轇轕之时的一种可供选择的纠纷解决方式。而且，商会理案也不具备终局裁决性，两造不服仍可上告于地方官府。更为重要的是，此章程中不曾载明商会与地方官府在商事纠纷解决问题上如何划分管辖权力。因此，草创之时的商会理案制度在官方话语表达中并不与地方司法有何牵涉，想来二者应各行其是。

天津商务公所在商部的屡次函催下，在 1904 年 12 月正式改组为天津商务总会，并于 1915 年颁行《天津商务总会试办便宜章程三十条》，设立评议处专理商事纠纷。这份便宜章程如商部章程一般，同样规定了选择商会处理的商事轇轕一律 "秉公理论，从众公断"，而且 "两造倘有不服，准其分别具禀商部或就近禀请地方官核办"[7]。天津商会理案的特殊性不在于两造不服时多了商部这一上告机关，而是在随后发布的评议处办公专条中明确表示 "各项轇轕未成讼者，妥为理处；若已经成讼，本会未便评议"[8]。如此一来，天津商务总会就自行划定了受案范围，即不干涉商事纠纷呈控于地方官府，但对已在地方官府呈控的案件不予受理。这种初步圈定商事纠纷管辖范围的官方表达，营造的只是一种天津商会不处理地方司法已介入之讼案的错觉，因为实际状况并非如此，天津商会在清末的理案过程中与地方官府频繁互动。

再将目光转向清末的地方司法。在司法体制改革之前，清代始

---

〔6〕 怀效锋主编：《清末法制变革史料》（下卷），中国政法大学出版社 2009 年版，第 889 页。

〔7〕 天津市档案馆、天津市社会科学院历史研究所、天津市工商业联合会编：《天津商会档案汇编》（1903~1911），天津人民出版社 1989 年版，第 48 页。

〔8〕 天津市档案馆、天津市社会科学院历史研究所、天津市工商业联合会编：《天津商会档案汇编》（1903~1911），天津人民出版社 1989 年版，第 55 页。

终延续地方官一身兼理行政与司法两务模式。熟习儒家教义、选自八股取士的地方官员一则将民商事纠纷视为应由民间调解的"细故"，二则深受儒家"无讼"思想浸染，三则仅止粗通律例、难悉商务。所以地方官对于商事纠纷大有厌弃之情，致使商案积压，为民所累，天津府县也不例外。清末的司法体制改革率先在天津试水，设最高审判厅分庭于天津府，设地方审判厅于天津县。虽然地方府县与新式审判厅共同分担司法权能，但并未改善商案迭累的局面。以天津为例，一来审判厅的法官俱是袁世凯选拔自留日法政速成班的学生，仍然不通商务商情；二来当时国家法律仍在曹暗中摸索，商法未行，裁判商案无有确凿依据。如此一来，地方司法受理商案困难重重。所以于情于理，地方司法机关都希冀将商案转送通晓商情习惯的商会处理。也就是说，天津商会不理成讼之案的表达，与地方司法机关切切移案的情由，必定会在实践中发生碰撞。那么，这一碰撞将缔造何样的实践逻辑，就只能从详尽的案情中稽考。

### 三、频繁往来：实践的复杂逻辑

清末时期的天津商会，规章制度始创，评议处办事规则也十分简单。与此相似的是，清末新政在地方官府之外设置新式审判厅分担司法权能，规章制度亦在完善过程之中。在国家司法体制与社会自治能力均未行完备之际，二者间的互动就存在运作空白的可能，从而隐埋下互动实态多元化的种子，密切合作抑或彼此推诿？抑或溶混其他？超越文本的简单建构之外的，是商事纠纷解决复杂的实践逻辑。查究档案卷宗，清末天津商会理案与地方司法的互动实态，在下述成案中将清晰展现。

光绪十八年（1892年），天津商人杨学圃与静远堂梁煦庵、庆有堂刘云卿各出资本银四千两，在紫竹林宝顺洋行内合伙开设宝兴成西宁羊毛庄，写立合同约定杨学圃打理津外庄事，梁刘二人经理津号。之后，三人又于光绪二十二年（1896年）各出浮存银二千两，不料刘云卿暗将二千两提出拨归天主堂存款。光绪二十五年

（1899年），忠厚堂、继厚堂与杨学圃、刘云卿各出银三千两，合伙开设和盛成毛庄（梁煦庵此时已与忠厚堂合股），合同载明宝兴成与和盛成同归一账。不料光绪二十六年（1900年）遭遇兵燹（即八国联军侵华），宝兴成生意亏折。结至光绪三十年（1904年）亏银十五万余两之多，而梁煦庵已故，刘云卿托病避匿。因此，杨学圃以独受无穷之累为由于光绪三十一年（1905年）三月二十三日向天津商务总会禀控刘云卿与梁煦庵之子梁峻峰[9]。

在此之前，杨学圃已向直隶天津府天津县控告。官府以账目辗轕不清为由，于四月十五日照会天津商务总会，"希即调集各号历年账簿，督同两造分别查算清楚，秉公理处"，将该起纠纷交与商会核办。天津商会未作出任何表示，未就不受理已经成讼之案作出澄清。五月三十日，被控告者梁峻峰与刘云卿禀呈商会，反控杨学圃故意不交账目、不邀街邻绅士核算。梁峻峰揣测（此时刘云卿已口不能言，全文以附生梁峻峰口吻陈述）杨学圃企图暗地改毁添减，贪昧其血本余利。至此案发已两月有余，仍未见商会有何动作。

天津县再于十一月二十六日、十二月十三日两次照催商会切速施行。与此同时，当事双方也分别呈文催促。天津商务总会再难缄口，十二月十四日具禀天津县，称经多次齐集两造核议，双方对账目仍各执一词，遂将已经指明和未指明账目清单一并开复官府，将此案返交县府办理。因之可见，在案件先诉于天津县府、后控至商会的情况下，天津商会仍然实际着手理处。时至光绪三十二年（1906年）二月间，天津县与天津商务总会又复照催与具禀一个回合，情形与年前无异。

之后，梁峻峰又向商会控告杨学圃暗移货款做假账，称因其父梁煦庵生前并无精力照料合伙的毛庄生意，刘云卿后又患慢疾，所以杨学圃是生意的实际经理人，财务账目系出于其一手操作，杨学

---

〔9〕 案件引自天津档案馆藏：《杨学圃控梁峻峰等伙开宝兴成羊毛庄赔款》（案卷级），档号：401206800-J0128-3-000083，卷内55份文件。另，梁峻峰有附生功名，其表字逢中，故档案中梁峻峰与梁逢中混用，下不赘述。

圃因自己的义成裕布铺和义成乾钱铺亏折，故暗地挪移毛庄货银复开钱铺，而且又以义成乾钱铺之名（杨学圃是铺东，禀控人是掌柜敖钺）在天津南段巡警总局控宝兴成欠银（因而梁刘二人又被牵涉其中），警局凭空立断梁刘还款。又，和盛成与宝兴成同归一账，缘何和盛成不赔，独独宝兴成亏折？显然杨学圃在其中使诈。梁峻峰将查账之弊端并各款银数具折递交，计杨学圃吞没银二十一余万两。

双方各执一词、各有凭证，况且巡警总局亦牵涉其中，情况在此愈发焦灼。然，梁峻峰于光绪三十二年（1906 年）五月初一日将此事上禀商部，商部遂于五月十一日札饬天津商务总会"按照本部所指各节确切查明"。以此，商会果于五月十二月函致天津县和南段巡警总局索要局县卷宗以凭核查。巡警总局将局卷、县卷与之前扣押的杨学圃、梁峻峰（因义成乾钱铺掌柜敖钺控告宝兴成欠款，杨学圃虽是义成乾铺东，但因亦是宝兴成铺东而一并被押）陆续送交商会评议。此后，梁峻峰将希望寄托于商会"从公评断，以昭大公，而伸冤枉"，屡次函致。然商会以原中人张品一、刘晴轩试图说和圆场为由，饬梁峻峰不可固执己见。六月十七日，天津县函讨原卷宗并暗询案情进展，商会送返原卷并在回函中称："迭经集证评议，复据原中张品一等情愿讨回调处，以免讼累等情，现正查案催办间。"七月十一日，杨学圃针对梁峻峰的反控再禀天津商务总会，称刘云卿已经认赔并交出部分银两，而梁峻峰独出翻控定有讼师挑唆。七月十三日，原本只在巡警总局呈控的敖钺也禀致商会，恳乞作主、从速议结。商会以天津县尊将案卷提走为由，饬令商等静候。八月初四日，前接梁峻峰再三禀控的天津县并未实际处理，而是再次照催商会传集两造、尽快讯断。商会又借此勒函请县府将原卷送回商会，天津县照办。至此，这宗因账目龃龉而生的商事纠纷已将历时一年半，在商会和官府间几经辗转却毫无进展。几经各方迭催，商会仅在十月间为查账目致函与宝兴成有生意往来的新泰兴行、和平行等，但亦无下文。年关将至之时，敖钺反复催呈，称其全仗宝兴成之欠款归还欠外各款，临近年终，欠各外债每日辱言拼命，已有性命之忧。商会只言："仍候宝兴成帐目议有头绪，再行核办，以清累限。"

这一拖延，已然时至光绪三十三年（1907 年）五月间，商会以账目"查算多日，讫未就绪"、"旋有两造亲友出为调处"为由，即请天津县查核传集原被、督算讯断，以免纠缠。此时，时隔两年的纠纷皮球又踢回到天津县衙。五月二十五日，农工商部札饬商会勿再稽延，商会又以前情相告，称案件已然交由天津县尊讯断。此时天津县的司法机关又有新设之天津地方审判厅，七月初三日天津地方审判厅又将查账讯结的任务交与商会。七月三十日，商会再次将审判厅之卷宗送回，"即请贵厅查照，传集核讯断结"。九月初十日，天津地方审判厅再以前因将案卷送至商会，并因久未得回复，于十一月二十九日再次照催。

案情在光绪三十三年（1907 年）的十二月初六日似有转机，商会致函地方审判厅，称查算账目仍无头绪，但有杜克臣愿以亲友情谊相为调处，虽两月有余也无消息，所以仍请审判厅核办，又将卷宗送回。杜克臣的调处直到光绪三十四年（1908 年）十月间才有回音，地方审判厅在光绪三十四年（1908 年）十月二十三日函致商会，称杜克臣已调处妥洽，因而准其所请，"检齐全卷，函送贵商会查收，即希查卷集案议结。"

这桩商事账目辗辘自光绪三十一年（1905 年）三月二十二日存在纠纷记录起，至宣统元年（1909 年）正月二十六日农工商部准予销案止，历时 48 个月有余。其中，天津商务总会与天津地方司法机关［之前为天津县，自光绪三十三年（1907 年）为天津地方审判厅］之间的函文往来回合就达七次之数。其间，天津县衙和天津地方审判厅七次将案件发还商会理处，商会六次复函请司法机关核办，直到最后一次案有结果才实际接收。该案所涉卷宗从最初天津南段巡警总局卷一宗、天津县卷一宗，到后来增加商会案卷一宗、天津地方审判厅卷三宗，这六宗案卷也随着天津商会与四方司法机关的互动辗转达十数次。天津商会与地方司法机关为此事频繁互动，看似密切合作以期迅结此案，但推究往来函件得窥，商会实以司法机关理当讯断呈控之案为据，司法机关实以商会善查账目、理结商案为由，实际上双方都从未作出切实的查账理算、公集讯断之举，每当查账或讯断之时，总以账目不清、讯断难明为由将案件推给对方，各有说辞地推诿闪躲这起账目繁杂的商事纠纷。然看似如此复杂的账目辗转和解纷互动，其最终结局却有些令人失望，还是"上帝的归上帝、恺撒的归恺撒"，有分拨为证。

> 立分拨人：杨学圃、梁逢中。因于光绪十八年（1892年）庆有、刘云卿、义正堂、杨学圃、静远、梁煦庵伙立宝兴成，由于廿三年（1897年）与裕盛成伙立和盛成，均作归化城及甘肃、西宁一带毛庄生理。光绪廿九年（1903年）歇业后，曾经梁杨两姓彼此互讼，迄今未断结。现经中友人理处，除刘云卿与杨学圃自行了结外，所有宝兴成、和盛成各庄欠内欠外一切帐目，并本号图章等件，统归杨学圃一人自理。倘再有宝兴成、和盛成两号牵连，皆有杨学圃一面承管，概不与静远堂梁相干。原立合同现在存卷，候发还时再行眼同中友一并焚化。此系当面言明，各无反悔，恐口无凭，立此分拨，各执一纸为证。

> 中友人：杜克臣、王砚农、张盖臣
> 立分拨人：杨学圃、梁逢中

据卷宗载，天津商务总会在此过程中从未向任何一方明确表示已经成讼之案概不受理，从而使当事人、天津县府、天津地方审判厅以及涉案的天津南段巡警总局、商部（农工商部）对天津商务总会报以热忱期望，屡屡函电照会催办。天津商会与天津地方司法机关在这起商事纠纷的解决过程中频繁互动着实不假，但互动的成效却包裹着合作的外衣而内藏推诿的肌理。

## 四、结语：合作背后的另一可能

如前所述，在清代末年的商事纠纷解决体系中，商会、州县官府、审判厅以及商部等方均有受案权限，但未有明规划定几者的权限边界，从而为权限不清导致解纷机制内部龃龉提供了可能和生长空间。天津商会在官方表达中，试图以是否已在各署成讼划清与其他解纷机制的权能边界。但该表达却在实践中遭到违背，揆诸清末天津商会理案记录，其自成立至民国鼎革前的八年间（1904～1911年），不仅受理已在各署成讼之案，而且在理案时与地方司法机关频繁往来。其中情由，或因当事人诉诸多端，或因协助调卷互通情形，或因职权牵制彼此延宕。概而论之，清末天津商会受理商事纠纷范围的表达与实践存在严重背离，这一背离恰恰显现出地方司法与社会团体在调处争端这一公共事务上的真实互动，其中不仅有合作，亦有相互推诿的可能。而查究天津商会与地方司法的互动缘何出现复杂的实践逻辑，需要从国家转型和社会变迁两方面入手，才能完整地看待其中的委实情由。

古老中国在清末开始转型，无论是鸦片战争以来的被迫自强，还是开眼看世界之后的主动求存，中华帝制逐渐在转型中走向终局。帝制中国，君主的绝对权力透过官僚体制向社会渗透，但地方官僚机构只及于州县一级，州县官以一人之身兼理行政与司法，实际上国家政权向基层渗透的能力和程度十分有限。这也就是乡村纠纷通过乡保等准官员在第三领域得以解决的重要原因所在，因为国家司法的解纷能力难以周延，"简约的正式官僚机构继而导致了对通过准官员和纠纷解决机制进行治理的半正式的简约行政方法的依赖"[10]，是为集权的简约治理。在帝制中国的晚期，近代国家政权较之前更具渗透力。清末新政施设新式审判机构和四级三审制，将司法权能由州县继续向下延伸，譬如天津即在地方审判厅以下，设杨柳青、永丰屯、赵家场、咸水沽等四个乡谳局。新式审判厅的设立并没有剥夺地方官府的司法权能，天津县、天津府在审判厅设立后同样受理民商事案件，与之并行不悖。但是，毕竟清末乃制度草创之初，法律文本的简单建构和粗略的官方表达，使新旧两大司法机关、日

---

〔10〕 ［美］黄宗智：《过去和现在：中国民事法律实践的探索》，法律出版社2014年版，第71页。

渐制度化的社会团体的自我解纷机制，以及其他行政机关的干预等几者间的权能界限发生淆混，继而酿造了各机制互动运行中的空白领域。

清末同样经历着深刻的社会变迁，自治程度颇高的社会团体的出现是其中的关键。虽然商会有官督商办的嫌疑，但不可否认的是成立商会同样是商界的自身诉求。天津商会甫一成立，津埠各行各业即纷纷呈文、缴纳会费加入，并表示"自津郡创建贵会，各行多蒙宪台排难解纷，有功于商界者关系匪浅"。作为自治团体的商会，必然承担着自我解纷职能，这与古来行帮、会馆等民间商人组织的"公议"〔11〕传统有关，也与商业的高度专业性密不可分。天津商会始终把持在天津地面绅商手中，在代表商人利益的运作过程中，自治自律塑造了该团体的紧密性，当遭遇国家政权建设的深层渗透之时，商会明示或默示反应的能量要远比松散的民间社会强大。因此，高度的专业性和社团的紧密性使理案职能成为其自治需求和能力的表达，亦背载着商民的希冀，故而在实践中难以放弃对任何商案的插手，也就难以顾及该案是否已然成讼。

如此可见，逐渐强化司法权能渗透的地方司法机关与高度紧密自治自律的天津商会看似矛盾，但实则共存并互动。二者在解决商事纠纷过程中的互动，暴露出合作和推诿的两种样态。考其深层逻辑，一方面在于转型时期国家治理能力尚有欠缺，虽然试图强化司法权能的渗透，但实则力有未逮，在商事纠纷处理中表现最为明显，于是不得不倚赖社会自治来把握全局，而且这种充分发挥社会自治效能的做法也是减省社会治理成本的良策；另一方面则在于在转型时期发展壮大的商人自治团体从未放弃过对国家能力的依靠，在解决商事纠纷的过程中始终对国家司法的强制力带有崇拜。因此，如果二者在互动中取长补短，则合作之光凸显，而如果只是单向度地倚赖，则极有可能酿成推诿局面。这为官商互动解纷这一第三领域

---

〔11〕 关于"公议"，详情可参见张松：《从公议到公断：清末民初商事公断制度研究》，法律出版社 2016 年版，第 15~22 页。

的运作提供了一种新的经验与教训，亦即第三领域的互动如果缺失制度化的规则保障，那么其实际功用就可能大打折扣。

## 参考文献

1. 马敏主编：《中国近代商会通史》，社会科学文献出版社 2015 年版。

2. ［美］黄宗智：《过去和现在：中国民事法律实践的探索》，法律出版社 2014 年版。

3. 邓正来、［美］J. C. 亚历山大主编：《国家与市民社会：一种社会理论的研究路径》，中央编译出版社 1999 年版。

4. 怀效锋主编：《清末法制变革史料》（下卷），中国政法大学出版社 2009 年版。

5. 天津市档案馆、天津市社会科学院历史研究所、天津市工商业联合会编：《天津商会档案汇编》（1903～1911），天津人民出版社 1989 年版。

6. 张松：《从公议到公断：清末民初商事公断制度研究》，法律出版社 2016 年版。

7. 天津市档案馆、天津市社会科学院历史研究所、天津市工商业联合会编：《天津商会档案汇编》（1912～1928），天津人民出版社 1992 年版。

图书在版编目（ＣＩＰ）数据

天商法律评论. 2018卷/吴春雷主编. —北京：中国政法大学出版社，2018.10
ISBN 978-7-5620-8608-6

Ⅰ.①天… Ⅱ.①吴… Ⅲ.①民法－研究－中国 Ⅳ.①D923.04

中国版本图书馆CIP数据核字(2018)第227061号

---------------------------------------------------------------------------------------------------------------

出　版　者　中国政法大学出版社
地　　　址　北京市海淀区西土城路 25 号
邮寄地址　　北京 100088 信箱 8034 分箱　邮编 100088
网　　　址　http://www.cuplpress.com（网络实名：中国政法大学出版社)
电　　　话　010-58908289（编辑部）58908334(邮购部）
承　　　印　固安华明印业有限公司
开　　　本　650mm×960mm　1/16
印　　　张　23.25
字　　　数　325 千字
版　　　次　2018 年 10 月第 1 版
印　　　次　2018 年 10 月第 1 次印刷
定　　　价　69.00 元